软件工程专业职教师资培养系列教材

数据库设计与开发

钱 进 常玉慧 叶飞跃 主编

科学出版社

北 京

内 容 简 介

本书是在作者 2006 年出版的《数据库原理与应用》教材基础上编写而成，选用最新的数据库管理系统 SQL Server 2012 和系统开发平台 Visual Studio 2012，以“网上选课系统”案例贯穿全书，全面介绍了数据库系统、数据库设计、数据库管理、数据库应用系统开发以及数据库教学设计等方面的基本原理、项目开发过程和教学案例。

本书共 8 章，内容包括数据库系统概述、数据库设计、关系数据库标准语言 SQL、数据库应用系统简单开发、数据库应用系统高级开发、数据库管理、数据库新技术以及数据库课程教学设计。本书理论通俗易懂，实践与时俱进。

本书可作为高等院校软件工程、计算机科学与技术、信息管理与信息系统等相关专业的本科数据库原理与应用课程教材，也可作为高职高专相关专业数据库技术与应用类课程教材，同时适用于数据库领域的初学者或作为数据库应用系统开发的专业技术人员的参考书。

图书在版编目(CIP)数据

数据库设计与开发 / 钱进，常玉慧，叶飞跃主编. —北京：科学出版社，2016.10
软件工程专业职教师资培养系列教材
ISBN 978-7-03-049740-6

Ⅰ. ①常… Ⅱ. ①钱… ②常… ③叶… Ⅲ. ①数据库系统－师资培养－教材 Ⅳ. ①TP311.13

中国版本图书馆 CIP 数据核字(2016)第 200308 号

责任编辑：邹 杰 / 责任校对：郭瑞芝
责任印制：徐晓晨 / 封面设计：迷底书装

科学出版社出版
北京东黄城根北街 16 号
邮政编码：100717
http://www.sciencep.com
北京捷迅佳彩印刷有限公司 印刷
科学出版社发行 各地新华书店经销
*
2016 年 10 月第 一 版 开本：787×1092 1/16
2020 年 2 月第三次印刷 印张：16
字数：400 000

定价：59.00 元
(如有印装质量问题，我社负责调换)

《教育部财政部职业院校教师素质提高计划成果系列丛书》

《软件工程专业职教师资培养系列教材》

项目牵头单位：江苏理工学院

项目负责人：叶飞跃

项目专家指导委员会

主　任：刘来泉

副主任：王宪成　郭春鸣

成　员：（按姓氏笔画排列）

刁哲军　王继平　王乐夫　邓泽民　石伟平　卢双盈　汤生玲

米　靖　刘正安　刘君义　孟庆国　沈　希　李仲阳　李栋学

李梦卿　吴全全　张元利　张建荣　周泽扬　姜大源　郭杰忠

夏金星　徐　流　徐　朔　曹　晔　崔世钢　韩亚兰

丛 书 序

《国家中长期教育改革和发展规划纲要（2010—2020年）》颁布实施以来，我国职业教育进入到加快构建现代职业教育体系、全面提高技能型人才培养质量的新阶段。加快发展现代职业教育，实现职业教育改革发展新跨越，对职业学校“双师型”教师队伍建设提出了更高的要求。为此，教育部明确提出，要以推动教师专业化为引领，以加强“双师型”教师队伍建设为重点，以创新制度和机制为动力，以完善培养培训体系为保障，以实施素质提高计划为抓手，统筹规划，突出重点，改革创新，狠抓落实，切实提升职业院校教师队伍整体素质和建设水平，加快建成一支师德高尚、素质优良、技艺精湛、结构合理、专兼结合的高素质专业化的“双师型”教师队伍，为建设具有中国特色、世界水平的现代职业教育体系提供强有力的师资保障。

目前，我国共有60余所高校正在开展职教师资培养，但由于教师培养标准的缺失和培养课程资源的匮乏，制约了“双师型”教师培养质量的提高。为完善教师培养标准和课程体系，教育部、财政部在“职业院校教师素质提高计划”框架内专门设置了职教师资培养资源开发项目，中央财政划拨1.5亿元，系统开发用于本科专业职教师资培养标准、培养方案、核心课程和特色教材等系列资源。其中，包括88个专业项目、12个资格考试制度开发等公共项目。该项目由42家开设职业技术师范专业的高等学校牵头，组织近千家科研院所、职业学校、行业企业共同研发，一大批专家学者、优秀校长、一线教师、企业工程技术人员参与其中。

经过三年的努力，培养资源开发项目取得了丰硕成果：一是开发了中等职业学校88个专业（类）职教师资本科培养资源项目，内容包括专业教师标准、专业教师培养标准、评价方案，以及一系列专业课程大纲、主干课程教材及数字化资源；二是取得了6项公共基础研究成果，内容包括职教师资培养模式、国际职教师资培养、教育理论课程、质量保障体系、教学资源中心建设和学习平台开发等；三是完成了18个专业大类职教师资资格标准及认证考试标准开发。上述成果，共计800多本正式出版物。总体来说，培养资源开发项目实现了高效益：形成了一大批资源，填补了相关标准和资源的空白；凝聚了一支研发队伍，强化了教师培养的“校-企-校”协同；引领了一批高校的教学改革，带动了“双师型”教师的专业化培养。职教师资培养资源开发项目是支撑专业化培养的一项系统化、基础性工程，是加强职教教师培养培训一体化建设的关键环节，也是对职教师资培养培训基地教师专业化培养实践、教师教育研究能力的系统检阅。

自2013年项目立项开题以来，各项目承担单位、项目负责人及全体开发人员做了大量深入细致的工作，结合职教教师培养实践，研发出很多填补空白、体现科学性和前瞻性的成果，有力推进了“双师型”教师专门化培养向更深层次发展。同时，专家指导委员会的各位专家以及项目管理办公室的各位同志，克服了许多困难，按照两部对项目开发工作的总体要求，为实施项目管理、研发、检查等投入了大量时间和心血，也为各个项目提供了专业的咨询和指导，有力地保障了项目实施和质量成果。在此，我们一并表示衷心的感谢。

编写委员会

2016年3月

前　言

数据库技术是数据管理的最新技术，是计算机科学的一个重要分支，与计算机网络、人工智能一起被称为计算机技术界三大热门技术，是现代化管理的重要工具。随着IT技术的发展，数据库技术应用已从事务处理扩大到计算机辅助设计、人工智能、决策支持系统和网络应用等新的领域。

本书作为教育部“软件工程”本科专业职教师资培养资源开发项目的特色教材，在编写过程中将理论与实践紧密结合。作者在2006年编著《数据库原理与应用》教材的基础上，结合多年从事数据库课程教学经验，并汲取了其他同类教材的精华，又增加了实用性的数据库应用系统，力求使本教材体现“理论通俗易懂，实践与时俱进”，真正满足培养计算机应用型人才和软件工程职教师资的需要。

本书共8章，打破传统教材章节编写次序，从网上选课系统需求出发，先简单介绍数据库基本知识，然后针对网上选课系统需求，开始设计数据库，接着利用SQL语言创建数据库和表，进行数据库应用系统简单开发。为了提升数据库应用系统性能和安全性，介绍存储过程、视图等，进行数据库应用高级开发。针对数据库应用系统使用过程中出现的状况，讲解数据库管理技术。最后，介绍数据库最新技术以及如何进行数据库课程教学。

本书理论部分由钱进、常玉慧、叶飞跃编写，实践部分由钱进和刁海旭共同编写。

本书在编写时参考了中国期刊网相关教改论文和书籍资料，谨向有关作者表示感谢。

由于编者水平有限，书中难免存在不足之处，敬请广大读者批评指正。编者 E-mail：qjqjlqyf@163.com。

编　者

2015年春

目　录

第 1 章　数据库系统概述

数据库技术是计算机和软件工程学科中的一个重要分支，已经广泛应用到各行各业中。要想掌握好数据库系统技术，必须弄清数据、数据管理、数据库、数据模型、关系模型等专业术语，了解数据库的发展过程和数据库应用系统的特点，分清数据库、数据库管理系统以及数据库应用系统三者之间的关系，以便今后更好地进行数据库设计和开发工作。

1.1　教学案例——网上选课系统

1.1.1　问题的引出

随着学分制的普及，网上选课系统已成为高校信息管理系统中的重要组成部分。一般来说，每个同学根据自己的兴趣爱好选修不同的课程，从而获得相应的选修学分。开学某一天，班主任叫逸凡同学统计上学期全班同学选课情况，要求能够查阅每个学生的学号、姓名、所选修的课程和成绩，并计算平均分。逸凡冥思苦想，决定通过下面的步骤完成任务。

第一步，根据要收集的数据设计一个空白的表格，其格式可能如表 1-1 所示。

表 1-1　学生选课基本信息表

学号	姓名	课程 1	成绩 1	课程 2	成绩 2	课程 3	成绩 3	课程 4	成绩 4	平均分

第二步，按顺序在表格中添加信息，同时还要对里面的信息进行修改和删除。在填写过程中，需要不断查阅已填的学生选课信息，不能重复填写，不能遗漏。

第三步，在填写完所有信息后，需要对表格信息进行校对，若发现错误，则重复第二步。

完成上述任务时，逸凡无形中发现或多或少已用到了一些数据库技术。所设计的二维表类似于关系模型的数据结构，增删改信息和不断查阅则对应于关系模型的数据操纵，发现错误并校正则对应了关系模型的数据约束。采用何种方式处理和保存该信息，则对应于数据管理技术。同时，他还发现表 1-1 存在如下问题：①若选修课程门数不限，一部分同学选修课程门数很多时，表格将会太长；若少数同学只选修一两门课程时，表格中将出现大量空白；②若某一列不是存放同一门课程，可能无法统计某门课程选修人数；若某一列存放的是同一门课程，则又冗余存储；③需要统计一行中课程门数才能计算出选修课程平均分，比较麻烦。

1.1.2　网上选课系统简介

网上选课系统管理员通过输入自己的账号和密码，进入到网上选课系统主界面，如图 1-1 所示。网上选课系统主要涉及学院信息、教师信息、班级信息、学生信息、课程信息、开课班信息、上课时间信息、选课信息、任课信息、先修课程、个人信息等。如此庞大复杂的信息，手工处理显然不合适了。尽管用户界面隐藏了访问数据库的细节，大多数人甚至还没有意识到他们正在和一个数据库打交道，然而访问数据库已经成为当今生活中不可缺少的一部分。网上选课系统需要使用数据库技术进行管理和存储这些信息。如何更好地处理和解决这些问题，首先必须理解数据库系统基本概念、数据模型和关系模型等知识点。

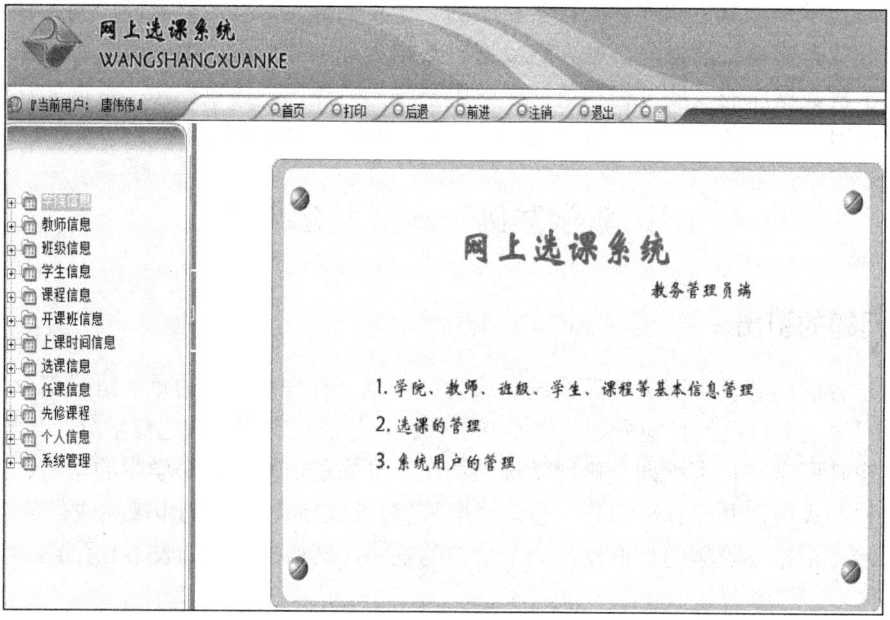

图 1-1　网上选课系统

1.2　数据库系统基本概念

1.2.1　数据与数据管理

1. 数据

描述事物的符号记录称为数据，如数值数据、文本数据、音频数据、视频数据等，能够被计算机所识别、存储和处理。

数据具有四个基本特征：

(1) 数据有“类型”和“值”之分。

例如，学生姓名的类型为字符型，其值为“张三”等。

(2) 数据受数据类型和取值范围的约束。

例如，学生年龄为整数类型，正常取值范围为 18～50。

(3) 数据有定性数据和定量数据之分。

例如，学生身高可以用“很高”来定性表示，也可以用 1.75 米来定量表示。

(4) 数据具有多种表示形式。

例如，学生性别可以用“男”或“女”来表示，也可以用 0 或 1 来表示。

数据是数据库中存储的对象，通过计算机对其进行适当的管理和操作。用数据描述客观事物，即用数据的表现形式表示事物的特征。例如，一个学生数据如学号，姓名，性别，年龄和班级等，描述了一个学生的有关特征和特性。这些特征也就是相应数据的语义。数据是需要解释的，也就是要对数据的含义或语义进行解释才有意义，因为数据的形式即符号本身并不能完全表达其内涵。对于以表格形式描述的对象，表头栏目名就是对表中数据的语义解释。

经过进一步加工后具有新的事实知识的数据称为信息。具体来说，信息是对数据进行加工、处理的结果，这种数据形式对接受者来说是有意义的，而且对当前和将来的决策具有明显的或实际的价值。在现实生活中，数据与信息两个术语常常被混淆，但是数据与信息在概念上还是有区别的。不是所有数据都能成为信息，只有抽取加工之后，具有新的事实知识的数据才能成为信息。例如，某经销部门看到的日销售额或月销售额，是经过累加一天或一个月的销售记录而得到的。这个数据，对于销售总管来说是一个原始数据，他需要根据各地区各商店的销售额来规划产品的市场销售计划和策略，从而提高其产品的市场占有率和利润。同样是这个数据，对于本地或本商店的销售人员也可以看做是信息，可用来规划下一步的促销行动。由此可以看出，数据和信息之间的关系类似于原料和成品之间的关系，同时又具有相对性。

2．数据管理

数据处理是指将数据转换成信息的过程，即对数据进行收集、组织、整理、加工、存储和传播等一系列活动过程。数据处理的过程主要包括数据管理——收集信息、表示数据、组织和保存数据；数据加工——对数据进行变换、抽取和运算；数据传播——在空间或时间上以各种形式传播信息(不改变数据的结构、性质和内容)。通过数据管理获得数据；通过数据加工得到更有用的信息(以指导或控制人的决策行为或事物的变化趋势)；通过数据传播，使更多的人共享信息。

数据管理具体就是指人们对数据进行收集、分类、组织、存储、检索和维护的一系列活动，它是数据处理的中心问题。数据组织管理技术的发展及其应用的广度和深度，极大地影响着人类社会发展的进程。现在都利用计算机进行数据管理，数据管理软件则成为不可缺少的一部分。

1.2.2　数据管理技术

伴随着计算机软硬件技术的发展，数据管理技术经历了人工管理、文件系统、数据库系统三个阶段。每一阶段的发展以数据存储冗余不断减小、数据独立性不断增强、数据操作更加简单方便为标志，各有特点。

1. 人工管理阶段

人工管理阶段主要是指 20 世纪 50 年代中期以前的这段时间。这一阶段计算机没有完整的操作系统，更没有管理数据的软件，计算机主要用于数值计算，数据处理的方式是批处理。因此，处理的数据量很小，数据无结构，数据依赖于特定的应用，而且数据间缺乏逻辑组织，缺乏独立性。

这一阶段的数据管理主要有如下特点。

1)数据不能保存

当时计算机的硬件存储设备十分昂贵，计算机主要用于计算，计算完后，数据也不需要长期保存。在需要计算时，利用卡片、纸带等将数据输入，经过运算后输出结果，数据处理的过程就结束了，数据空间随程序空间一起被释放。

2) 数据不能独立

数据是程序的输入、输出，数据和程序作为一个不可分割的整体同时提供给计算机来计算。程序员不仅要知道数据的逻辑结构，也要规定数据的物理结构，程序员对存储结构，存取方法及输入、输出的格式有绝对的控制权，要修改数据必须修改程序。要对 100 组数据进行同样的运算，就要给计算机输入 100 个独立的程序，因为数据无法独立存在。

3) 数据是面向程序的

一组数据对应一个程序。不同程序的数据之间是相互独立、彼此无关的，即使两个不同程序涉及相同的数据，也必须各自定义，无法互相利用，互相参照。数据不但高度冗余，而且不能共享。

这一阶段应用程序与数据之间的关系如图 1-2 所示。

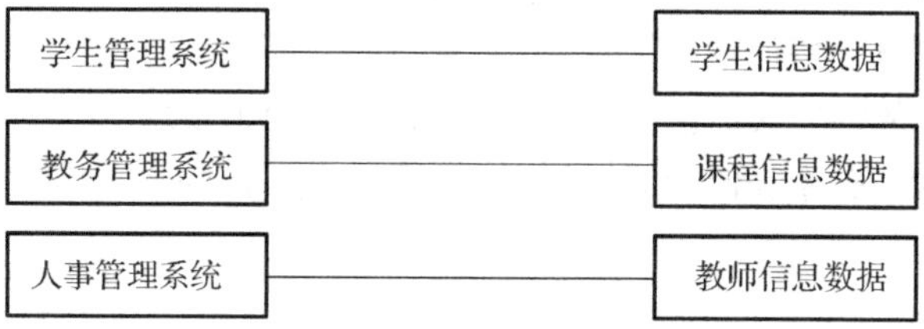

图 1-2　人工管理阶段程序与数据的关系

2. 文件管理系统阶段

文件管理系统阶段主要是指 20 世纪 50 年代后期到 20 世纪 60 年代中期的这段时间。这一阶段的数据管理是把计算机中的数据组织成相互独立的数据文件，并可按文件的名字进行访问，实现对数据的存取。数据处理方式不仅有批处理，还有联机实时处理。

这一阶段数据管理主要有如下特点。

1) 数据长期保留

数据可以长期保留在外存上反复处理，即可以经常进行查询、修改和删除等操作。所以计算机大量用于数据处理。

2) 数据的独立性

由于有了操作系统，利用文件系统进行专门的数据管理，使得程序员在保存数据时，只需编写保存指令，读取数据时，只要给出文件名，而不必考虑计算机如何物理地保存数据，不必知道文件的具体存放地址。文件的逻辑结构和物理存储结构由系统进行自动转换，程序与数据之间有了一定的独立性，数据在存储上的改变不一定要引起程序的改变。例如，数据文件中有 100 条记录，使用某一个查询程序，而当文件中有 1000 条记录时，仍可使用同一个查询程序。

3) 实时处理

由于有了直接存取设备，也有了索引文件、链接存取文件、直接存取文件等存储机制，故可以采用顺序批处理或实时处理方式。数据的存取以记录为基本单位。

文件系统数据管理如图 1-3 所示。文件系统实现了记录内的结构化，但从文件的整体来看却是无结构的，其数据面向特定的应用程序。因此，数据共享性和独立性差，冗余度较大，管理和维护的代价也很大。

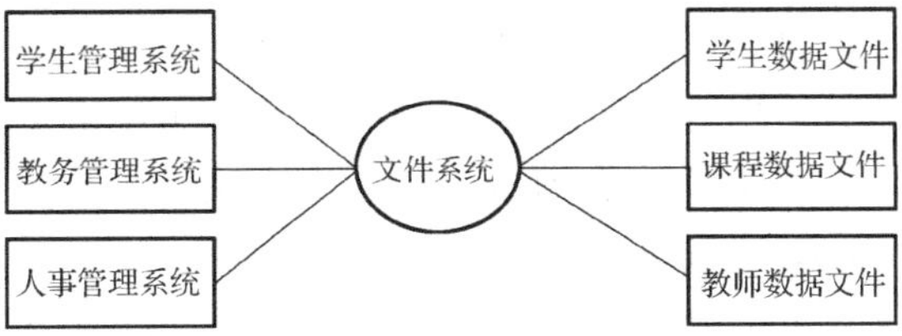

图 1-3　文件管理系统阶段程序与数据的关系

3. 数据库管理系统阶段

从 20 世纪 60 年代后期开始，数据管理进入了数据库管理系统阶段。这一时期，计算机管理的规模日益庞大，应用越来越广泛，数据量急剧增长，要求共享数据的呼声越来越强。此时的计算机有了大容量磁盘，硬件价格下降，编制软件和维护软件的费用相对在增加。联机实时处理的要求更多，并开始提出和考虑并行处理。在这样的背景下，数据库技术应运而生，出现了统一管理数据的专门软件——数据库管理系统(Database Management System, DBMS)。

从文件管理系统到数据库管理系统，数据管理技术进行了质的飞跃。20 世纪 80 年代不仅在大、中型计算机上实现并应用了数据库管理软件，如 Oracle、Sybase、Informix 等，在微型计算机上也可使用数据库管理软件，如常见的 Access、FoxPro 等软件，使数据库技术得到广泛应用和普及。数据库不再只针对某一个特定的应用，而是面向全组织，具有整体的结构性，共享性高，冗余度小，具有一定的程序与数据之间的独立性，并且对数据进行统一的控制，保证数据的完整性和安全性，提高了数据管理效率。在应用程序和数据库之间，由数据库管理系统(DBMS)把所有应用程序中使用的相关数据汇集起来，按统一的数据模型，以记录为单位存储在数据库中，方便各个应用程序快捷地查询和使用数据。这一阶段管理数据的方法如图 1-4 所示。

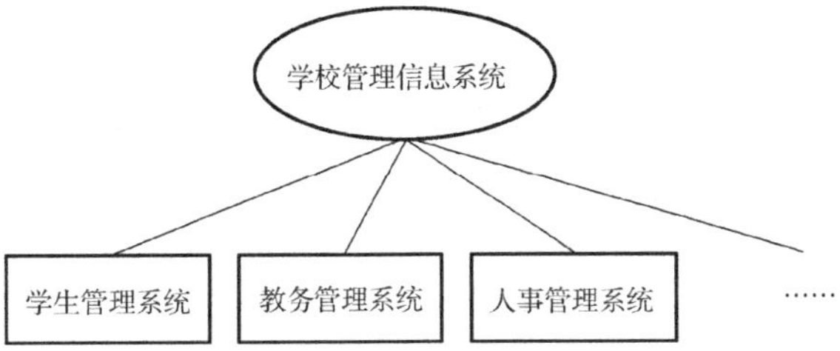

图 1-4　数据库管理系统阶段程序与数据的关系

这一阶段数据库管理系统主要有如下特点。

1) 数据结构化

整体数据结构化是数据库的主要特征之一，也是数据库管理系统与文件系统的本质区别。

所谓整体结构化，一是指数据不再仅仅针对某一个具体应用，而是面向全组织的所有应用；二是指数据不仅仅是数据内部结构化，其整体也是结构化的，数据与数据之间具有联系。数据的结构用数据模型描述，无需程序定义和解释；数据可以变长，数据的最小存取单位是数据项，从而数据库中实现的是数据的真正结构化。

2) 数据的共享性高，冗余度低，易扩充

数据库管理系统从整体角度看待和描述数据，数据面向整个系统，可以被多个用户、多个应用系统共享使用。数据共享一方面可以减少数据冗余，节约存储空间，另一方面避免了数据之间的不一致性。

所谓数据的不一致性，是指同一数据的不同副本的值不一样。采用人工管理或文件系统管理时，不同的应用在修改数据时没有把其他副本进行同样的修改，这样造成了数据的不一致性。在数据库管理阶段，数据仅存储一份，减少了数据冗余造成的不一致现象。

由于数据面向整个系统，不仅可以被多个应用共享使用，而且容易增加新的应用，这使得数据库系统易于扩充，可以适应各种用户需求。例如，可以选取整体数据的各种子集用于不同的应用，也可以选取不同的子集再加上一部分数据，满足新的应用需求。

3) 数据独立性高

数据独立是指数据的使用(即应用程序)与数据的说明(即数据的组织结构与存储方式)分离，使应用程序只考虑如何使用数据，而无须关心它们是如何构造和存储的，因而各方(在一定范围内)的变更互不影响。

数据独立性是指数据库中的数据与应用程序之间相互独立，是数据库领域中一个常用术语，包括数据的物理独立性和数据的逻辑独立性，是通过数据库系统的两层映像功能来实现的。

物理独立性是指用户的应用程序与存储在磁盘上的数据库中数据是相互独立的。当数据的物理存储改变了，通过数据库管理系统的相应改变以保持数据的逻辑结构不变，从而应用程序不用改变，因为应用程序要处理的只是数据的逻辑结构。

逻辑独立性是指用户的应用程序与数据库的逻辑结构是相互独立的，在数据的逻辑结构发生改变时，用户程序也可以不变。例如，在网上选课系统中，原来课程表中存储的字段有(课程编号，课程名称，学分)，现增加(课程性质，总学时)等字段，虽然原来数据库的逻辑结构(课程编号，课程名称，学分)变为(课程编号，课程名称，学分，课程性质，总学时)，但在查询学生选修课成绩时，不需要改变应用程序，整个系统仍然正常运行。

数据与程序的独立是把数据的定义从程序中分离出去，而数据的存取又由 DBMS 负责，从而简化了应用程序的编制，大大减少了应用程序的维护和修改。

4) 数据由 DBMS 统一管理和控制

数据库管理系统提供了数据共享，允许多个用户或多个应用共享数据库中的数据，还允许它们同时访问数据库中的同一数据。为了保证数据完整性和安全性，数据库管理系统还必须提供如下几个方面的数据库控制功能。

(1) 数据的安全性保护

数据的安全性是指保护数据，以防止不合法的使用造成数据的泄密和破坏。每个用户只能在权限范围内对某些数据以某种方式进行使用和处理。

(2) 数据的完整性检查

数据的完整性是指数据的正确性、有效性和相容性，将数据控制在有效的范围内，或保证数据之间满足一定的关系。例如，对于百分制成绩，应该输入数值，而实际输入了字符，即不正确；应该输入 0～100 的数据，而实际输入了负数，即无效；在统计成绩时，优秀、良好、中等、及格、不及格的百分比之和应为100%，而实际输入数据加起来大于100%，即不相容。

(3) 并发控制

当多用户的并发进程同时存取、修改同一数据时，可能会发生相互干扰而得到错误的结果或使得数据库的完整性遭到破坏，因此必须控制和协调多用户的并发操作。例如，客户同时上网购买火车票，学生进行网上选课等操作都必须进行并发控制。

(4) 数据库恢复

数据库管理系统必须具有一个系统恢复子系统，能使系统从软硬件故障修复后将数据库恢复到正确状态。例如，当数据库管理系统正在执行一个数据库的更新操作时，系统发生了硬件故障，使得更新中某些基本操作没能完成，从而使数据库处于错误状态。当系统故障发生后，系统恢复子系统必须对数据库实施修复，使其能恢复到正确状态。

综上所述，数据管理三个阶段技术特点的简单比较如表 1-2 所示。

表 1-2　数据管理三个阶段的比较

		人工管理	文件管理	数据库管理
背景	应用背景	科学计算	科学计算、管理	大规模管理
	硬件背景	无直接存取存储设备	磁盘、磁鼓	大容量磁盘
	软件背景	没有操作系统	有文件系统	有数据库管理系统
	处理方式	批处理	联机实时处理、批处理	联机实时处理、分布处理批处理
特点	数据的管理者	用户(程序员)	文件系统	数据库系统
	数据的针对者	特定应用程序	面向某一应用	面向整体应用
	数据的共享性	无共享	共享差，冗余大	共享好，冗余小
	数据的独立性	无独立性	独立性差	独立性好
	数据的结构化	无结构	记录有结构，整体无结构	整体结构化
	数据控制能力	应用程序自己控制	应用程序自己控制	由数据库管理系统提供数据安全性、完整性、并发控制和恢复

1.2.3　数据库系统

数据库(DataBase，DB)、数据库管理系统(DataBase Management System，DBMS)和数据库系统(DataBase System，DBS)是数据库技术中最基本、最常用的三个既有区别又有联系的术语。

1. *数据库*

数据库是长期储存在计算机内的、有组织的、可共享的数据集合，也是现实世界中相互关联的大量数据及数据间关系的集合。数据库中的数据按一定的数据模型组织、描述和储存，具有较小的冗余度、较高的数据独立性和易扩展性，并可为各种用户共享。例如，在网上选课系统中可能同时有描述学生的数据(学号，姓名，性别，年龄，所属学院，院长)和教师的数据(工号，姓名，性别，出生年月，所属学院，院长)。在这两个数据中，所属学院、院长是重复的，称为冗余数据。在构造数据库时，由于数据可以共享，只要存储一份数据即可。

数据库具有如下特性：

(1) 数据库是具有逻辑关系和确定意义的数据集合。逻辑上无关的数据集合不能称为数据库。

(2) 数据库是针对明确的应用目标而设计、建立和加载的。每个数据库都具有一组用户，并为这些用户的应用程序服务。

(3) 一个数据库表示了现实世界的某些方面(称为小世界)。一个数据库应随其所表示的小世界的改变而改变。

2. *数据库管理系统*

数据库管理系统是一个通用的软件系统，是位于用户和操作系统之间的数据管理软件,由一组计算机程序构成。数据库管理系统能够对数据库进行有效的管理，包括存储管理、安全性管理、完整性管理等。数据库管理系统又能提供一个软件环境，使用户能方便快速地建立、维护、检索、存取和处理数据库中的信息。在操作系统的支持下，对内负责对数据库中的数据进行管理，对外负责对用户提供操作数据库的界面。

成熟的数据库管理系统产品有大家熟悉的 ACCESS，FOXPRO 和 DBASE 等小型数据库管理系统软件以及 IBM 的 DB2，ORACLE，微软的 SQL SERVER 一系列产品和 INFORMIX 等大型的数据库管理系统软件。

数据库管理系统是数据库系统的一个重要组成部分。数据库管理系统主要包括以下几个方面的功能。

1) 数据定义功能

数据库管理系统提供数据定义语言(Data Definition Language，DDL)，通过它可以方便地定义数据库中数据对象的逻辑结构。

2) 数据操纵功能

数据库管理系统提供数据操纵语言，通过它可以操纵数据库中的数据，如对数据库中的数据进行查询、插入、删除和修改等操作。

数据操纵语言可以分为两大类。一类是宿主型数据操纵语言。它要嵌入其他程序设计语言(如 C#，JAVA)中。被嵌入的语言称为宿主语言，嵌入的语言称为子语言。数据库应用程序用宿主语言和子语言书写而成。宿主型操纵语言通常是过程化语言。另一类是交互式命令语言，这类语言语法简单，可以独立使用，所以称为自主型数据操纵语言。

3) 数据库的运行管理

数据库在建立、使用和维护时，由数据库管理系统统一管理和统一控制，以保证数据的安全性、完整性、并发控制和数据库的恢复。

4) 数据库的建立和维护功能

包括数据库初始数据的输入和转换功能，数据库的转储和恢复功能，数据库的重组织功能和性能监视与分析功能等，这些功能由一些实用程序来完成的。

3. 数据库系统

数据库系统是一个采用数据库技术的人机系统。广义地讲，一个数据库系统应该包括应用系统、应用开发工具、数据库管理系统、操作系统、数据库和用户，如图 1-5 所示。它就是一个采用数据库技术的计算机存储系统，该系统的目标是存储信息并支持用户检索和更新所需要的信息。

数据库管理系统用户划分为以下五个类别：

(1) 数据库管理员(DBA)：监督管理共享资源，即数据库与数据库管理系统。数据库是为多用户共享的，因此数据库管理员负责进行规划，设计，协调，维护和管理。

(2) 系统分析员：负责应用系统的需求分析和规范说明，与数据库管理员和用户一起确定数据库系统的硬件平台和软件配置，并参与数据库系统的设计。

(3) 数据库设计者：负责数据库中数据的确定，设计数据库各级模式，必须参与用户需求调查和系统分析，按用户需求建立和合并数据视图。

(4) 应用程序员：负责设计和编制应用系统的程序模块，并进行调试和安装。

(5) 用户(EU)：访问数据库的用户。

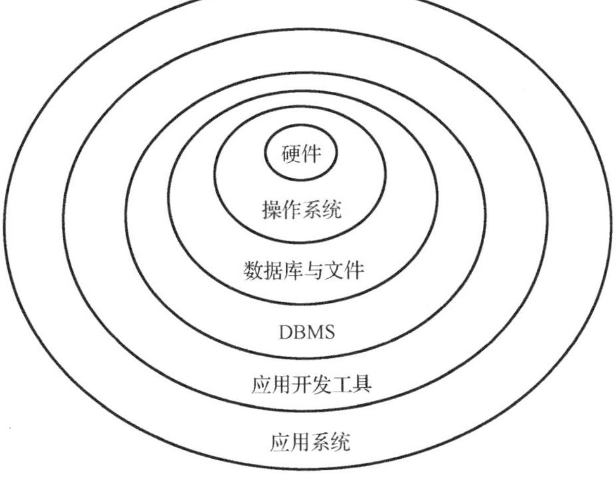

图 1-5　数据库系统的组成

用户可以划分为以下三类：

简单用户：使用数据库应用系统进行事务处理的用户，如操作员。

偶然用户：偶然使用查询语言访问数据库进行简单统计和分析的用户，如管理层人员。

复杂用户：比较熟悉数据库管理系统各种功能，能够直接使用数据库语言访问数据库的用户，如工程师、科技工作者。

4. 数据库系统的应用

除了网上选课系统，各行各业广泛使用许多数据库系统，以下是一些常见的数据库系统。

1) 网络课堂

该系统主要存储教学大纲、教学计划进度表、多媒体课件、上课教案和网上答疑等，让教师和学生进行互动，便于学生课前预习和课后复习，提高学生自学能力。该系统界面如图 1-6 所示。

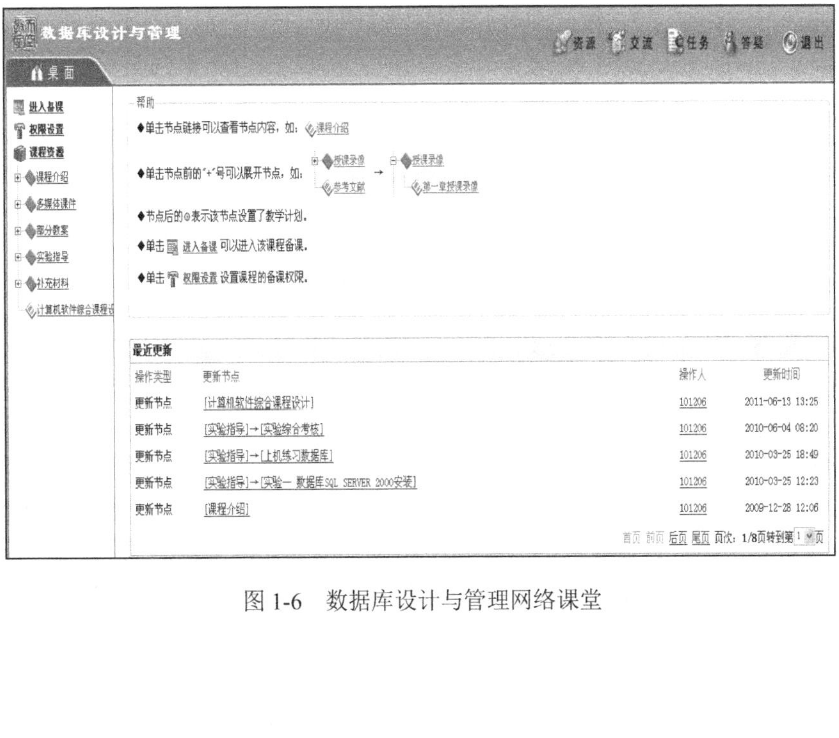

图 1-6　数据库设计与管理网络课堂

2) 教务管理系统

该系统主要存储各专业教学计划、教师和开课班级信息、教室信息等，提高排课、成绩管理、毕业管理效率。该系统界面如图 1-7 所示。

图 1-7　江苏理工学院教务管理系统界面

3) QQ 聊天系统

该系统主要存储好友信息和 QQ 聊天记录、查询群组和联系人、建立 QQ 群等，提供聊天工具，方便交流。该系统界面如图 1-8 所示。

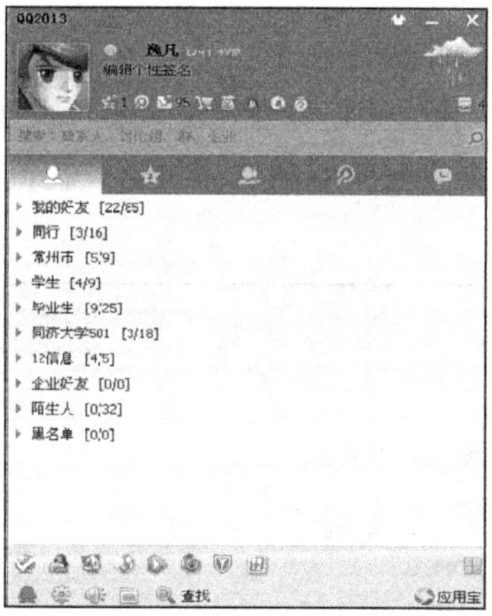

图 1-8　QQ 聊天系统

4) 中国铁路客户服务中心|客运服务

该系统主要用于存储用户信息和火车班次信息，以及订票、改签和退票等，提高交通客运管理水平，方便用户订票。该系统界面如图 1-9 所示。

正如以上所列举的，数据库已经成为当今所有企事业单位、高校和个人不可缺少的组成部分，几乎每个人每天都在直接或间接地跟数据库打交道。数据库技术是作为数据处理中的一门技术而发展起来的，它所研究的问题是如何科学地、有效地获取数据、组织数据、存储和处理数据。数据库技术已越来越成为现代信息技术的重要组成部分，是现代计算机信息系统和诸多其他计算机应用系统的基础和核心，是一个国家实现信息化的重要基础。一个国家的数据库建设规模、数据库信息量的大小和使用频度已经成为衡量这个国家信息化程度的重要标志之一。

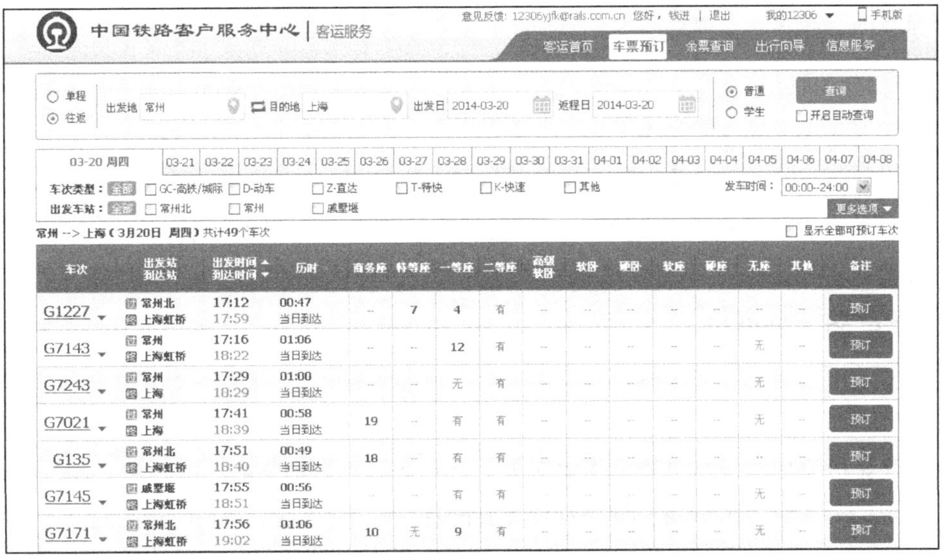

图 1-9　中国铁路火车票预订系统界面

1.3　数 据 模 型

数据库是某个应用系统所要管理的全部数据的集合，它不仅反映数据本身的内容，而且反映数据之间的联系。在计算机中如何形式化地表示和存储现实世界中的数据呢？数据库管理系统是采用数据模型来为现实世界进行数据建模。数据模型是一个描述数据结构、数据操作以及数据约束的数学形式体系(即概念及其符号表示系统)。其中，数据结构用于刻画数据、数据语义以及数据与数据之间的联系；数据操作是对数据库中各种对象(型)的实例(值)允许执行的操作及这些操作规则的集合；数据约束是对数据结构和数据操作的一致性和完整性约束。数据模型是数据库系统的核心和基础，几乎所有的数据库产品都是基于某种数据模型的。

1.3.1　数据模型及数据建模

数据模型按不同的应用层次分成三种类型：概念数据模型、逻辑数据模型和物理数据模型。

1. 概念数据模型

概念数据模型是面向数据库用户的现实世界的模型，主要用来描述世界的概念化结构，它使数据库的设计人员在设计的初始阶段，摆脱计算机系统及数据库管理系统的具体技术问题，集中精力分析数据以及数据之间的联系等，与具体的数据库管理系统无关。概念数据模型必须换成逻辑数据模型，才能在数据库管理系统中实现。

概念数据模型用于信息世界的建模，一方面应该具有较强的语义表达能力，能够方便直接表达应用中的各种语义知识，另一方面它还应该简单、清晰、易于用户理解。

在概念数据模型中最常用的是 E-R 模型、面向对象模型等。

2. 逻辑数据模型

逻辑数据模型指具体的数据库管理系统所支持的数据模型，如网状数据模型、层次数据模型和关系数据模型等。此模型既要面向用户，又要面向系统，主要用于数据库管理系统的实现。

3. 物理数据模型

物理数据模型是面向计算机物理表示的模型，描述了数据在储存介质上的组织结构，它不但与具体的数据库管理系统有关，而且还与操作系统和硬件有关。每一种逻辑数据模型在实现时都有其对应的物理数据模型。数据库管理系统为了保证其独立性与可移植性，大部分物理数据模型的实现工作由系统自动完成，而设计者只设计索引、聚集等特殊结构。

1.3.2 信息的三种世界

1. 现实世界

现实世界指的是实际存在的事物或现象，是具体事物和抽象概念的总和，如一张桌子、一个人、一个过程等。不同事物都有着自己的许多特性，所有这些特性就是区别于不同事物的特征。在这些特征中，可以抽取出一些有意义的特征来描述事物个体，将不同的事物区别开。在众多的事物之间，又存在着千丝万缕的联系。在一个具体应用中，人们只选择那些有意义或感兴趣的联系，而没有必要选择所有的联系。这些用计算机是无法直接处理的，只有将这些事物的特性数据化后才能被计算机所接受和处理。处理完后又可以指导、帮助现实。简言之，现实世界即是指客观存在的各种事物、事物之间的相互联系以及事物的发生、发展和变化过程等。

2. 信息世界

在现实世界中，人们要管理客观存在的各种事物、事物之间的相互联系以及事物的发生、变化过程。当客观事物及其联系用信息概念来描述时，即进入了信息世界。信息世界涉及的概念主要有如下几种。

1) 实体 (Entity)

现实世界中存在的可以相互区分的事物或概念称为实体。例如，一门课程，一个学生，教师与学院的工作关系 (即某教师在某个学院工作) 都可以抽象为一个实体。

2) 属性 (Attribute)

每个实体都有自己的特性，利用实体的特性可以区别不同的实体。实体所具有的某些特性称为属性。

3) 实体集 (Entity Set)

具有相同特征或能用同样特征描述的实体的集合。

4) 联系 (Relation)

在现实世界中，事物内部以及事物之间是有联系的，这些联系在信息世界中反映为实体 (型) 内部的联系和实体 (型) 之间的联系。实体之间的联系通常是指不同实体之间的联系。

在信息世界中，实体的特征在头脑中形成的知识称为属性；实体通过其属性表示称为实例；同类实例的集合称为对象，对象即实体集中的实体用属性表示出的信息集合；实体集之间的联系用对象联系表示。

信息世界通过概念模型、过程模型和状态模型反映现实世界，它要求对现实世界中的事物、事物间的联系和事物的变化情况准确、如实、全面地表示。

3. 计算机世界(数据世界)

信息世界中的信息经过数字化转换后，形成计算机能够处理的数据，就进入了计算机世界。计算机世界也叫数据世界。事实上，信息必须要用一定的数据形式来表示，因为计算机能够接受和处理的只能是数据。计算机世界涉及的概念主要有如下几个。

(1) 数据项(Item)：又叫字段，对象属性的数据表示。数据项的定义包括数据项名、数据项类型(描述该数据项的数据类型)、数据项长度(限定该数据项值的长度)等。

(2) 记录(Record)：实例的数据表示。记录有型和值之分：记录的型是结构，由数据项的型构成；记录的值表示对象中的一个实例，它的分量是数据项值。

(3) 文件(File)：对象的数据表示，同类记录的集合。

(4) 数据模型(Data Model)：现实世界中的事物和相互联系数据化的结果就是数据模型。

信息的三个世界的联系和转换过程如图 1-10 所示。

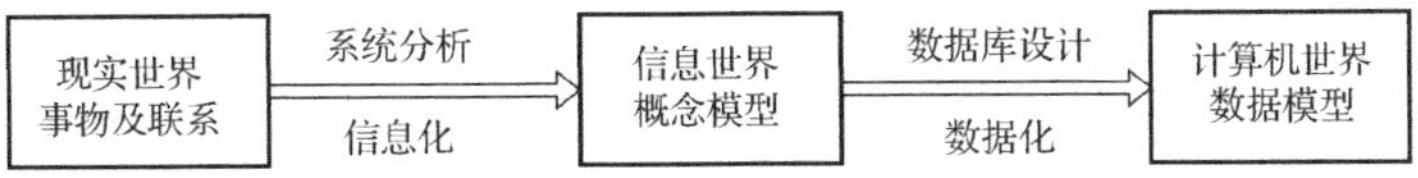

图 1-10　信息的三个世界的联系和转换过程

1.3.3 概念模型与 E-R 图

概念模型是对信息世界的管理对象、属性及联系等信息的描述形式。概念模型不依赖计算机及数据库管理系统，它是现实世界的真实全面反映。

1. 概念模型涉及的基本概念

(1) 对象和实例：在现实世界中，具有相同性质、服从相同规则的一类事物(或概念，即实体)的抽象称为对象，对象是实体集信息化(数据化)的结果。对象中的每一个具体的实体的抽象称为该对象的实例。例如，实体学生是对象，实体课程是对象，学生张三就是学生的实例，“数据库设计与开发”就是课程的实例。

(2) 属性(Attribute)：属性为实体的某一方面特征的抽象表示。一个实体可以用若干个属性来描述。例如，学生通过“学号”、“姓名”、“性别”、“出生日期”等特征来描述，“学号”、“姓名”、“性别”及“出生日期”等都是学生的属性。

(3) 主码(Primary Key)和次码(Secondary Key)：码也称为主键，它能够唯一标识一个实体。不能唯一标识实体的属性叫次码。

(4) 域(Domain)：属性的取值范围称为属性的域。

2. 实体联系的类型

在现实世界中，事物内部及事物之间是有联系的，这些联系抽象到信息世界后，反映为实体内部的联系和实体之间的联系。若某一个联系 R 所对应的实体类型有 n 个，则称 R 为 n 元联系。为了区分这些类型，所讨论的实体和联系之间画一个箭头(→)或一条线段(—)，如下所示。

1) 两个实体集之间的联系

(1) 一对一联系(1 : 1)：设有两个实体集 A 和 B，对于 A 中的每一个实体，B 中至多有一个实体与之联系；反之亦然。从联系集“管理”向实体集“班级”和“班主任”各画一个箭头，如图 1-11(a)所示。这表示一个班主任至多管理一个班级，并且一个班级至多有一个班主任。这样的一对一联系还有如观众与座位、乘客与车票、病人与病床、学校与校长等。

(2) 一对多联系(1 : n)：设有两个实体集 A 和 B，对于 A 的每一个实体，B 中有一个或多个实体与之联系；而对于 B 的每一个实体，A 中至多有一个实体与之联系。从联系集“指导”画一个箭头到实体集“导师”，以及一条线段到实体集“学生”，如图 1-11(b)所示。这表示一名教师可以指导多名学生，但一名学生至多有一个导师。这样的一对多联系还有如城市与街道、宿舍与学生、父亲与子女、班级与学生等。

(3) 多对多联系(m : n)：设有两个实体集 A 和 B，对于 A 的每一个实体，B 中有一个或多个实体与之联系；反之亦然。从联系集“选修”向实体集“学生”和“课程”各画一条线段，如图 1-11(c)所示。这表示一个学生可以选修多门课程，并且一门课程可以被多名学生选修。这样的多对多联系还有如工厂与产品、商店与顾客等。

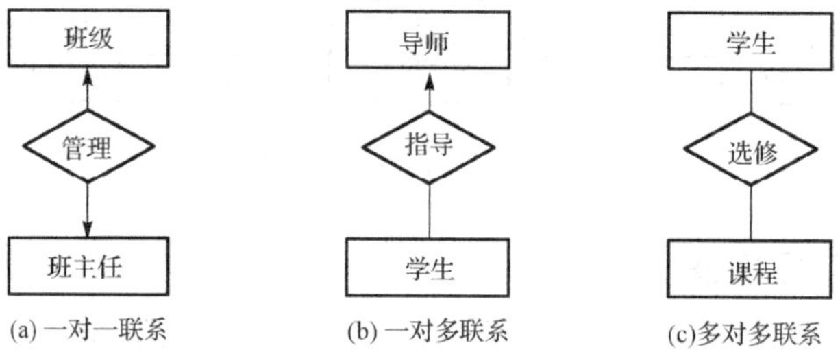

图 1-11　两个实体型之间的三类联系

2) 多实体集之间的联系

(1) 多实体集之间的一对多联系：设实体集 E_1，…，E_n，对于实体集 E_j(j=1，…，n)中的一个给定实体，最多只和其他实体集 E_i($i≠j$)中的一个实体相联系，则称 E_i 与 E_1，…，E_n 之间的联系是一对多的。例如，在图 1-12(a)中，一门课程可以有若干教师讲授，一个教师只讲授一门课程，课程与教师之间联系是一对多的。

(2) 多实体集之间的多对多联系：在两个以上的多个实体集之间，当一个实体集与其他实体集之间均存在多对多联系，而其他实体集之间没有联系时，这种联系称为多实体集间的多对多联系。例如，在图 1-12(b)中，一个科研成果可以由多个教师在多个项目中完成；每个教师可以使用多个项目产生的科研成果；每个项目可由不同教师参与完成。因此，科研成果、项目和教师这三个实体之间的联系是多对多的。

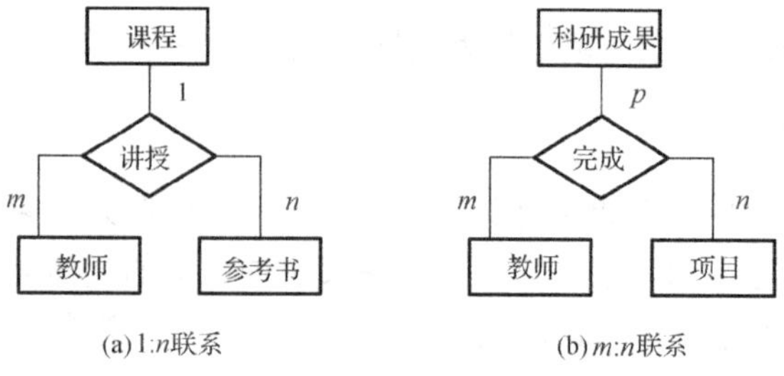

图 1-12　多元实体型之间的联系

3. 概念模型的表示方法

概念模型是对信息世界建模，所以概念模型必须全面、准确地描述出信息世界中的基本概念。概念模型的表示方法有很多种，其中最流行和最为著名的是 P.P.Chen 于 1976 年提出的实体-联系方法(Entity-Relationship Approach)。该方法用 E-R 图(E-R Diagram)来描述现实世界的概念模型，提供了表示实体、属性和联系的方法。更多概念的表示形式将在第 2 章讲解。在 E-R 图中：

(1)实体：用长方形表示，长方形内写明实体名。

(2)属性：用椭圆形表示，并用无向边将其与相应的实体连接起来。

(3)联系：用菱形表示，菱形内写上联系名，用一条线段或一个箭头分别与有关实体连接起来。如果联系具有属性，则该属性仍用椭圆形表示，仍需要用无向边将属性与其联系连接起来。通常使用动词来标注实体间的联系。

【例 1.1】 假设一个学生可选多门课程，而一门课程又有多个学生选修，一个教师至多可讲 3 门课程，一门课程至多只有一个教师讲授。网上选课系统中的实体联系模型 E-R 图如图 1-13 所示。

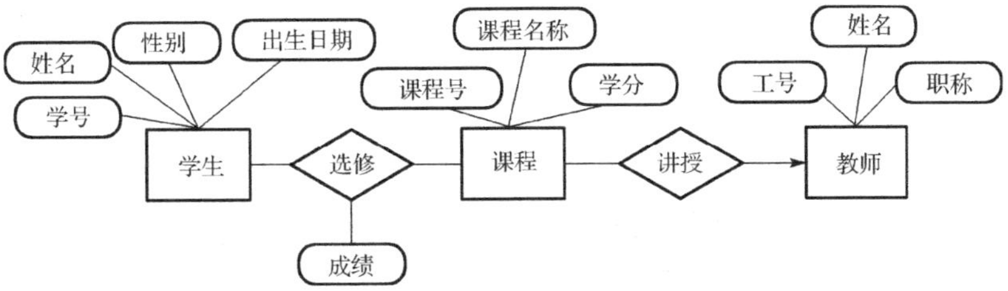

图 1-13　网上选课系统中实体联系模型 E-R 图

1.3.4　常见的逻辑数据模型

常见的逻辑数据模型有层次模型、网状模型、关系模型和面向对象模型，其中层次模型、网状模型和面向对象模型统称为非关系模型。在非关系模型中，实体集用记录表示，实体的属性对应记录的数据项(或字段)。实体集之间的联系转换成两两记录之间的联系。非关系模型中数据结构的单位是基本层次联系。

1. 层次数据模型

层次数据模型是数据库系统中最早出现的数据模型，它用树型结构表示各类实体以及实体间的联系。层次模型数据库系统的典型代表是 IBM 公司的 IMS(Information Management Systems)数据库管理系统。

在数据库中，对满足以下两个条件的数据模型称为层次模型。

(1)有且仅有一个节点无双亲，这个节点称为“根节点”；

(2)其他节点有且仅有一个双亲。

若用图来表示，层次模型是一棵倒立的树。节点层次(Level)从根开始定义，根为第一层，根的孩子称为第二层，根称为其孩子的双亲，同一双亲的孩子称为兄弟。图 1-14 给出了一个系的层次模型。

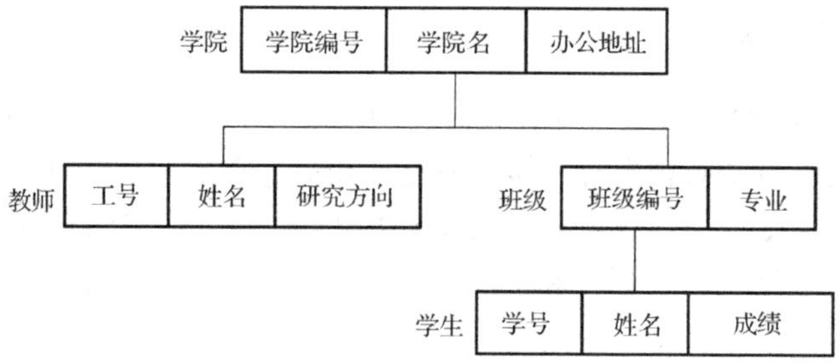

图 1-14　简单的层次数据模型

层次模型对具有一对多的层次关系的描述非常自然、直观、容易理解，这是层次数据库的突出优点。

2. 网状数据模型

网状数据模型是 20 世纪 70 年代数据系统语言研究会 CODASYL(Conference On Data Systems Language)下属的数据库任务组(Data Base Task Group，简称 DBTG)提出的一个系统方案，典型代表是 DBTG 系统，也称 CODASYL 系统。它用有向图结构表示实体类型及实体间联系的数据结构模型，满足以下两个条件：

(1)允许一个以上的节点无双亲；

(2)一个节点可以有多于一个的双亲。

图 1-15 给出了一个简单网状数据模型。

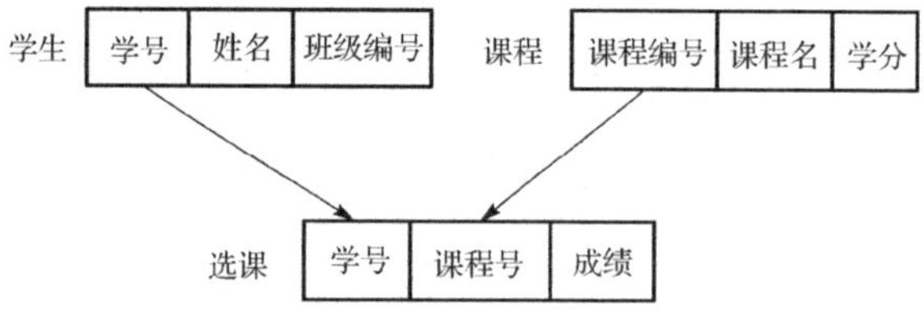

图 1-15　学生选课的简单网状数据模型

在自然界中，实体型间的联系更多的是非层次关系，用层次模型表示非树形结构是很不直接的，网状模型允许多个结点没有双亲结点，允许结点有多个双亲结点，还允许两个结点之间有多种联系，比层次模型更泛化，可以更直接地去描述现实世界。

3. 关系模型

关系模型是目前最重要的一种数据模型，是数据库领域当前研究工作的重点。20 世纪 80 年代以来，计算机厂商新推出的数据库管理系统几乎都支持关系模型，非关系系统的产品也大多加上了关系接口。

关系模型是用二维表的形式表示实体和实体间联系的数据模型，以集合论中的关系概念为基础发展而来的。在实际的关系数据库中的关系也称为表，因此一个关系数据库由若干个表组成。

关系模型由关系数据结构、关系操作集合和关系完整性约束组成。

4. 面向对象模型

在面向对象数据库的设计中，将客观世界中的实体抽象成为对象。面向对象的方法中一个基本信条是“任何东西都是对象”。对象可以定义为对一组信息及其操作的描述。对象之间的相互操作都要通过发送消息和执行消息完成，消息是对象之间的接口。严格地讲，在面向对象模型中，实体的任何属性都必须表示为相应对象中的一个变量和一对消息。变量用来保存属性值，一个消息用来读取属性值，另一个消息则用来更新这个值。

面向对象系统提供一种“对象标识符”(OID)的概念来标识对象。OID 与对象的物理存储位置无关，也与数据的描述方式和值无关。OID 是唯一的。在对象创建的瞬间，由系统赋给对象，它在系统内是唯一的，在对象的生存期间，标识是不能改变的。如果要将数据转移到另外一个不同的数据库系统中，则标识符必须进行转化。

不同类的对象共享它们公共部分的结构和特性称为继承性。继承性可以用超类和子类的层次联系来实现。一个子类可以继承某一个超类的结构和特性，这称为“单继承性”；一个子类也可以继承多个超类的结构和特性，这称为“多继承性”。继承性是数据间的泛化/细化联系，是一种“is a”联系。不同类的对象之间可能存在着包含关系，包含其他对象的对象称为复合对象。包含关系可以有多层，形成了类包含层次图。包含是一种“是一部分”(is part of)联系，因此包含与继承是两种不同的数据联系。

目前，一种结合关系数据库和面向对象特点的数据库为那些希望使用具有面向对象特征的关系数据库用户提供了一条捷径。这种数据库系统称为“对象关系数据库”，它是在传统关系数据模型基础上，提供元组、数组、集合一类丰富的数据类型以及处理新的数据类型操作能力，并且有继承性和对象标识等面向对象特点。

1.4　关 系 模 型

关系模型的数学基础是集合理论，在集合代数理论中对“关系”给出了严格的数学定义，而且还支持关系进行各种操作。

关系模型作为数据结构模型的一种，在今天的数据库实现中起到很大的作用。因为它只有单一的数据结构——关系。所谓关系就是通常所说的二维表，表和关系在关系数据库系统中是同义词。现实世界中的实体和实体间的各种联系均以关系的形式来表示，并以二维表的形式排列数据，可以用 SQL 语言对关系中存储的数据完成强大的操作。

关系操作指的是对表进行操作所使用的方法。常用的关系操作包括选择(Select)、投影(Project)、联结(Join)、除(Divide)、并(Union)、交(Intersection)、差(Difference)、查询(Query)等操作，以及插入(Insert)、删除(Delete)、修改(Update)操作两大部分。其中查询是最主要的部分。关系操作的特点是集合操作方式，即操作的对象和结果都是集合。

1.4.1　关系模型的数据结构

1. 域(Domain)

定义 1.1　域是一组具有相同数据类型的值的集合。

例如：整数、正数、负数、字符串、(男，女)、(苹果、橘子、香蕉、菠萝、西瓜)等，都可以是域。在关系模型中，要求每个元组的属性都属于某种基本类型，并把与关系的每个属性相对应的特定的基本类型称为域。

2. 笛卡儿积(Cartesian product)

定义 1.2　给定一组域 $D_1, D_2, \cdots, D_n$，这些域中可以有相同的，$D_1, D_2, \cdots, D_n$ 的笛卡儿积定义为：

$$D_1 \times D_2 \times \cdots \times D_n = \{(d_1, d_2, \cdots, d_n) \mid d_i \in D_i,\ i = 1, 2, \cdots, n\}$$

其中的每一个元素 $(d_1, d_2, \cdots, d_n)$ 叫做一个 n 元组或者简称元组。元素中每一个值 d_i 叫做一个分量。

笛卡儿积可以表示为一个二维表，表中的每一行对应一个元组，表中的每列对应一个域。

3. 关系(Relation)

定义 1.3　笛卡儿积 $D_1 \times D_2 \times \cdots \times D_n$ 的子集叫做在域 $D_1, D_2, \cdots, D_n$ 上的关系(relation)。用 $R(D_1, D_2, \cdots, D_n)$ 表示，R 是关系名，n 是关系的目或度(degree)。关系中的每个元素是关系中的元组，通常用 t 表示。

关系是笛卡儿积中有一定意义的、有限的子集，所以关系也是一个二维表，表的每一行对应一个元组，表的每一列对应一个域。由于域可以相同，为了加以区分，必须对每列起一个唯一的名字，称为属性(attribute)。n 目关系有 n 个属性。当 n=1 时，称该关系为单元关系，当 n=2 时，称该关系为二元关系。

一个关系由行和列组成，每一行称为一个元组，每一列称为一个属性。现在以学生基本信息表(如表 1-3 所示)为例，介绍关系模型中的一些术语。

表 1-3　学生基本表

学号(studentNo)	姓名(studentName)	性别(sex)	出生日期(birthday)	班级编号(classNo)	修读学分(totalCredits)
12143101	王小平	男	1992/07/03	31	20
12143202	李丽	女	1992/03/26	32	22
12211103	张美丽	女	1993/07/24	11	21
…	…	…	…	…	…

(1) 关系：一个关系对应通常所说的一张二维表。

(2) 元组：表中的一行称为一个元组。

(3) 属性：表中的一列称为一个属性，给每一个属性起一个名称即属性名。

(4) 域：属性的取值范围称为域。

(5) 分量：元组中的一个属性值称为分量。

(6) 主码：表中的某个属性或属性组，值可以唯一地确定一个元组，且属性组中不含多余的属性。

(7) 关系模式：关系模式是对关系的结构性描述，即关系包括哪些属性，一般表示为：

关系名(属性 1，属性 2，…，属性 n)。

例如，表 1-3 的关系可描述为：学生(学号，姓名，性别，出生日期，班级编号，修读学分)。

(8) 关系数据库：关系数据库是关系的集合。

4. 基本关系的性质

基本关系具有以下六条性质：

(1) 列是同质的，即每一列中的分量是同一类型的数据，来自同一个域。

(2) 不同的列名可以出自相同的一个域，称其中每一列为一个属性，不同的属性必须有不同的属性名。

(3) 列的顺序无所谓，即列的次序可以任意交换。

(4) 关系中的任意两个元组不能完全相同。

(5) 关系中元组的顺序无关，即关系中元组的顺序可以交换。

(6) 分量必须取原子值，即每一分量都必须是不可再分的数据项。

关系模型要求关系必须是规范化的，即要求关系模式必须满足一定的规范化条件。这些规范化条件中最基本的一条是：关系中每一个分量必须是一个不可分的数据项。

1.4.2　关系模型的数据操作

关系代数是一种抽象的过程查询语言，是施加于关系的一组集合运算。每种运算以一个或多个关系作为运算对象，并生成一个关系作为运算结果，即运算对象和运算结果都是关系。

在本小节，用网上选课数据库作为一个例子来讲解关系代数的一些具体应用。主要用到网上选课数据库中的 3 个简化的数据表，关系模式如下：

学生表：Student (<u>studentNo</u>, studentName, sex, birthday, classNo, totalCredits)

课程表：Course (<u>courseNo</u>, courseName, credits, courseHour)

选课表：Takes (<u>studentNo</u>, <u>courseNo</u>, score)

关系的主码加下划线表示，各个表中数据如表 1-4、表 1-5、表 1-6 所示。

表 1-4　学生表 Student

学号 (studentNo)	姓名 (studentName)	性别 (sex)	出生日期 (birthday)	班级编号 (classNo)	修读学分 (totalCredits)
12143101	王小平	男	1992/07/03	31	20
12143202	李丽	女	1992/03/26	32	22
12211103	张美丽	女	1993/07/24	11	21
12211104	张楠	男	1992/06/28	11	21

表 1-5　课程表 Course

课程号 (courseNo)	课程名 (courseName)	学分 (courseCredit)	总学时 (courseHour)
A142145	数据库设计与开发	4	64
A142146	可视化编程技术	3	48
A142004	面向对象编程思想	2	32

表 1-6　选课表 Takes

学号 (studentNo)	课程号 (courseNo)	成绩 (score)	学号 (studentNo)	课程号 (courseNo)	成绩 (score)
12143101	A142145	98	12143101	A142004	85
12143202	A142145		12143202	A142004	81
12211103	A142145	94	12211103	A142146	78
12211103	A142004	65	12211104	A142004	98

关系代数用到的运算符包括四类：集合运算符、专门的关系运算符、算术比较符和逻辑运算符。比较运算符和逻辑运算符通常是与专门的关系运算符一起使用的，所以按关系代数所支持的运算符的功能特点，关系代数的运算主要分为传统的集合运算和专门的关系运算两类。

(1) 传统的集合运算：包括并、交、差、广义笛卡儿积四种运算。这类运算是二目运算，将关系看成元组的集合，其运算是以关系的水平方向进行的，即行的角度来进行的。

(2) 专门的关系运算：专门的关系运算包括选择、投影、连接、除等。专门的关系运算不仅涉及二维表的行也涉及二维表的列。这类运算主要用于实际系统中的查询操作。

1. 传统的集合运算

传统的集合运算包括并、差、交、笛卡儿积 4 种基本运算。

(1) 并 (Union)：设关系 R 和 S 是同一关系模式下的关系，则 R 和 S 的并是由属于 R 或属于 S 的元组组成的集合。记作 $R \bigcup S = \{t \mid t \in R \vee t \in S\}$。

(2) 差 (Difference)：设关系 R 和 S 是同一关系模式下的关系，则 R 和 S 的差是由属于 R 但不属于 S 的元组组成的集合。记作 $R - S = \{t \mid t \in R \wedge t \notin S\}$。

(3) 交 (Intersection)：设关系 R 和 S 是同一关系模式下的关系，则 R 和 S 的交是由既属于 R 又属于 S 的元组组成的集合。记作 $R \bigcap S = \{t \mid t \in R \wedge t \in S\}$

(4) 笛卡儿积 (Cartesian Product)：设关系 R 和 S 的列数分别为 r 和 s，元组的个数分别为 m 和 n，则关系 R 和 S 的笛卡儿积是一个 $(r+s)$ 列的元组的集合。每个元组的前 r 个分量来自关系 R 的一个元组，后 s 个分量来自关系 S 的一个元组，且元组的数目有 $m \times n$ 个，记作 $R \times S = \{t = \langle t_r, t_s \rangle \mid t_r \in R \vee t_s \in S\}$。

【例 1.2】 现以具有三个属性列的关系 R (如图 1-16 (a)) 和 S (如图 1-16 (b)) 为例，说明传统的集合运算。运算结果如下：图 1-16 (c) 为关系 R 与 S 的并。图 1-16 (d) 为关系 R 与 S 的差。图 1-16 (e) 为关系 R 与 S 的并。图 1-16 (f) 为关系 R 与 S 的笛卡儿积。

A	B	C
a_1	b_1	c_1
a_1	b_2	c_2
a_2	b_2	c_1

(a) R

A	B	C
a_1	b_1	c_1

(d) $R-S$

A	B	C
a_2	b_2	c_2
a_2	b_2	c_1

(e) $R \cap S$

A	B	C
a_1	b_2	c_2
a_1	b_3	c_2
a_2	b_2	c_1

(b) S

A	B	C
a_1	b_1	c_1
a_1	b_2	c_2
a_2	b_2	c_1
a_1	b_3	c_2

(c) $R \cup S$

A	B	C	A	B	C
a_1	b_1	c_1	a_1	b_2	c_2
a_1	b_1	c_1	a_1	b_3	c_2
a_1	b_1	c_1	a_2	b_2	c_1
a_1	b_2	c_2	a_1	b_2	c_2
a_1	b_2	c_2	a_1	b_3	c_2
a_1	b_2	c_2	a_2	b_2	c_1
a_2	b_2	c_1	a_1	b_2	c_2
a_2	b_2	c_1	a_1	b_3	c_2
a_2	b_2	c_1	a_2	b_2	c_1

(f) $R \times S$

图 1-16 传统的集合运算举例

2. 专门的关系运算

专门的关系运算包括选择、投影、连接和除操作。

1) 选择操作 (Selection)

选择是一种一元关系操作，它作用在一个关系 R 上，按给定的选择条件 F，选出符合条件的元组，记作 $\sigma_F(R) = \{t \mid t \in R \wedge F(t) = \text{true}\}$，其中 F 是一个逻辑表达式，取值为“true”或

“false”。简记为 $\sigma_F(R)$。逻辑表达式 F 由逻辑运算符 ¬、∧ 和 ∨ 连接的各算术表达式组成。算术表达式的基本形式：

$$X_1 \theta Y_1$$

其中，θ 表示比较运算符，它可以是>、⩾、<、⩽、=或≠。X_1，Y_1 等是属性名或常量或简单函数。属性名也可以用它的序号来代替(1，2，…)。

选择运算实际上是从关系R中选取使逻辑表达式F为真的元组。这是从行的角度进行的运算。

【例 1.3】 (1)查找姓名为“张楠”的学生信息。

(2)查找班级编号为“31”的全体男生信息。

解： (1) $\sigma_{\text{studentName='张楠'}}(\text{Student})$ 或 $\sigma_{2=\text{'张楠'}}(\text{Student})$

(2) $\sigma_{\text{sex='男'}\wedge\text{classNo='31'}}(\text{Student})$ 或 $\sigma_{3=\text{'男'}\wedge 5=\text{'31'}}(\text{Student})$

上述两个选择操作的结果如表 1-7 和表 1-8 所示。

表 1-7 例 1.3(1)的操作结果

studentNo	studentName	sex	birthday	classNo	totalCredits
12211204	张楠	男	1992/06/28	11	21

表 1-8 例 1.3(2)的操作结果

studentNo	studentName	sex	birthday	classNo	totalCredits
12143101	王小平	男	1992/07/03	31	20

2)投影操作(Projection)

投影也是一元关系操作。投影操作选取关系的某些列。投影运算可以分两步产生一个新关系。

(1)选择指定的属性，形成一个可能含有的重复行的表；

(2)删除重复行，形成最终表。

关系 R 在属性列 $\{A_{i_1}, A_{i_2}, \cdots, A_{i_m}\}$ 上的投影记作：

$$\Pi_{A_{i_1}, A_{i_2}, \cdots, A_{i_m}}(R) = \{(A_{i_1}, A_{i_2}, \cdots, A_{i_m}) \mid r \in R\},$$

简记为：$\Pi_{\langle\text{属性表}\rangle}$ (<关系名>)。

【例 1.4】 (1)从学生关系中查找所有学生的姓名和出生年份。

(2)查询学生关系中 Student 中有哪些班级，即查询该关系在班级编号属性上的投影。

解： (1) $\Pi_{\text{studentName,birthday}}(\text{Student})$ 或 $\Pi_{2,4}(\text{Student})$

(2) $\Pi_{\text{classNo}}(\text{Student})$ 或 $\Pi_5(\text{Student})$

结果如表 1-9 所示。

表 1-9 例 1.4(1)和(2)投影运算结果

studentName	birthday	classNo
王小平	1992/07/03	31
李丽	1992/03/26	32
张美丽	1993/07/24	11
张楠	1992/06/28	

注意：投影操作后的关系可能会出现内容完全相同的若干个元组，而根据关系的要求不允许出现内容完全相同的元组，因此结果只能保留其中一个元组。

投影操作可以和选择操作组合起来应用。例如，若要查找所有女生的姓名，则表示如下：

$$\Pi_{\text{studentName}}(\sigma_{\text{sex='女'}}(\text{Student}))$$

3）连接操作（Join）

连接是二元关系操作，以符号 $\rhd\lhd$ 表示。它的定义为：

$$R \underset{A\theta B}{\rhd\lhd} S = \sigma_{A\theta B}(R \times S)$$

连接与笛卡儿积的区别在于广义笛卡儿积包含两个关系的所有元组的组合，而连接是从 R 和 S 的广义笛卡儿积 $R \times S$ 中选择 R 关系在 A 属性组上的值与 S 关系在 B 属性组上的值满足比较关系 θ 的元组。

连接运算中有两种最为常用也最为重要的连接，一种是等值连接，另一种是自然连接。如果连接条件为两个关系中的两个属性进行相等比较，则称为等值连接。若在等值连接中再要求两个关系中进行比较的分量必须是相同的属性组，并且在结果中去掉重复的属性列，则称为自然连接。在自然连接表示形式中一般可以省略连接条件。

一般的连接操作是从行的角度进行运算的，但自然连接还需要取消重复列，所以是同时从行和列的角度进行运算。自然连接中连接属性通常是出现在不同关系中的语义相同的属性，一般是参照关系的外部关键字和被参照关系的主关键字。

【例 1.5】 假设取 Student 中部分属性形成一个新关系 R，Takes 中部分元组形成一个新关系 S，如表 1-10 所示。计算下面的等值连接和自然连接。

（1）等值连接 $R \underset{R.\text{studentNo}=S.\text{studentNo}}{\rhd\lhd} S$

（2）自然连接 $R \rhd\lhd S$

表 1-10　R 和 S 关系

（a）R

studentNo	studentName
12143101	王小平
12143202	李丽
12211103	张美丽
12211104	张楠

（b）S

studentNo	courseNo	score
12143101	A142145	98
12143202	A142004	81
12211103	A142145	94
12211103	A142146	78

解：等值连接和自然连接运算结果如表 1-11 所示。

表 1-11　例 1.5 运算结果

（a）等值连接

R.studentNo	studentName	S.studentNo	courseNo	score
12143101	王小平	12143101	A142145	98
12143202	李丽	12143202	A142004	81
12211103	张美丽	12211103	A142145	94
12211103	张美丽	12211103	A142146	78

（b）自然连接

studentNo	studentName	courseNo	score
12143101	王小平	A142145	98
12143202	李丽	A142004	81
12211103	张美丽	A142145	94
12211103	张美丽	A142146	78

【例 1.6】 查询张美丽所选修课程的成绩。

解： $\Pi_{\text{courseNo,score}}(\sigma_{\text{studentName='张美丽'}}(\text{Student} \bowtie \text{Takes}))$

说明：该运算首先执行 $\sigma_{\text{studentName='张美丽'}}(\text{Student})$，从学生关系中选择出姓名为“张美丽”的元组，然后通过学号属性将该元组与它所对应的选课关系 Takes 中元组进行自然连接，最后从中投影出课程号和成绩。

4) 除操作(Division)

首先引入像集(Image Set)的概念。设关系 $R(X,Z)$，X,Z 是属性组，则 R 中属性组 X 上的值为 x 的各元组在 Z 分量上集合，称为 x 在 R 中的像集。记作

$$Z_x = \{r[Z] \mid r \in R \wedge r[X] = x\}$$

设有关系 $R(X,Y)$ 和 $S(Y,Z)$，X,Y,Z 为属性组，则 R 与 S 的除运算定义为 R 中满足以下条件的元组在 X 属性上的投影：关系 R 中的元组在 X 上分量值 x 的像集 Y_x 包含 S 在 Y 上投影的集合。记作

$$R \div S = \{t_r[X] \mid t_r \in R \wedge \Pi_y(S) \subseteq Y_x\}$$

【例 1.7】 设关系 R，S 分别为表 1-12 中的(a)和(b)，$R \div S$ 的结果如表 1-12(c)所示。

在关系 R 中，A 可以取四个值 $\{a_1,a_2,a_3,a_4\}$。其中：

a_1 的像集为 $\{(b_1,c_2),(b_2,c_3),(b_2,c_1)\}$；

a_2 的像集为 $\{(b_3,c_7),(b_2,c_3)\}$；

a_3 的像集为 $\{(b_4,c_6)\}$；

a_4 的像集为 $\{(b_6,c_6)\}$；

S 在 (B,C) 上的投影为 $\{(b_1,c_2),(b_2,c_3),(b_2,c_1)\}$。

显然只有 a_1 的像集包含了 S 在 (B,C) 属性组上的投影，所以 $R \div S = \{a_1\}$。

表 1-12　关系相除结果

(a) R

A	B	C
a_1	b_1	c_2
a_2	b_3	c_7
a_3	b_4	c_6
a_1	b_2	c_3
a_4	b_6	c_6
a_2	b_2	c_3
a_1	b_2	c_1

(b) S

B	C	D
b_1	c_2	d_1
b_2	c_1	d_1
b_2	c_3	d_2

(c) $R \div S$

A
a_1

1.4.3　关系模型的数据约束

1. 实体完整性——避免出现重复行

在数据正确输入的前提下，不出现重复行实际是反映了表的每一行的所有列值所构成的信息是完整的，而确保实体完整性的基本方法就是为对应的表设置主键。实体完整性规定基本关系的所有主关键字对应的主属性都不能取空值。例如，在选课(学号，课程号，成绩)中，

学号和课程号共同组成为主关键字，则学号和课程号两个属性都不能为空。因为没有学号的成绩或没有课程号的成绩都是不存在的。

实体完整性规则针对基本关系，一个基本关系表通常对应一个实体集。例如，学生关系对应学生集合。现实世界中的实体是可以区分的，它们具有一种唯一性质的标识。例如，学生的学号，教师的职工号等。

2. 参照完整性——表之间的数据一致性

假如学生和班级这两个关系之间存在着属性的引用，即学生关系引用了班级关系的主关键字“班级编号”。显然，学生关系中的“班级编号”值必须是在班级表中确实存在的班级编号，即班级关系中有该班级的记录。这说明学生关系中某个属性的取值要参照班级关系的属性取值。如果要删除被引用的对象，那么也要删除引用它的所有对象，或者把引用值设置为空(如果允许的话)。例如，在学生和班级关系中，删除某个班级元组之前，必须先删除相应的引用该班级的学生元组。这就是参照完整性。

3. 用户定义完整性——表中数据的合理性和有效性

任何关系数据库系统都应该支持实体完整性和参照完整性。此外，根据现实世界中应用环境的不同，需要针对某一具体要求来定义约束条件，反映所涉及的数据必须满足的语义要求。例如，成绩属性的取值范围为 0～100；学生的年龄限制为 18-50 等。这些数据约束在关系模型中称为用户定义完整性。关系模型应提供定义和检验这类完整性的机制，以便系统用统一的方法处理它们，而不需要由应用程序来承担这一功能。

用户定义的完整性约束还可以细分为列级约束和行级约束。列级约束通常是定义属性取值的约束。例如，学生关系中学生的性别只能是“男”或“女”。对属性值域的约束也称为域完整性规则(domain integrity rule)，是指对关系中属性取值的正确性限制，包括数据类型、精度、取值范围、是否允许空值等。而行级约束条件可能涉及一个以上的列，如入学日期一定小于毕业日期等。

1.5 数据抽象与数据库的三级模式

数据库系统的主要目的之一，是为用户提供一个数据的抽象视图、隐藏数据的存储结构和存取方法等细节。数据库系统通过三种级别的数据抽象，把现实世界抽象为数据的物理存储结构，并在这个基础上实现两种数据独立性，把数据定义从应用程序中分离出来，使得数据库的模式发生变化时，有关的应用程序可以不必修改或少作修改。本节先叙述数据库的三级抽象，然后介绍数据库的三级模式，最后讲解数据库的二级映象和两种数据独立性的原理。

1.5.1 数据抽象

数据库系统一般提供三种级别的抽象，即视图级抽象、概念级抽象和物理级抽象。视图级抽象把现实世界抽象为数据库的外模式。概念级抽象把数据库的外模式抽象为数据库的概念模式。物理级抽象把数据库的概念模式抽象为数据库的内模式。

视图级抽象：把现实世界抽象为数据库的外模式；把现实世界中的信息按照不同用户的

观点抽象为多个逻辑数据结构，每个逻辑结构称为一个视图，描述了每个用户关心的数据，即数据库的一个侧面。所有视图的集合形成了数据库的外模式。数据库外模式是面向用户的数据库模式。数据库系统中数据定义语言的视图定义机构提供视图抽象的工具，用来定义视图的逻辑结构。

概念级抽象：把数据库外模式抽象为数据库的概念模式。将外模式所有视图综合为数据库整体逻辑结构，这就是数据库概念模式，即全体用户关心的现实抽象。数据库系统中数据定义语言的逻辑数据库定义机构提供概念抽象的工具，用来定义概念数据库模式的逻辑结构。

物理级抽象：把数据库概念模式抽象为数据库的内模式。内模式描述了概念数据库的物理存储访问细节。

(1) 存储策略的描述：如数据和索引的存储方式、存储记录的描述和记录的定位方法。

(2) 存储路径的描述：如索引定义和 HASH 结构定义等。

1.5.2　数据库的三级模式结构

设计数据库时，强调的是数据库的结构；应用数据库时，关心的是数据库中的数据。数据库中的数据经常变化，而数据库的结构则具有相对的稳定性。关于数据库系统的结构，如果从数据库系统的角度看，数据库系统的结构通常采用三级模式结构；如果从数据库的最终用户的角度看，数据库系统的体系结构分为单用户结构、主从式结构、分布式结构、客户-服务器结构和浏览器-服务器结构等。

数据库系统在总的体系结构上都具有三级模式的结构特征。学习数据库的三级模式将有助于理解数据库设计及应用中的一些基本概念。

数据库的三级模式为外模式、概念模式和内模式，如图 1-17 所示。

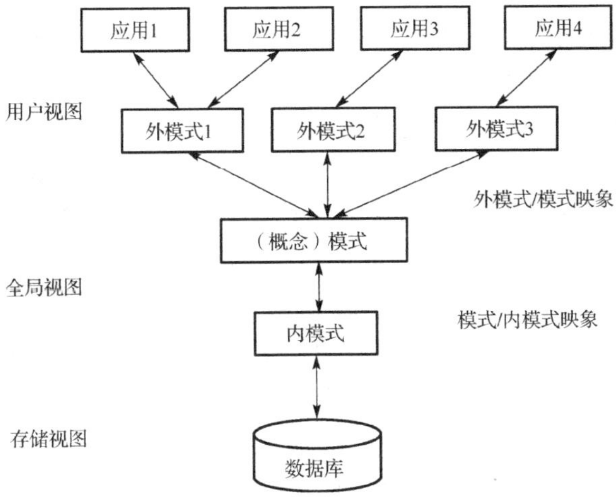

图 1-17　数据库系统结构——三级模式

1. 概念模式

概念模式又称数据库模式(或简称模式)，它是数据库中全部数据的逻辑结构和特征的描述，通常以某种数据模型为基础，并用数据库系统提供的模式描述语言定义这些内容。用模式 DDL (Data Definition Language，数据定义语言)写出的一个数据库逻辑定义的全部语句，称为数据库模式。概念模式可以被看做是现实世界中一个组织或部门中的实体及其联系的抽象模型在具体数据库系统中的实现。概念模式不同于外模式，它一般与具体的应用程序无关。概念模式也不同于内模式，它不涉及数据的存储细节和硬件环境。

2. 外模式

外模式又称用户模式或子模式，通常由概念模式导出，是概念模式的子集。外模式定义了允许用户操作的数据库数据，通常由子模式 DDL 语言描述。外模式是各个用户看到的数据视图，即与某一应用有关的数据的逻辑表示。由于不同用户需求不同，看待数据的方式不同，使用的数据内容不同，对数据的保密要求不同，因而不同的用户的外模式是不同的。外模式是对各个用户或程序所涉及的数据的逻辑结构和数据特征的描述。

3. 内模式

内模式也称存储模式，一个数据库只有一个内模式。它是数据物理结构和存储结构的描述，是数据在数据库内部的表示方式(例如，记录的存储方式是顺序存储、按照 B 树结构存储还是按 hash 方法存储；索引按照什么方式组织；数据是否压缩存储，是否加密；数据的存储记录结构有何规定)。数据库管理系统提供内模式描述语言来严格定义内模式。

1.5.3 数据库的二级映像功能与数据独立性

数据库系统三种模式之间存在两级映像——外模式与概念模式间的映像和概念模式与内模式间的映像。两级映像不仅在三级数据模式之间建立了联系，同时也保证了数据的独立性。

1) 外模式/模式的映像和数据逻辑独立性

对于每一个外模式，数据库系统都有一个外模式 / 模式映像，它定义了该外模式与模式之间的对应关系。这些映像定义通常包含在各自外模式的描述中。当模式改变时，由数据库管理员对各个外模式 / 模式的映像作相应改变，可以使外模式保持不变，从而应用程序不必修改，保证了数据的逻辑独立性。

2) 模式/内模式的映像和数据物理独立性

数据库中只有一个模式，也只有一个内模式，所以模式 / 内模式映像是唯一的，它定义了数据全局逻辑结构与存储结构之间的对应关系。该映像定义通常包含在模式描述中。当数据库的存储结构改变了(例如采用了更先进的存储结构)，由数据库管理员对模式 / 内模式映像作相应改变，可以使模式保持不变，从而保证了数据的物理独立性。

两个映像尽管实现了数据库系统的两种数据独立性，但是由于建立在概念模式上的应用程序仍需改变，所以逻辑数据独立性是不完备的。

数据库的三级模式结构的好处在于以下几方面。

(1) 保证了数据的独立性：概念模式和内模式分开，保证数据的物理独立性，把外模式和概念模式分开，保证数据的逻辑独立性。

(2) 简化用户接口：用户不需要了解数据库实际存储情况，也不需要对数据库存储结构了解，只要按照外模式编写应用程序就可以访问数据库。

(3) 有利于数据共享：所有用户使用统一概念模式导出的不同外模式，减少数据冗余，有利于多种应用程序间共享数据。

(4) 有利于数据安全保密：每个用户只能操作属于自己的外模式数据视图，不能对数据库其他部分进行修改，保证了数据安全性。

1.6 案例实践——网上选课系统

随着学分制的普及，选课已成为每个大学生日常生活的一部分。为此，本系统面向全体师生，对课程选修及成绩进行集中管理。同时，该系统可根据考试成绩计算学生学分，以实现学生选课及成绩管理的科学化、系统化、自动化，最大限度地为老师和学生提供方便和提高管理效率。该系统的主要功能如表 1-13 所示。

表 1-13　网上选课系统主要功能表

功能序号	功能名称	功能说明
1	学院管理	增加、修改学院的基本信息，并提供查询功能
2	班级管理	增加、修改班级的基本信息，并提供查询功能
3	学生管理	增加、修改学生的基本信息，并提供查询功能
4	课程管理	增加、修改课程的基本信息，并提供查询功能
5	教师管理	增加、修改教师的基本信息，并提供查询功能
6	开课管理	增加、修改开课的基本信息，并提供查询功能
7	选课管理	学生选课、退选功能，并提供查询功能
8	成绩管理	登记学生各门课程的成绩，提供查询、统计功能
9	系统维护	系统中使用编码的维护、数据的备份与恢复

本书将网上选课系统作为教学案例贯穿全书，首先介绍网上选课系统主要功能，然后进行网上选课系统数据库设计，使用 SQL SERVER 2012 创建数据库和表，最后利用 Visual Studio 2012 开发平台进行网上选课系统简单开发和高级开发。

1.7 项目实践——图书馆管理系统

江苏理工学院拥有一个全新的、现代化的图书馆，为全校师生提供一个阅读、学习的空间。近年来，随着生源不断扩大，图书馆的规模也随之扩大，图书数量也相应地大量增加，有关图书的各种信息也成倍增加。面对如此庞大的信息量，图书馆管理系统是图书馆管理工作中不可缺少的部分，对于图书馆的管理者和使用者来说都非常重要。一个成功的图书馆管理系统应提供快速的图书信息检索功能，快捷的图书借阅、归还流程，为管理者与读者提供充足的信息和快捷的数据处理手段。

请对本校的图书馆管理系统进行考察，从读者与图书馆管理员的角度出发，本着以读者借书、还书快捷、方便的原则，绘制图书馆管理系统功能结构图。

1.8 本 章 小 结

本章从数据库系统概述、数据模型、关系模型、数据抽象与数据库的三级模式四个方面，概述了数据库系统的基本概念。数据管理需求是数据库技术得以发展的动力，数据库系统则是数据库技术的本质，数据模型与关系模型是数据库进行数据组织的基本架构，而数据抽象与数据库的三级模式是理解数据库架构及其组成的基础。这四部分内容联系紧密，相互支撑，是学习数据库设计与开发的基础。

由于本课程的学习涉及数据库技术、可视化编程语言、软件工程技术等多方面的知识，涉及应用软件系统设计中的综合分析与实际编程能力的运用，所以在学习本章内容后，建议学生就开始自学或复习 C Sharp(C#)语言，并进行一些基本的编程练习，以便为后续网上选课系统设计与开发以及后续数据库课程设计奠定基础。

1.9 习　　题

1．名词解释

DB　DBMS　DBS　1：1 联系　1：*n* 联系　*m*：*n* 联系

数据模型　概念数据模型　概念模式　外模式　内模式

2．数据库阶段的数据管理有哪些特点？

3．什么叫数据与程序的物理独立性？什么叫数据与程序的逻辑独立性？为什么数据库系统具有数据与程序的独立性？

4．为某百货公司设计一个 E-R 模型：百货公司管辖若干个连锁商店，每家商店经营若干商品，每家商店有若干职工，但每个职工只能服务于一家商店。实体类型“商店”的属性有：商店编号，店名，店址，店经理。实体类型“商品”的属性有：商品编号，商品名，单价，产地。实体类型“职工”的属性有：职工编号，职工名，性别，工资。在联系中应反映出职工参加某商店工作的开始时间，商店销售商品的月销售量。

5．试述等值连接与自然连接的区别和联系。

6．设有一个 SPJ 数据库，包括 S，P，J，SPJ 四个关系模式：

S(SNO，SNAME，STATUS，CITY)；

P(PNO，PNAME，COLOR，WEIGHT)；

J(JNO，JNAME，CITY)；

SPJ(SNO，PNO，JNO，QTY)；

其中，供应商表 S 由供应商代码(SNO)、供应商姓名(SNAME)、供应商状态(STATUS)、供应商所在城市(CITY)组成；零件表 P 由零件代码(PNO)、零件名(PNAME)、颜色(COLOR)、重量(WEIGHT)组成；工程项目表 J 由工程项目代码(JNO)、工程项目名(JNAME)、工程项目所在城市(CITY)组成；供应情况表 SPJ 由供应商代码(SNO)、零件代码(PNO)、工程项目代码(JNO)、供应数量(QTY)组成，表示某供应商供应某种零件给某工程项目的数量为 QTY。

试用关系代数语言完成如下查询：

(1)求供应工程 J1 零件的供应商号码 SNO；

(2)求供应工程 J1 零件 P1 的供应商号码 SNO；

(3)求供应工程 J1 零件为红色的供应商号 SNO；

(4)求没有使用天津供应商生产的红色零件的工程号 JNO；

(5)求至少用了供应商 S1 所供应的全部零件的工程号 JNO。

第 2 章　数据库设计

数据库设计是开发一个数据库应用系统的重要组成部分，是研究如何构造一个适合于具体问题的关系模式。规范化理论研究的是关系模式中属性之间相互依赖关系以及对关系模式性能的影响，一个“好”的关系模式应当具备的性能以及如何设计一个好的关系模式。关系模式的规范化理论给我们提供了判断关系模式优劣的理论标准，帮助我们预测关系模式中可能出现的问题，提供了自动产生各种模式的算法，是数据库设计人员有效的工具。数据库设计需要关系数据库的规范化理论作为指导。

数据库设计是指对于一个给定的应用环境，构造最优的数据库模式，建立数据库及其应用系统，使之能够有效存储数据，满足用户的应用要求，包括信息管理要求和数据操作要求。信息管理要求是指在数据库中应该存储和管理哪些数据对象，而数据操作要求是指对数据对象需要进行哪些操作，如查询、增加、删除、修改和统计等操作。

2.1　教学案例——网上选课系统数据库设计

2.1.1　问题的引出

学完数据库基本概念，发现数据库技术非常有意思，逸凡决定自己模仿设计和开发一个网上选课系统。虽然知道网上选课系统的主要功能，但到底保存哪些数据以及如何保存这些数据，逸凡心中没底。他在思考着这样的问题：

(1) 网上选课系统中每个功能涉及一个关系模式还是多个关系模式？总共有多少个关系模式？

(2) 在进行选修课程统计时，将学生信息、课程信息、成绩信息放在一张表中，发现存在许多问题，如果列出所有课程，则表格中会出现大量空白；如果只列出每个学生选修课程，则表格中出现大量冗余信息。那么，是什么原因造成它们不能放在一起，又如何处理呢？

(3) 学生信息、课程信息和成绩信息到底包含哪些属性？它们之间到底是什么关系？

2.1.2　网上选课系统数据库设计

在第 1 章，我们已经了解网上选课系统的主要功能，主要涉及学院 (Institute)、班级 (Class)、学生 (Student)、课程 (Course)、教师 (Teacher)、开课 (Section) 以及成绩 (Takes) 等实体，其数据库关系图如图 2-1 所示。在图 2-1 中，各个关系模式是如何确定的，以及每个关系模式中属性是如何选择的，这些问题在学完数据库设计理论和方法后将得以解决。

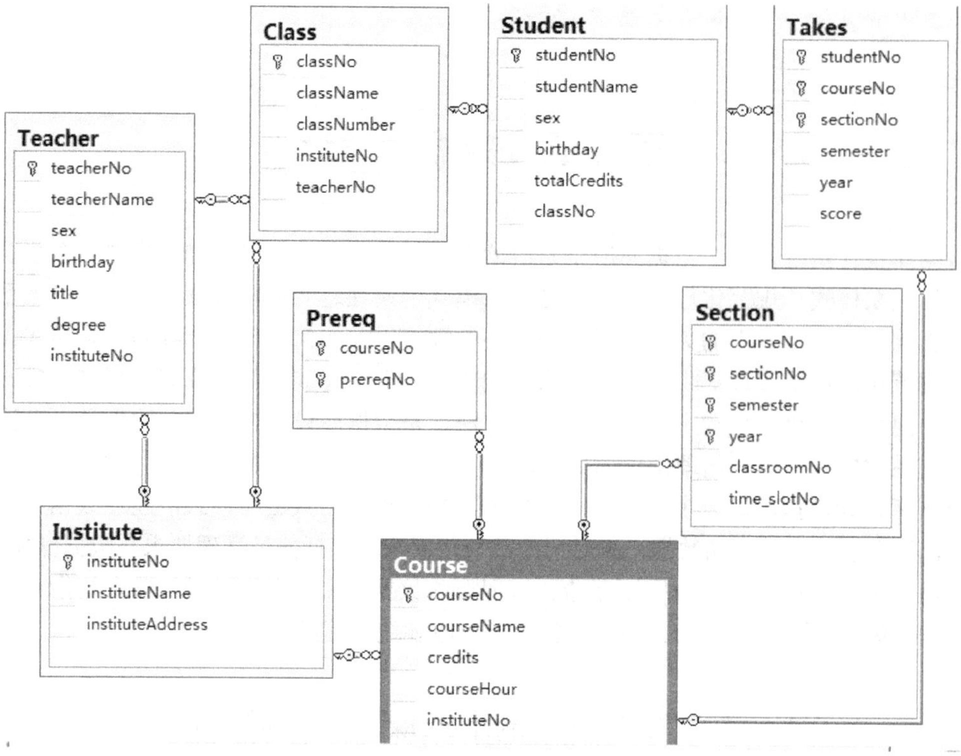

图 2-1　网上选课系统数据库关系图

2.2　数据库设计概述

2.2.1　数据库设计的基本步骤

数据库设计过程是数据库生命周期的一个阶段。数据库生命周期一般包含数据库系统的规划、设计、实现、运行管理和维护、扩充和重构等阶段。其中数据库设计事实上就是一项软件工程，应该应用软件工程的原理和方法来指导设计过程。按照规范设计的方法，考虑到数据库及其应用系统开发的全过程，将数据库设计分为六个阶段，如图 2-2 所示。

1. 需求分析阶段

需求分析是数据库设计的第一步，也是最困难、最耗时间的一步。需求分析就是调查与分析设计的对象，对所有可能的数据库用户的数据要求和处理要求，进行全面地了解、收集和分析，结果得到数据字典描述的数据需求和数据流图描述的处理需求。需求分析的正确与充分与否至关重要，如果做得不好，会影响整个系统的性能，甚至会导致整个系统数据库设计返工重做。

2. 概念结构设计阶段

概念结构设计是整个数据库设计的关键。概念结构设计通过对用户需求进行综合、归纳与抽象，形成一个独立于具体数据库管理系统(DBMS)的概念模型，可以用 E-R 图表示。

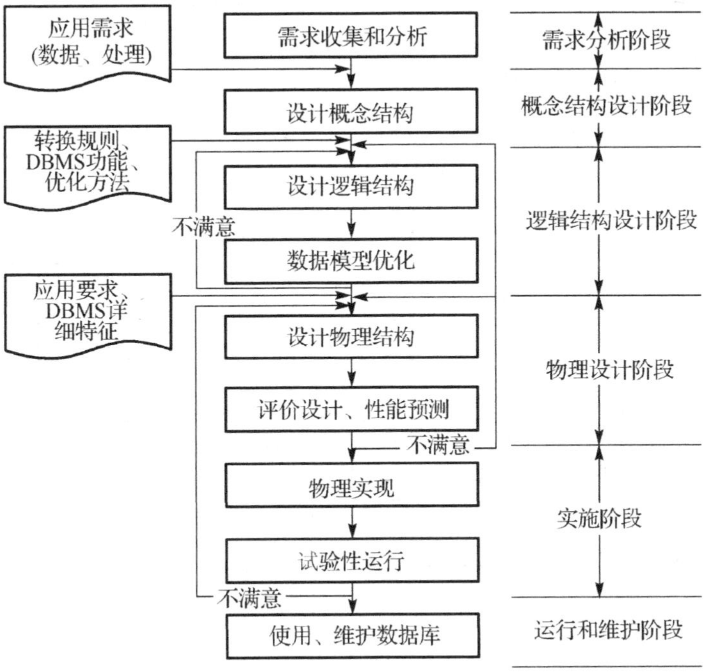

图 2-2　数据库设计的基本步骤

3. 逻辑结构设计阶段

逻辑结构设计将概念结构转换为某个 DBMS 所支持的数据模型，并对其进行优化。

4. 物理设计阶段

数据库物理设计是为逻辑数据模型选取一个最适合应用环境的物理结构(包括存储结构和存取方法)。

5．实施阶段

在数据库实施阶段，设计人员运用 DBMS 提供的数据语言(例如 SQL)及其宿主语言(例如 C#)，根据逻辑设计和物理设计的结果建立数据库，编制与调试应用程序，组织数据入库，并进行试运行。

6. 运行和维护阶段

数据库应用系统经过试运行后即可投入正式运行。在数据库系统运行过程中必须不断地对其进行评价、调整与修改。

需要说明的是设计一个完善的数据库应用系统不可能一蹴而就，它往往是上述六个阶段的不断反复。

2.2.2　数据库设计的主要内容

设计步骤既是数据库设计的过程，也包括了数据库应用系统的设计过程。下面针对各阶段的设计内容给出各阶段的设计描述，如图 2-3 所示。

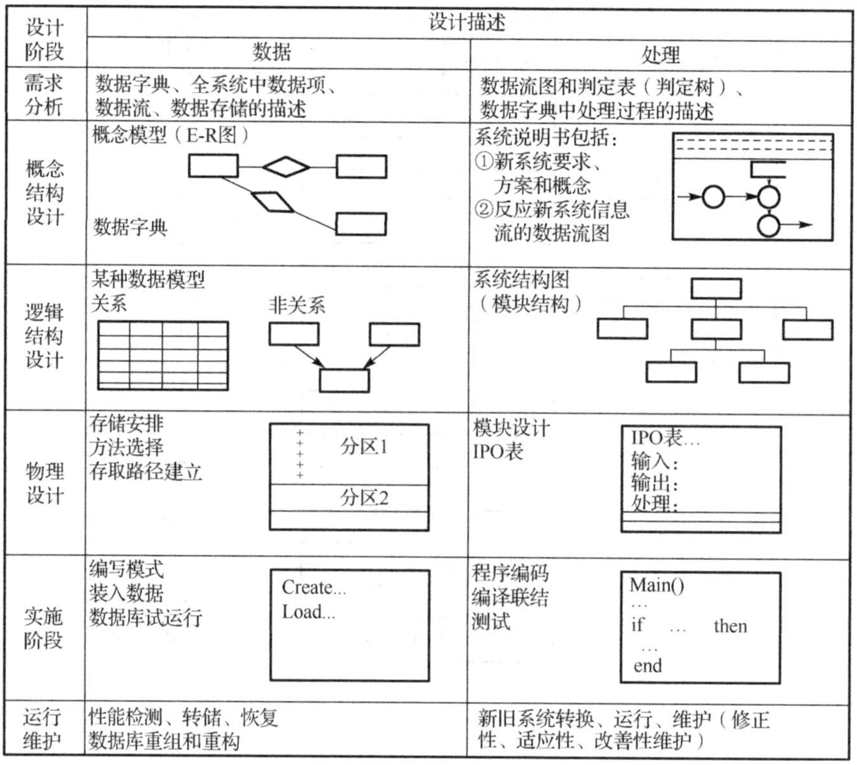

图 2-3　数据库设计阶段的内容

2.3　需求分析

需求分析是指从调查用户单位着手，深入了解用户单位数据流程，数据的使用情况，数据的数量、流量、流向、数据性质，并且做出分析，最终按一定规范要求以文档形式给出数据的需求说明书。这份说明书主要用系统的数据流图和数据字典来表示，应是一份既切合实际，又具有远见的文档，是一个描述新系统的轮廓图。需求分析是数据库系统开发的重要环节，其目的是通过调查分析，弄清用户对新系统的信息需求和功能需求。

2.3.1　需求分析调查的内容

调查是系统需求分析的重要手段，只有通过对用户深入细致的调查研究，才能得到需要的信息。需求分析的重点是调查、收集与分析用户在数据管理中的信息要求、处理要求、安全性与完整性要求。

(1) 信息要求是指用户需要从数据库中获得信息的内容与性质。通过信息要求可以导出数据要求，即在数据库中需要存储哪些数据。

(2) 处理要求是指用户要求完成什么处理功能，对处理的响应时间有什么要求，处理方式是什么等，即功能要求和性能要求。

(3) 数据安全性和完整性要求包括数据保密措施和存取控制要求、数据自身的或数据之间的约束限制等。

总之，新系统的功能必须能够满足用户的信息要求、处理要求、安全性与完整性要求。

2.3.2 需求分析调查的方法

真正确定用户的最终需求其实是一件很困难的事。一方面是因为用户缺少计算机知识，开始时无法确定计算机究竟能为自己做什么，不能做什么，因此无法一下子准确地表达自己的需求，他们所提出的需求往往不断地变化。另一方面是因为设计人员缺少用户的专业知识，不易理解用户的真正需求，甚至误解用户的需求。此外新的硬件、软件技术的出现也会使用户需求发生变化。因此设计人员必须与用户不断深入地进行交流、互相沟通，才能逐步得以确定用户的实际需求。具体的实施方法可能很多，常用的调查方法有如下几种。

(1) 跟班作业。指数据库设计人员通过亲身参加业务工作来了解业务活动的情况。这种方法可以比较准确地理解用户的需求，但比较耗费时间和精力。

(2) 开调查会。数据库设计人员还可以通过与用户座谈的方式来了解业务活动情况及用户需求。座谈时，参加者之间可以相互讨论、启发和补充。

(3) 请专人介绍。请专人介绍的方法是一种尽快熟悉业务的好方法。对于某些业务活动的重要环节，可以请一些业务熟悉的专家或用户介绍业务专业知识和业务活动情况，设计人员从中了解并询问相关问题。

(4) 询问。对某些调查中的问题，可以找专人询问。

(5) 设计调查表请用户填写。数据库设计人员可以提前设计一个合理的、详细的业务活动及数据要求调查表，并将此发给相关的用户。用户根据表中的要求，经过认真思考、充分准备后填写表中的内容。如果调查表设计得合理，这种方法是很有效，也很易于为用户接受的。

(6) 查阅记录。调查中还需要查阅与原系统有关的数据记录，包括原始单据、账簿、报表等。

总之，在系统需求调查中，用户的积极参与配合是做好调查的关键。在做调查的过程中，可以同时采用上述多种方法。另外，对于不同类型的人员也应该采用不同的调查方法，如对高层负责人的调查，最好采用个别交谈方式；对中层管理人员的访问，可采用开座谈会、个别交谈或发调查表、查阅记录等；对基层操作人员的调查，主要采用发调查表和个别交谈方式，这样可以更好地获取用户的要求。

2.3.3 需求分析的具体步骤

需求分析的目的是对现实世界要处理的对象进行调查，确定新系统的功能，收集支持系统目标的基础数据及处理。具体地讲，需求分析的步骤如下。

1. 调查组织机构情况

包括了解该组织的结构组成和职能，如由哪些部门组成，各部门的规模、职责、现状、地理分布、存在问题、是否适合计算机管理等，绘制出组织结构图，为分析信息流程做准备。

2. 调查各部门的业务活动情况

包括了解各个部门输入和使用什么数据，如何加工处理这些数据，输出什么信息，输出到什么部门，输出结果的格式是什么。在调查过程中应该尽量收集各种原始数据资料，如单据、报表、文档等。

3. 协助用户明确对新系统的各种要求

包括信息要求、处理要求、安全性与完整性要求。

4. 确定新系统的边界

确定哪些功能由计算机完成或将来准备让计算机完成，哪些活动由人工完成。由计算机完成的功能就是新系统应该实现的功能。

5. 分析系统功能

确定系统应具有哪些功能，能完成哪些任务。此阶段需要设计人员和用户协商、确定和备案，在尽量满足用户要求的情况下，不要随便承诺用户不合理或无法实现的要求等。

6. 分析系统数据

确定需要存储哪些数据，包括实体集，实体的属性集，实体集与实体集之间的联系；分析基本数据和导出数据之间是否存在矛盾；调查用户对数据的处理要求，即完成什么样的处理，响应时间，安全性要求，完整性要求；并根据分析结构绘制数据流图(Data Flow Diagram，DFD)和绘制数据字典(Data Dictionary，DD)。

7. 编写系统分析报告

在调查与分析的基础上，依据一定的规范要求编写数据需求分析说明书是需求分析阶段所做工作的总结。编写系统分析报告，提交用户的决策部门审核。报告内容包括系统概括，系统功能说明，设计阶段划分，可行性分析，系统软硬件及软件运行环境要求，结构图表(包括组织机构图、组织间联系图及各机构功能业务图)及数据图表(包括数据流图、功能模块图及数据字典)等内容。

2.3.4 数据流图和数据字典

通过信息收集了解用户的需求后，还需要进一步分析和表达用户的需求。分析和表达用户需求的方法主要包括自顶向下和自底向上两种方法。在实际开发中，常用的方法是自顶向下的结构化分析方法(Structured Analysis，简称 SA 方法)。其基本思想是从最上层的系统组织机构入手，采用逐层分解的方式分析系统，并且每一层用数据流图和数据字典来描述。

1. 数据流图

数据流图就是从数据的角度描述系统的组成及组成之间的联系，将业务工作流程以一种明确而又易于理解的形式表示出来。

1) 数据流图构成

数据流图有如下四个基本构成成分。

(1) 数据流。数据流即流动中的数据，代表信息流过的通道。用带箭头的直线表示，直线的上方表明数据流的名称，箭头代表数据流动方向，如图 2-4(a)所示。

(2) 加工或处理。处理是对进入的数据流进行特定加工的过程，数据流被处理后将产生新的数据流。用圆圈表示，圆圈内注明处理的名称，如图 2-4(b)所示。

(3) 文件或数据存储。数据流图中的文件代表一种数据的暂存场所，可对其进行存取操作。用一侧带有双线的方框表示，并在其内注明文件或数据存储的名称，如图 2-4(c) 所示。

(4) 外部实体。外部实体用以说明数据的来源和归宿，即表示数据的源点和终点。用方框表示，并在其内注明相应的名称，如图 2-4(d) 所示。

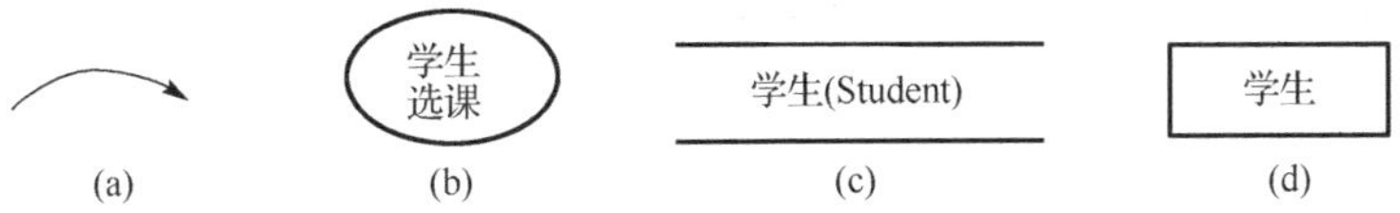

图 2-4　数据流图基本构成成分

2) 数据流图构成方法和技巧

对于一个大而复杂的系统来说，如果分析人员试图一次就建立数据流程图，并且将所有的外部项、处理过程、数据存储等画在一张图上，那只能导致失败，而且容易把用户、系统设计人员，甚至系统分析人员自己搞糊涂。因此，在建立数据流图时，应该掌握一定的方法和技巧。

为了表达数据处理过程的数据加工情况，用一个数据流图往往是不够的。稍为复杂的实际问题，在数据流图上常常出现十几个甚至几十个加工，这样的数据流图看起来很不清楚。层次结构的数据流图能很好地解决这一问题。按照系统的层次结构进行逐步分解，并以分层的数据流图反映这种结构关系，才能清楚地表达和理解整个系统。

(1) 自顶向下地扩展

自顶向下地扩展方法是先用少数几个处理过程高度概括、抽象地描述整个系统的逻辑功能，然后针对处理过程逐步地分解、扩展，从而详细地加以描述，以此来降低系统的难度和复杂度，且这个过程可以在系统自顶向下的分解过程中重复进行，直至分解达到满意为止。这样，数据流图就可以清晰、形象地表示系统数据流与各业务活动的关系。

图 2-5 给出分层数据流图的示例。数据处理 S 包括三个子系统 1，2，3。顶层下面的第一层数据流图为 DFD/L1。第二层数据流图 DFD/L2.1、DFD/L2.2 及 DFD/L2.3 分别是子系统 1、2 和 3 的细化。对任何一层数据流图来说，称它的上层图为父数据流图，在它下一层的图则称为子数据流图。

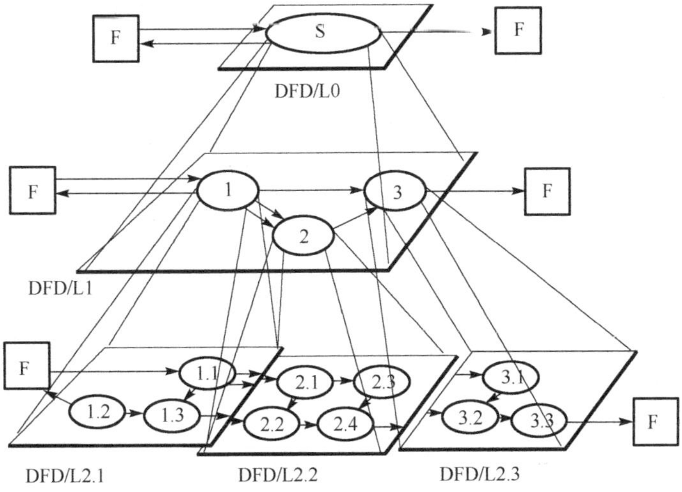

图 2-5　分层数据流图

(2) 建立数据流图的基本原则

数据流程图的建立必须遵守自顶向下、逐层分解的原则。分层的数据流图总是由顶层、中间层和底层组成。顶层数据流图确定了系统的边界。中间层描述了某个处理过程的分解，而其组成部分仍需要进一步被分解。底层图所描述的都是无需分解的基本处理过程。如何有效、准确地建立数据流图要求系统分析人员不断地实践、总结，逐步理解和掌握有关的方法和经验。

2. 数据字典

数据流图表达了数据和处理过程的关系。在 SA 方法中，处理过程的处理活动常常借助于判定表或判定树来描述。系统中的数据则借助数据字典来描述。

数据字典是系统中各类数据描述的集合，是进行详细的数据收集和数据分析所获得的主要成果，在数据库设计中占有很重要的地位。数据字典通常包括数据项、数据结构、数据流、数据存储、处理过程、外部项六个部分。

(1) 数据项。它是数据字典中数据不可再分的最小的数据单位，是对数据流图中数据项进行说明。对数据项的描述通常包括以下内容：

数据项描述= {数据项名，数据项含义说明，别名，数据类型，长度，取值范围，取值含义，与其他数据项的逻辑关系}

其中“取值范围”、“与其他数据项的逻辑关系”定义了数据的完整性约束条件，是设计数据检验功能的依据。

(2) 数据结构。它是对数据流图中数据块的数据结构说明，反映了数据之间的组合关系。一个数据结构可以由若干个数据项组成，也可以由若干个数据结构组成，或由若干个数据项和数据结构混合组成。对数据结构的描述通常包括以下内容：

数据结构描述= {数据结构名，含义说明，组成：{数据项或数据结构}}

(3) 数据流。它是对数据流图中流线的说明，是数据结构在系统内传输的路径。对数据流的描述通常包括以下内容：

数据流描述= {数据流名，说明，流出过程，流入过程，组成：{数据结构}，平均流量，高峰期流量}

其中“流出过程”是说明该数据流来自哪个过程。“流入过程”是说明该数据流将到哪个过程去。“平均流量”是指在单位时间(每天、每周、每月等)里的传输次数。“高峰期流量”则是指在高峰时期的数据流量。

(4) 数据存储。它是对数据流图中数据块的存储特性说明，是数据结构停留或保存的地方，也是数据流的来源和去向之一。对数据存储的描述通常包括以下内容：

数据存储描述= {数据存储名，说明，编号，流入的数据流，流出的数据流，组成：{数据结构}，数据量，存取方式}

其中“数据量”是指每次存取多少数据，每天(或每小时、每周等)存取几次等信息。“存取方法”包括是批处理，还是联机处理；是检索还是更新；是顺序检索还是随机检索等。另外“流入的数据流”要指出其来源，“流出的数据流”要指出其去向。

(5) 处理过程。它是对数据流图中功能块的说明。数据字典中只需要描述处理过程的说明性信息，通常包括以下内容：

处理过程描述= {处理过程名，说明，输入：{数据流}，输出：{数据流}，处理：{简要说明}}

其中"简要说明"主要说明该处理过程的功能及处理要求。功能是指该处理过程用来做什么(而不是怎么做)；处理要求包括处理频度要求，如单位时间里处理多少事务，多少数据量，响应时间要求等，这些处理要求是后面物理设计的输入及性能评价的标准。

(6)外部项。数据字典中，对外部项的定义通常包括以下内容：

外部项描述={外部项名，说明，数据流}

上述六个方面的定义构成了数据字典的全部内容。在实际应用中，常常将数据存储和处理过程的描述另立报告，而不在数据字典中描述。总之，数据字典的内容是随着数据流图自顶向下、逐层扩展而不断充实的。数据流图的修改与完善，将导致数据字典的修改，这样才能保持数据字典的一致性和完整性。

3. 数据流图和数据字典应用举例

【例 2.1】 画出学生选课的数据流图。

解： 学生选课的数据流图如图 2-6 所示。

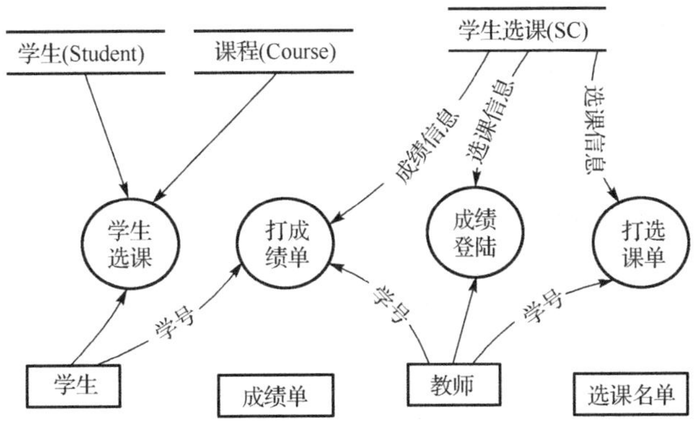

图 2-6　学生选课的数据流图

【例 2.2】 编写学生选课的数据字典(学生选课的数据流图如图 2-6 所示)。

解： 学生选课的数据字典内容(每项仅举一例)大致如下：

(1)**数据项**：以"学号"为例。

数据项名：学号

数据项含义：唯一标识每一个学生

别名：学生编号

数据类型：字符型

长度：8

取值范围：00000000～99999999

取值含义：第 1—2 位为入学年份，第 3—4 位为各学院编号，第 5—6 位为专业编号，第 7—8 位为顺序编号

与其他数据项的逻辑关系：(无)

(2)**数据结构**：以"学生"为例。

数据结构名：学生

含义说明：学生选修系统的主体数据结构，定义了一个学生的有关信息

组成：学号，姓名，性别，出生日期，所在班级，修读学分

(3) **数据流**：以“选课信息”为例。

数据流名：选课信息

说明：学生所选课程信息

数据流来源：“学生选课”处理

数据流去向：“学生选课”存储

组成：学号，课程号

平均流量：每天 10 个

高峰期流量：每天 100 个

(4) **数据存储**：以“学生选课”为例。

数据存储名：学生选课

说明：记录学生所选课程的成绩

编号：(无)

流入的数据流：选课信息，成绩信息

流出的数据流：选课信息，成绩信息

组成：学号，课程号，成绩

数据量：50000 个记录

存取方式：随机存取

(5) **处理过程**：以“学生选课”为例。

处理过程名：学生选课

说明：学生从可选修的课程中选出课程

输入数据流：学生，课程

输出数据流：学生选课

处理：每学期学生都可以从公布的选修课程中选修自己愿意选修的课程，选课时有些选修课有先修课程的要求，还要保证选修课的上课时间不能与该生必修课的上课时间相冲突，每个学生四年内的选修课门数不能少于 5 门。

2.4 概念结构设计

由于各个机器上实现的 DBMS 软件都是基于某种数据模型的，但是在具体机器上实现的模型都有许多严格的限制。而现实应用环境是复杂多变的，如果把现实世界中的事物直接转换为机器中的对象，就非常不方便。因此，概念结构设计是对现实世界的一种抽象。所谓抽象是对实际的人、物、事和概念进行人为处理，抽取所关心的共同特性，忽略非本质的细节，并把这些特性用各种概念精确地加以描述，这些概念组成了某种模型。通过概念设计得到概念模型，它是从现实世界的角度对所要解决的问题进行描述，不依赖于具体的硬件环境和 DBMS。概念模型的描述工具通常是使用 E-R 图。在需求分析和逻辑设计之间增加概念设计，可以使设计人员仅从用户的角度看待数据及处理要求和约束。

2.4.1　概念结构概述

1. 概念结构设计方法

概念结构设计的方法有如下四种。

1) 自顶向下

首先定义全局概念结构的框架，然后分层展开，逐步求精细化，如图 2-7 所示。

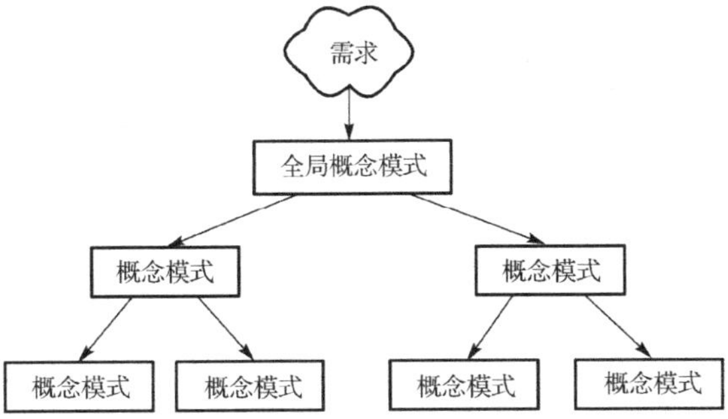

图 2-7　自顶向下策略

2) 自底向上

根据用户每一具体的需求，首先定义各局部应用的概念结构，然后将它们集成起来，得到全局概念结构，如图 2-8 所示。

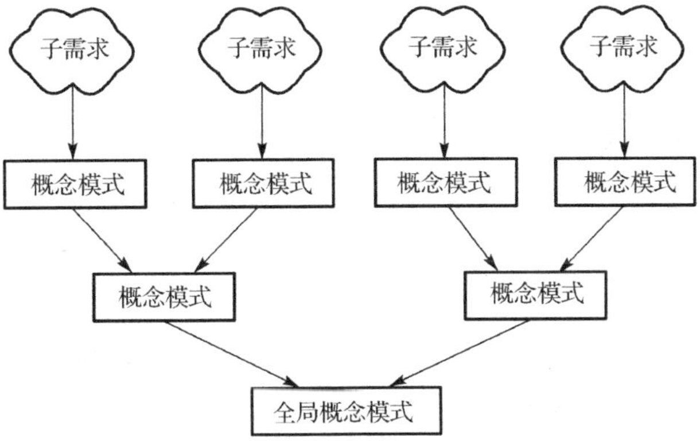

图 2-8　自底向上策略

3) 逐步扩张法

此法首先定义最重要的核心概念结构，然后向外扩充，以滚雪球的方式逐步生成其他概念结构，直至完成全局概念模式。

4) 混合策略

此法将自顶向下和自底向上相结合，用自顶向下策略设计一个全局概念结构的框架，以它为基础，由自底向上策略集成各局部概念结构。

2. 概念结构设计的主要步骤

按照上述自顶向下进行需求分析、自底向上设计概念结构的方法主要分为两步，如图 2-9 所示。

(1) 首先根据需求分析的结果(数据流图、数据字典等)对现实世界的数据进行抽象，设计各局部 E-R 模型图。

(2) 集成局部 E-R 模型图，得到全局的概念结构。

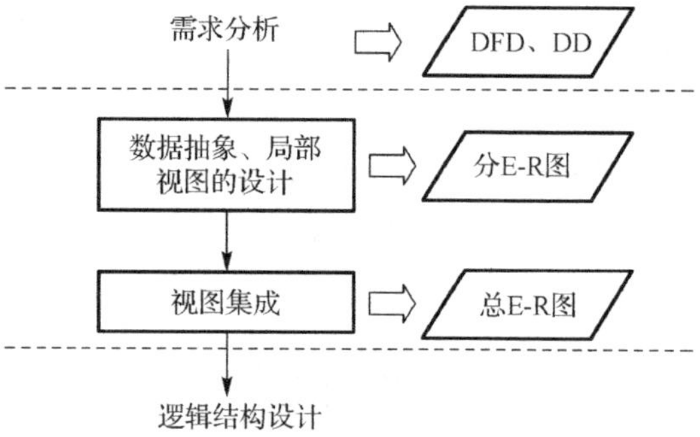

图 2-9　概念结构设计主要步骤

3. 经典的概念结构设计方法

在需求分析时通常采用自顶向下、逐步求精细化进行分析描述，最后得到每一具体的应用要求。而在概念结构设计过程中，通常采用的策略是自底向上方法，即针对需求分析得到的每一具体子需求，采用自底向上策略产生每一局部的 E-R 模型，再综合各局部的 E-R 模型，逐步向上推进，回到顶部，最后产生全局的 E-R 模型。也就是说，在数据库设计时先用自顶向下策略进行需求分析，然后再用自底向上策略设计概念结构，如图 2-10 所示。

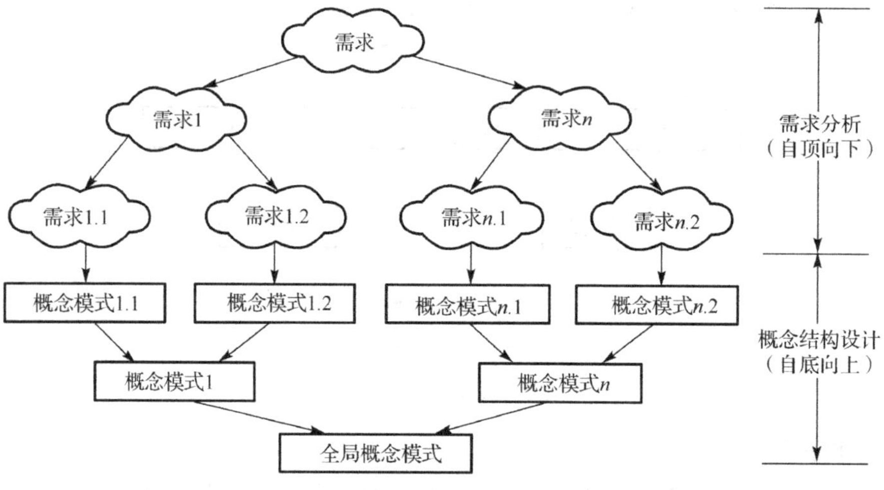

图 2-10　经典的概念结构设计方法

2.4.2　采用 E-R 模型方法的概念结构设计

E-R 图方法是实体-联系方法的简称，是一种非常典型的数据库概念模式设计方法。E-R 模型是一个面向问题的概念模型，用简单的图形方式(E-R 图)描述现实世界中的数据，不涉及数据在数据库中的表示和存取方法，方便了概念设计人员与用户的交流。后来，又提出了扩展实体-联系模型(Extend Entity-Relationship Model，简称为 EER 模型)，它已经成为一种广泛使用的概念模型，为面向对象的数据库设计提供了有效的工具。E-R 图的符号及含义如表 2-1 所示。

表 2-1　E-R 图的符号及含义

符号	含义
	强实体
	属性
	联系
	弱实体
	多值属性
	与弱实体的联系
	主键属性
	派生属性
	弱实体的分辨属性
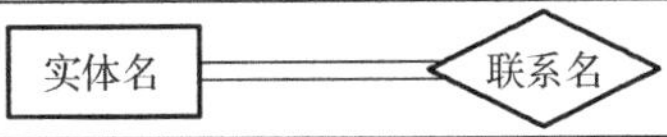	实体集在联系中全部参与
	多对一联系
	多对多联系
	一对一联系

1. E-R 模型的基本元素

一般采用实体联系(E-R)图来表示实体联系模型。E-R 模型的基本元素包括实体、属性和联系。画 E-R 图时，在矩形框内写上实体名表示实体，在椭圆框内写上属性名表示实体或联系的属性，在菱形框内写上联系名。

在实体和它的属性间连上连线，实体的主键属性用下画线加以标注。发生联系的实体之间分别用一个箭头或一个线段连到对应的联系上。联系若有属性，也通过连线将属性与联系连起来。

如果一个系统的 E-R 图中实体及属性较多，为了简化最终的 E-R 图，可以将各实体及其属性单独画出，在联系图中只需画出实体间的联系。

2. 属性的分类

实体或联系的属性根据其取值的特点可按如下类型划分。

1) 简单属性和复合属性

简单属性也叫原子属性，是指不能再分为更小部分的属性，如性别和年龄都是简单属性。复合属性是指有内部结构、可以进一步划分为更小组成部分的属性。例如，地址属性可以分解为省份、城市、街道和邮政编码四个子属性，而街道又可分为街道名和门牌号两个子属性。

2) 单值属性和多值属性

如果一个实体的某属性任何时候都只能有单独的一个值，则称该属性为单值属性，否则为多值属性。多值属性是指同一个实体的某些属性可能对应一组值，如教师毕业院校可能有本科毕业院校、硕士毕业院校和博士毕业院校。

3) 派生属性

派生属性的值可以从其他相关属性的值计算或派生出来。例如，可以从出生日期(birthday)计算出年龄(age)。因此，age 就是派生属性，其值不需要存储，而是在需要时计算出来。

4) 空值属性

允许取空值指允许实体在某个属性上没有值，这时使用空值(NULL)表示。NULL 表示属性值未知或不存在。而属性不允许取空值，则意味所有实体在该属性上都有确定的取值。

在初始 E-R 图中，可用双线椭圆表示多值属性，用虚线椭圆表示派生属性。最终的 E-R 图中，必须消去多值和复合属性，因此对它们需要进一步处理。一般情况下，单值复合属性可以按子属性分解为简单属性；多值简单属性可将多值转化为多个单值简单属性(适合值较少的情况)，或者将该多值属性转化为实体对待，这样的实体一般就是弱实体；多值复合属性则需要转化为实体来处理。

3. 弱实体集

每个实体集都应包含实体码。但在现实世界中存在一类实体集，其属性不足以形成码，它们必须依赖于其他实体集的存在而存在，这样的实体集称为弱实体集。与之相对，具有实体码的实体集称为强实体集。弱实体集所依赖的强实体集称为标识实体集。弱实体集必须与一个标识实体集相联系才有意义，对应的联系集称为标识联系集。

单独的弱实体集没有实体码，必须结合所依赖的标识实体集。标识弱实体集中实体是由指定的属性(集)加上其标识实体集中的实体码合在一起来实现。弱实体集中用来参与标识弱实体的属性(集)称为该弱实体集的部分码(Partial Key)。

对于弱实体集，必须满足下列限制：

(1) 标识实体集和弱实体集的联系必须是“一对多”联系；

(2) 弱实体在标识联系集中是全部参与。

在 E-R 图上使用双线矩形表示弱实体集，用双线菱形表示标识联系，用虚下划线表示弱实体的部分码。

4. 类层次、子类和超类实体

实体集中可能包含一些子集，该子集中的实体具有不被该实体集中所有实体所共享的一些属性。因此，一个实体集可根据多个不同特征进行分割，将全部实体共有的部分属性保留，构成的实体集称为超类实体集；被分割的各部分称为子类实体集。

子类和超类的基本特点是“继承”。子类实体继承超类的全部属性，同时还可以拥有自己的属性。子类对超类的继承性体现在子类实体与超类具有相同的实体码。一个子类还可继续细化为子类。

在构建 E-R 图时，超类实体描述实体的共有属性，而子类实体描述各自特有的属性。在 E-R 图中，使用图符“○”联通子类和超类。

E-R 模型通过层次关系和继承来体现超类和子类。超类和子类的确定可以从两个方向进行设计。先设计超类实体集，然后根据属性的不同，将实体集分割为不同的子类实体集，这种方式称为特化(Specification)；先设计出各子类实体集，然后再将它们的共同属性提取出来，形成超类实体集，这种方式称为泛化(Generalization)。

出现在超类实体集中的实体，在特化为子类实体的过程中，需要考虑两种特化约束：不相交约束和完备性约束。

1) 不相交约束(Disjointness Constraint)

不相交约束是指特化的子类是否相交。不相交约束又分成不相交和重叠两种情况：

(1) 不相交(Disjoint)约束也叫互斥约束，它规定了在特化过程中，子类必须是不相交的，即一个超类实体至多特化为一个子类的成员。例如若员工实体有管理子类和业务子类，则一个员工如果是管理人员，就不能同时为业务人员。

(2) 重叠(Overlap)约束规定了在特化过程中，子类可以相交。这意味着一个实体可同时出现在特化的多个子类中。

在 E-R 图中，在圆圈内标上字母“D”表示互斥子类，标上“O”表示重叠子类。

2) 完备性约束(Complete Constraint)

完备性约束将特化过程分为整体特化和部分特化两种情况：

(1) 整体特化约束要求超类中的每个实体必须是特化后某个子类的成员。

(2) 部分特化约束允许超类中的实体可以不出现在任何一个子类中。

在 E-R 图中，整体特化在超类实体和小圆圈之间用双线条表示。部分特化在超类实体和小圆圈之间用单线条表示。

事实上，部分特化约束意味着有些实体只需要用超类实体具有的属性就能刻画完整。

根据不相交约束和完备性约束，对子类和超类进行插入、删除操作时有以下规则：

(1) 从超类删除一个实体意味着该实体被自动地从隶属于它的所有子类中删除。

(2) 向超类中插入一个实体意味着该实体被强制地插入到满足这两种约束的子类中。

在信息系统中，超类和子类实体很常见，只要同类实体需要细分，细分后有不同的属性，就可以采用子类表达。例如，学生全体可分为本科生和研究生等，本科生有专业方向属性，而研究生则有导师和研究方向属性。

5. E-R 模型的一些变换操作

用 E-R 模型方法进行数据库概念设计时，有时需要对 E-R 模型作一些变换操作。

1) 引入弱实体

所谓弱实体，是指一个实体对于另一个(些)实体具有很强的依赖联系，而且该实体码的部分或全部从其父实体中获得。在 E-R 模型中，弱实体用双线矩形框表示，与弱实体直接相关的联系用双线菱形框表示，如图 2-11 所示。在图 2-11 中，“教师简历”实体与“教师”实体具有很强的依赖联系，“教师简历”实体是依赖于“教师”实体而存在的，而且教师简历的码从教师中获得。因此“教师简历”是“弱实体”。

图 2-11　“弱实体”示例

2) 多值属性的变换

对于多值属性，如果在数据库的实施过程中不作任何处理，将会产生大量冗余数据，而且使用时有可能造成数据的不一致。因此要对多值属性进行变换，主要有两种变换方法。第一种变换方法是对多值属性进行分解，即把原来的多值属性分解成几个新的属性，并在原 E-R 图中用分解后的新属性替代原多值属性。例如，对于“教师”实体，除了“姓名”、“性别”、“年龄”等单值属性外，还有多值属性“毕业院校”，如图 2-12 所示，变换时可将“毕业院校”分解为“本科毕业院校”、“硕士毕业院校”、“博士毕业院校”3 个单值属性，变换后的 E-R 图如图 2-13 所示。

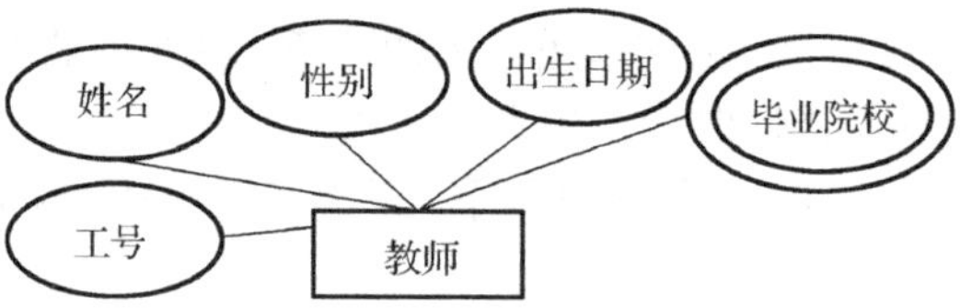

图 2-12　多值属性示例

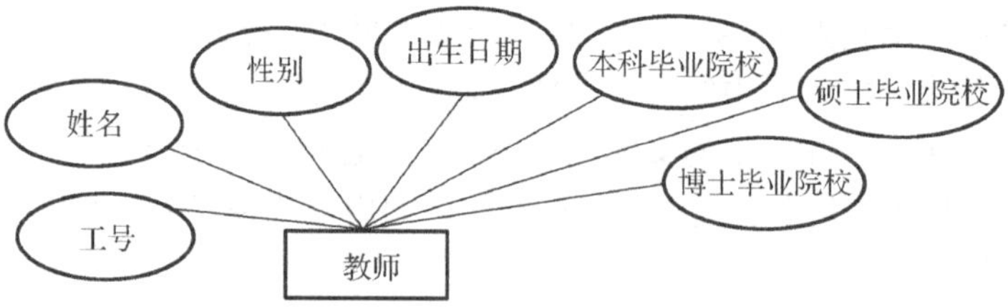

图 2-13　多值属性的变换——分解示例

如果一个多值属性的值较多，在分解变换时可能会增加数据库的冗余量。针对这种情况还可以采用另外一种方法进行变换：增加一个弱实体，原多值属性的名变为弱实体名，其多个值转变为该弱实体的多个属性，增加的弱实体依赖于原实体而存在，并增加一个联系，如图 2-14 中的“教育经历”，且弱实体与原实体之间是 1 : 1 联系。变换后的 E-R 图如图 2-14 所示。

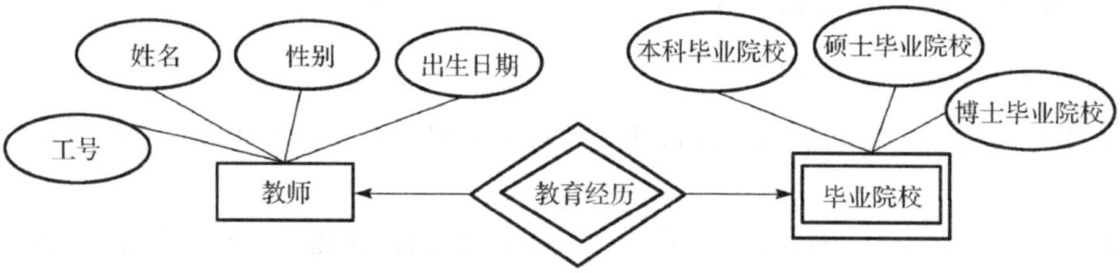

图 2-14　多值属性的变换——增加弱实体示例

3) 复合属性的变换

对于复合属性可以用层次结构来表示。例如“地址”作为学院实体的一个属性，它可以进一步分为多层子属性，如图 2-15 所示。复合属性不仅准确模拟现实世界的复合层次信息结构，而且当用户既需要把复合属性作为一个整体使用也需要单独使用各子属性时，属性的复合结构不仅十分必要，而且十分重要。

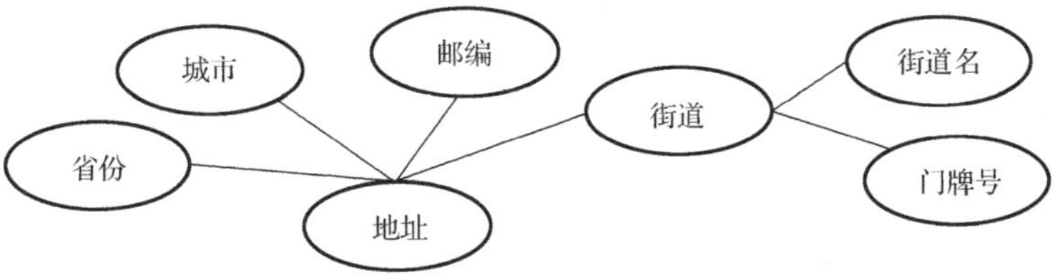

图 2-15　复合属性的变换示例

4) 分解变换

如果实体的属性较多，可以对实体进行分解。例如，对于教师实体，拥有工号、姓名、性别、年龄、学院编号、职务、工资、奖金等属性(其 E-R 图如图 2-16 所示)。可以把教师的信息分解为两部分，一部分属于教师的基本信息，一部分归为变动信息。为了区别这两部分信息，此时会衍生出一个新的实体，并且新增加一个联系，分解后的 E-R 图如图 2-17 所示。

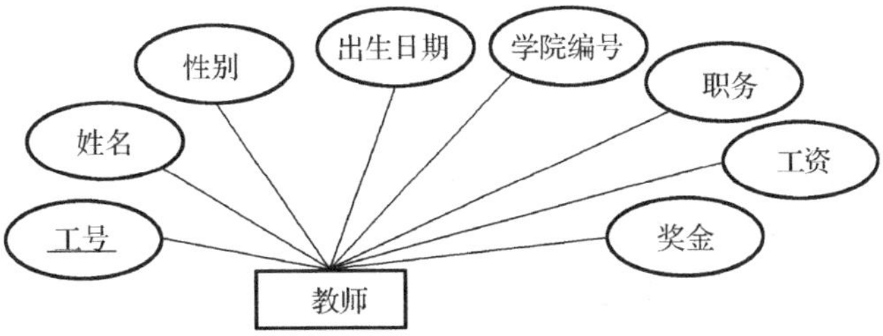

图 2-16　教师实体 E-R 图

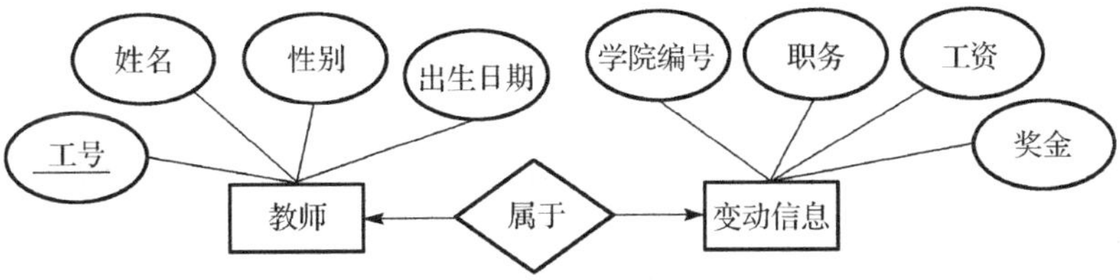

图 2-17　教师实体分解后 E-R 图

2.4.3　局部概念结构设计

局部概念结构设计是形成整体概念结构模型的第一步。对需求分析阶段收集到的数据进行抽象，形成实体(集)、属性和码，确定实体(集)之间的联系，然后针对每一局部应用生成分 E-R 图。

设计分 E-R 图的步骤如下。

1) 选择局部应用

根据某个系统的具体情况，在多层的数据流图中选择一个适当层次的数据流图，作为设计分 E-R 图的出发点。这组数据流图每一部分对应一个局部应用。

由于高层的数据流图只能反映系统的概貌，而中层的数据流图能较好地反映系统中各局部应用的子系统组成，因此人们往往以中层数据流图作为设计分 E-R 图的依据。

2) 逐一设计分 E-R 图

选择好局部应用之后就要对每个局部应用逐一设计分 E-R 图。每个局部应用都对应了一组数据流图，涉及的数据都已经收集在数据字典中了。现在就是要将这些数据从数据字典中抽取出来，参照数据流图，标定局部应用中的实体、实体的属性、实体的码，确定实体之间的联系及其类型(1:1，1:n，m:n)。

现实世界中具体的应用环境常常对实体和属性已经作了大体的自然划分。在数据字典中，“数据结构”、“数据流”和“数据存储”都是若干属性有意义的聚合，就体现了这种划分。可以从这些内容出发定义 E-R 图，然后再进行必要的调整。

事实上，实体与属性的确定可依据下列几个基本原则：

(1) 为了简化 E-R 图，现实世界中能作为属性对待的，尽量作为属性对待。

(2) 作为“属性”，不能再具有需要描述的性质，即属性必须是不可分的数据项，不能包含其他属性。

(3) 属性不能与其他实体具有联系，即 E-R 图中所表示的联系只发生在实体之间。

当然，最重要的还是在设计中具体问题具体分析，灵活运用，以达到既能反映现实世界，又能简化 E-R 模型设计的目的。

2.4.4　全局概念结构设计

全局概念结构设计是指如何将已设计好的多个局部 E-R 模型集成，并去掉冗余的实体集、实体属性和联系集，解决各种冲突，最终产生全局 E-R 模型的过程。

实现的方式有两种：一是总体集成法，即将多个局部 E-R 模型一次性合并、集成，直接生成全局的 E-R 模型；二是逐步集成法，即以一个较大的局部 E-R 模型为主，逐步将其余 E-R 模型一个一个合并上去，如此逐步集成，最终产生全局 E-R 模型。无论采用什么方法，在集成局部 E-R 图时，都要分两步来进行。

1. 合并

合并局部 E-R 图，生成初步 E-R 图。在合并局部 E-R 图时，主要解决如下三类冲突。

1) 属性冲突

(1) 属性域冲突，即属性值的类型、取值范围或取值集合不同。如“年龄”属性，有的用整数来表示，有的用出生日期来表示。

(2) 属性取值单位冲突。如“身高”的表示，有的用厘米，有的用米等。

解决方法：通常采用各部门或不同的设计人员相互讨论、协商加以解决。

2) 命名冲突

(1) 同名异义。不同意义的对象取了相同的名字。

(2) 异名同义。同一含义的对象分别取了不同的名字。

解决方法：同处理属性冲突一样。

3) 结构冲突

(1) 同一对象在不同应用中具有不同的抽象。例如“课程”在某一局部应用中被当作实体，而在另一局部应用中则被当作属性。

解决方法：视具体情况将属性变为实体或将实体变为属性来统一处理。

(2) 同一实体在不同局部视图中所包含的属性不完全相同，或者属性的排列次序不完全相同。其原因是不同的局部应用关心的是该实体的不同侧面。

解决方法：取该实体在不同局部应用中属性的并集，再适当地协调处理。

(3) 实体之间的联系在不同局部视图中呈现不同的类型。例如实体 E_1 与 E_2 在局部应用 A 中是多对多联系，而在局部应用 B 中是一对多联系；又如在局部应用 X 中 E_1 与 E_2 发生联系，而在局部应用 Y 中 E_1，E_2，E_3 三者之间有联系。

解决方法：根据应用的语义，对实体联系的类型进行综合或调整。

2. 修改与重构

在合并后产生的初步 E-R 模型中，可能存在冗余数据和实体间冗余联系。冗余数据是指可由基本数据导出的数据。冗余联系是指可由其他联系导出的联系。冗余数据和冗余联系容易破坏数据库的完整性，给数据库维护增加困难，因此得到初步 E-R 图后应该通过修改与重构，消除不必要的冗余，设计基本 E-R 图模型。

解决冗余的方法主要采用分析方法和规范化理论。需要注意的是：并不是所有的冗余数据与冗余联系都必须加以清除；并不是规范化程度越高就越好。有时为了提高数据查询效率、减少数据存储次数，在数据库设计中特意保留一些冗余，这需要根据用户的整体需求来确定。若保留了一些冗余数据，则应该在数据字典的数据关联中进行说明，并把保持冗余数据的一致性作为完整性约束条件。

局部视图集成后形成一个整体的概念结构，对该整体概念结构还必须进一步验证，确保它能够满足下列条件：

(1) 整体概念结构内部必须具有一致性，即不能存在互相矛盾的表达。

(2) 整体概念结构能准确地反映原来的每个视图结构，包括属性、实体及实体间的联系。

(3) 整体概念结构能满足需求分析阶段所确定的所有要求。

(4) 整体概念结构最终还应该提交给用户，征求用户和有关人员的意见，进行评审、修改和优化，然后把它确定下来，作为数据库的概念结构，并作为进一步设计数据库的依据。

下面结合一个综合实例，说明利用 E-R 图对数据库进行概念设计的过程。

【例 2.3】 假设某学校管理系统具有人员管理、教师任课、教师科研、学生选修四个子系统，各子系统涉及的实体如下：

(1) 人员管理子系统具有以下实体：

学院：属性有学院编号，学院名称，院长，人数，办公室。

系部：属性有系部编号，系部名，主任，人数。

教师：属性有工号，姓名，性别，出生日期，学历，工龄，职称，任职时间。

教师简历：属性有起始时间，终止时间，工作单位，任职。

班级：属性有班级编号，专业，所在学院。

学生：属性有学号，姓名，性别，出生日期，联系电话。

每一学院包含多个系部，每个系部只属于一个学院；每一学院包含多个班级，每个班级只属于一个学院；每一系部包含多个教师，每个教师只属于一个系部；每一个班级包含多个学生，每个学生只属于一个班级；每一教师有多条简历，每条简历只属于一个教师。

(2) 教师任课子系统具有以下实体：

课程：属性有课程编号，课程名称，课程性质，总学时，学分。

教师：属性有工号，姓名，性别，职称。

每名教师可以教多门课程，每门课程可以由多名教师任教，任教包括任课时间和班级。每学期同一班级每门课只有一名教师任教。

(3) 教师科研子系统具有以下实体：

科研项目：属性有项目编号，项目名称，项目来源，项目经费。

教师：属性有工号，姓名，性别，职称。

科研成果：属性有项目编号，项目名称，完成时间，完成成果。

每名教师可以参加多项科研项目，可以积累多项科研成果；每个项目可以有多名教师参加，教师参加科研工作包括担任工作。

(4) 学生选修子系统具有以下实体：

课程：属性有课程编号，课程名称，课程类别，总学时，学分。

学生：属性有学号，姓名，所在班级。

每门课可以有多名学生选修，每个学生可以选多门课程，选课包括时间和成绩。

下面画出系统的 E-R 图。

(1) 先画出各个子系统的局部 E-R 图。如图 2-18～图 2-23 所示，其中各局部 E-R 图均省略了实体的属性。

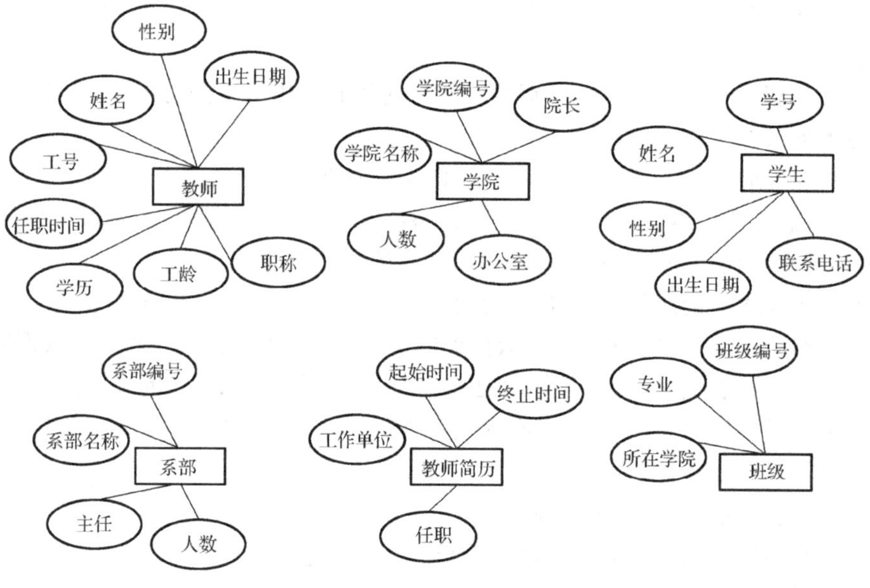

图 2-18　人员管理子系统各实体的 E-R 图

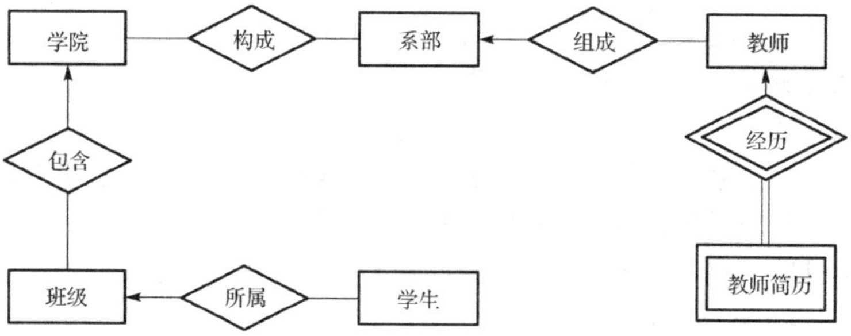

图 2-19　人员管理子系统的局部 E-R 图

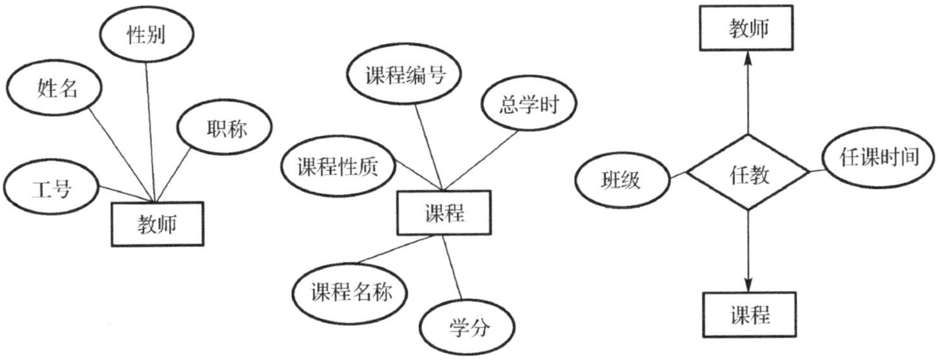

图 2-20　教师任课子系统的各实体的 E-R 图及其局部 E-R 图

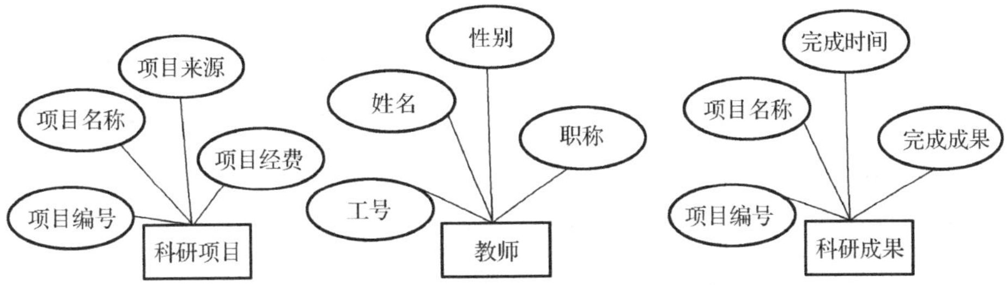

图 2-21　教师科研子系统的各实体的 E-R 图

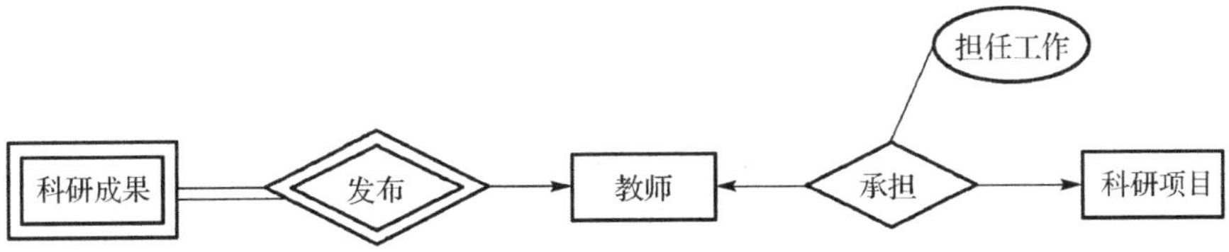

图 2-22　教师科研子系统的局部 E-R 图

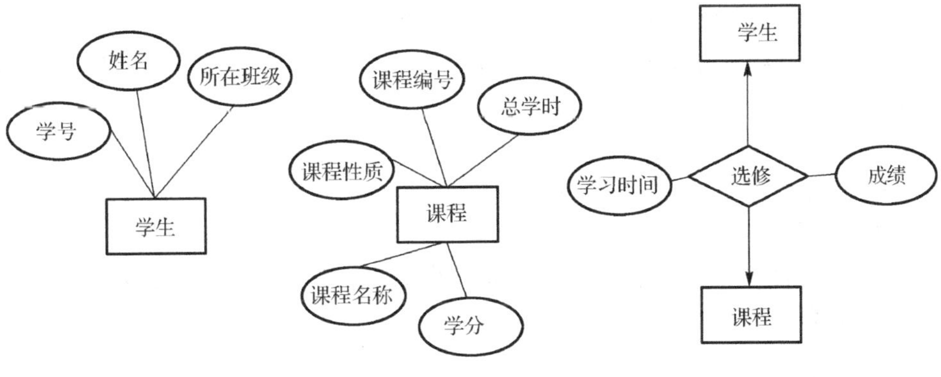

图 2-23　学生学习子系统的各实体的 E-R 图及其局部 E-R 图

(2) 合并局部 E-R 图。首先解决以下几种冲突：

命名冲突：学生选修子系统中“课程”实体中的“总学时”属性、“学习”联系中的“学习时间”属性以及教师任课子系统中的“任教”联系中的“任课时间”同义不同名，解决的办法是将它们统一为“课时”。

结构冲突：“班级”在学生选修子系统的局部 E-R 图中作为属性，而在人员管理子系统的局部 E-R 图作为实体，解决的办法是消除学生学习子系统中“学生”实体中的“班级”属性，转化为实体。“教师”、“学生”实体在不同的局部 E-R 图中所包含的属性个数不同，解决的方法是让该实体的属性为有关局部 E-R 图中所有属性的并集。

解决完各种冲突后即可合并局部 E-R 图，合并后的 E-R 图如图 2-24 所示(省略了实体与联系的属性)。

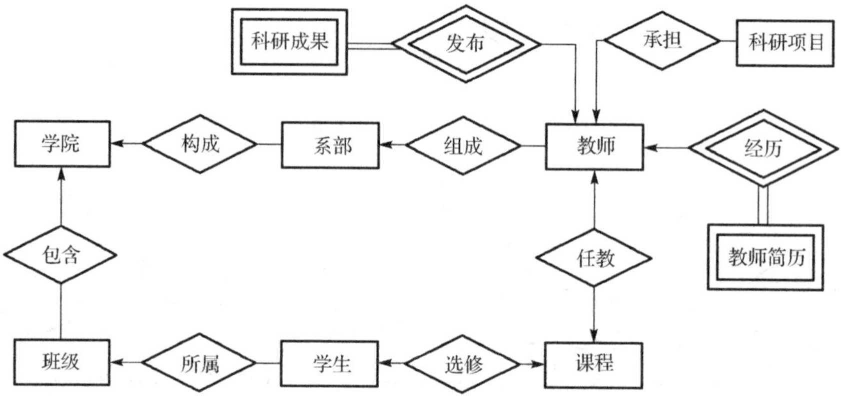

图 2-24　优化后的全局 E-R 图

(3) 优化全局 E-R 图。例如学生选修子系统中“选修”联系的“学习时间”是冗余属性，应该消除。

2.5　逻辑结构设计

逻辑结构设计是将现实世界的概念结构模型变换为适应于特定数据库管理系统的逻辑数据模型。逻辑结构设计的任务就是把概念结构设计阶段设计好的基本 E-R 图转换为与选用 DBMS 产品所支持的数据模型相符合的逻辑结构。因此设计逻辑结构首先应该选择最适于描述与表达相应概念结构的数据模型，然后选择最合适的 DBMS。设计逻辑结构一般要分如下三步进行：

(1) 将概念结构转换为一般的关系、网状、层次模型；

(2) 将转化来的关系、网状、层次模型向特定 DBMS 支持下的数据模型转换；

(3) 对数据模型进行优化。

由于目前流行的商品化的数据库系统普遍采用支持关系数据模型的 RDBMS，所以下面介绍 E-R 图向关系数据模型的转换原则与方法。

2.5.1　E-R 图向关系模型的转换

关系模型的逻辑结构是一组关系模式的集合，而 E-R 图则是由实体、实体的属性和实体之间的联系三个要素组成的，所以将 E-R 图转换为关系模型实际上就是要将实体、实体的属性和实体之间的联系转化为关系模式，并确定这些关系模式的属性和关键字(码)。

将 E-R 图转换为关系模型一般遵循如下原则。

1. 实体的转换

E-R 图中的一个实体可转换为关系模型中的一个关系模式。实体的属性就是关系的属性，实体的标识符就是关系的码。

【例 2.4】 图 2-18 中学生实体可以转换为如下关系模式，其中学号为学生关系的码。

学生(学号，姓名，性别，出生日期，联系电话)。

2. 实体间联系的转换

实体间联系类型在向关系模型转换时，可按以下不同的情况做不同的处理。

(1) 一个 1:1 联系可以转换为一个独立的关系模式，也可以与任意一端对应的关系模式合并。如果转换为一个独立的关系模式，则与该联系相连的各实体的码以及联系本身的属性均转换为该联系的属性，每个实体的码均是该联系的候选码。如果与某一端对应的关系模式合并，则需要在该关系模式的属性中加入另一个关系模式的码和联系本身的属性。

【例 2.5】 假如有一个“管理”的联系，即一个班主任管理一个班级，一个班级只能由一个班主任管理，该联系为 1:1 联系，将其转换为关系模式有如下三种方法。

① 转换成一个独立的关系模式，即：

教师(工号，姓名，性别，出生日期，任职时间，学历，工龄，职称)

班级(班级编号，专业，所在学院)

管理(工号，班级编号)或管理(工号，班级编号)

② 将其与“班级”关系模式合并，增加教师关系模式中“工号”属性，即：

班级(班级号，专业，所在学院，工号)

教师(工号，姓名，性别，出生日期，任职时间，学历，工龄，职称)

③ 将其与“教师”关系模式合并，增加班级关系模式中“班级号”属性，即：

教师(工号，姓名，性别，出生日期，任职时间，学历，工龄，职称，班级编号)

班级(班级编号，专业，所在学院)

(2) 一个 1:n 联系可以转换为一个独立的关系模式，它的属性由联系双方关系模式的关键字以及联系本身的属性组成，此新关系模式的关键字即为 n 端关系模式的关键字；也可以与 n 端对应的关系模式合并，构成一个新的关系模式，新属性由联系所对应的另一端(1 端)的关系模式中的关键字与联系自身的属性组成，新关系模式的关键字保持原 n 端的不变。

【例 2.6】 假如有一个“所属”的联系，即一个学生只能属于一个班级，而一个班级有多个学生，该联系为 1:n 联系，将其转换为关系模式有如下两种方法。

① 转换成一个独立的关系模式，即：

学生(学号，姓名，性别，出生日期，联系电话)

班级(班级编号，专业，所在学院)

所属(学号，班级编号)

② 将其与“学生”关系模式合并，增加“班级编号”属性，即：

学生(学号，姓名，性别，出生日期，联系电话，班级编号)

班级(班级编号，专业，所在学院)

(3) 一个 m:n 联系转换为一个关系模式。与该联系相连的各实体的码以及联系本身的属性均转换为关系的属性，而关系的码为各实体码的组合。

【例 2.7】 假如有一个“选修”的联系，即一个学生可以选修多门课程，一门课程可以被多个学生选修，该联系是一个 $m:n$ 联系，将其转换为如下关系模式：

学生(学号，姓名，性别，出生日期，联系电话)

课程(课程编号，课程名称，学分)

选修(学号，课程编号，成绩)

(4) 三个或三个以上实体间的一个多元联系转换为一个关系模式。与该多元联系相连的各实体的码以及联系本身的属性均转换为关系的属性，而关系的码为各实体码的组合。

【例 2.8】 假如有一个“授课”的联系，即一个教师可以讲授多门课程，每门课又可以使用多本参考书，该联系是一个三个实体间的多元联系，将其转换为如下关系模式：

授课(工号，课程编号，书号)

(5) 同一实体集的实体间的联系，即自联系，也可按上述 1:1，$1:n$ 和 $m:n$ 三种情况分别处理。

【例 2.9】 假如有一个“领导”联系，即一个教师可以领导其他很多教师，即在“教师”实体集内部存在领导与被领导的 $1:n$ 自联系，可以将该联系与教师实体合并，并增加一个“院长”属性，但与“工号”是同一个域，将其转换为如下关系模式：

教师(工号，姓名，性别，出生日期，任职时间，学历，工龄，职称，院长)

(6) 具有相同码的关系模式可合并。

为了减少系统中的关系个数，如果两个关系模式具有相同的主码，可以考虑将它们合并为一个关系模式。合并方法是将其中一个关系模式的全部属性加入到另一个关系模式中，然后去掉其中的同义属性(可能同名也可能不同名)，并适当调整属性的次序。

【例 2.10】 假如有一个学生“拥有”的关系模式，即：拥有(学号，性别)；同时有一个学生关系模式，即：学生(学号，姓名，出生日期，班级编号)。这两个关系模式都以学号为码，可以将它们合并为一个关系模式，假设合并后的关系模式仍叫学生，将其转换为如下关系模式：

学生(学号，姓名，性别，出生日期，班级编号)。

3. 关系模式的操作异常

当设计完一个关系模式后，我们要考察它是否是一个“好”的模式，或者说看它是否存在问题。下面通过一个例子，来分析一个设计不好的关系模式有可能会出现的问题。

例如，有这样的一个关系模式 S(学号，姓名，性别，学院名称，院长，课程号，课程名，成绩)，存在如下问题。

(1) 数据冗余。当一个学生选修多门课程时，就会导致姓名、性别、学院名称、院长和课程名多次重复存储，造成数据冗余。

(2) 数据修改复杂。由于数据存储冗余，当更新某些数据项时，可能一部分修改了，而另一部分没有修改，造成存储数据的不一致性。例如，当一个学生从计算机学院转到商学院后，不但要修改学院名称，还要修改院长，从而导致数据修改复杂化。

(3) 数据插入异常。如果某个学生未选修课程，则其学号、姓名、性别等基本信息也无法插入，因为课程号为空，关系数据模式规定主键不能为空或部分为空，从而出现数据插入异常。

(4) 数据删除异常。如果某个学生选修了一门课程，后来又不选了，则应当删除该学生此门课程的记录。但由于该学生只选修了一门课程，那么删除掉这条记录后，该学生的学号、姓名、性别等基本信息也删除了，从而出现删除异常。

之所以会出现以上几个问题，是因为这个关系模式没有设计好，使得某些属性之间存在着“不良”的函数依赖。解决上述问题的方法就是进行关系模式的合理分解，也就是进行关系模式的规范化。

2.5.2　函数依赖

在关系数据库的设计中，通常用 E-R 模型实现对现实世界中的事物、概念及其联系的抽象表示，再用关系(表)对 E-R 模型表示的信息进行组织和存储。E-R 模型向关系的转化称为数据库逻辑结构设计。在将 E-R 模型转化成关系时，存在着关系设计的优劣问题，有时在构造的关系中会出现数据冗余和更新异常、插入异常、删除异常等现象。关系规范化理论为我们提供了判断关系模式好坏的理论标准。而这些标准是根据属性间的依赖关系，即函数依赖的概念给出的，因此，本节首先讨论函数依赖的概念，然后讨论规范化标准。

1. 函数依赖的定义

假设 $R(U)$ 是一个关系模式，U 是 R 的属性集合，X 和 Y 是 U 的子集，即 $X \subseteq U, Y \subseteq U$ 。t_1，t_2 是关系 R 中的任意两个元组，如果由 $t_1[X] = t_2[X]$ 可以推导出 $t_1[Y]=t_2[Y]$，则称“X 函数决定 Y”或“Y 函数依赖于 X”，记作 $X \to Y$ 。

对于函数依赖，需要说明以下几点。

(1) 函数依赖不是指关系模式 $R(U)$ 的某个或某些关系实例满足的约束条件，而是指 $R(U)$ 的所有关系实例均要满足约束条件。

(2) 函数依赖和别的数据之间的依赖关系一样，是语义范畴的概念。例如，“姓名→年龄”这个函数依赖只有在没有同名学生的条件下成立。如果有相同名字的人，则“年龄”就不再依赖于“姓名”了。

(3) 若 $X \to Y$ ，则 X 称为这个函数依赖的决定属性集。

2. 函数依赖的分类

1) 平凡函数依赖与非平凡函数依赖

在关系模式 $R(U)$ 中， X 和 Y 是 U 的子集，即 $X \subseteq U, Y \subseteq U$ ，如果 $X \to Y$ ，但 $Y \not\subseteq X$ ，则称 $X \to Y$ 是非平凡函数依赖。若 $Y \subseteq X$ ，则称 $X \to Y$ 为平凡函数依赖。

对于任一关系模式，平凡函数依赖都是必然成立的，它不反映新的语义，因此若不特别声明，平常所指的函数依赖一般都是指非平凡函数依赖。

2) 完全函数依赖与部分函数依赖

设 X，Y 是某关系的不同属性集，如果 $X \to Y$ ，且不存在 $X' \subset X$ ，使 $X' \to Y$ ，则称 Y 完全函数依赖(Full Functional Dependency)于 X，记作 $X \xrightarrow{f} Y$ ；否则称 Y 部分函数依赖(Partial Function Dependency)于 X，记作 $X \xrightarrow{p} Y$ 。

3) 传递函数依赖

设 X，Y，Z 是某关系的不同的属性集，如果 $X \to Y$ ， $Y \nrightarrow X$ ， $Y \to Z$ ，则称 Z 对 X 传递函数依赖(Transitive Functional Dependency)。

【例 2.11】 假定有如下关系，S(学号，姓名，性别，学院名称，院长，课程号，课程名，成绩)，主键为(学号，课程号)，则函数依赖关系有：

(学号，课程号) → 成绩，即(学号，课程号)函数决定成绩，或者说成绩函数依赖于(学号，课程号）。因为一个成绩必定依赖于一个学生选修的某一门课程。同时还有：学号→姓名，学号→性别，学号→学院名称，学院名称→院长，课程号→课程名等函数依赖关系。

对于（学号，课程号）→成绩，由于学号 $\nrightarrow$ 成绩，课程号 $\nrightarrow$ 成绩（即学生学号或课程号都不能唯一确定一个学生的成绩），所以有（学号，课程号）$\xrightarrow{f}$ 成绩，即成绩完全函数依赖于学号和课程号。

对于（学号，课程号）→姓名，由于学号→姓名，因此有（学号，课程号）$\xrightarrow{p}$ 姓名，即姓名部分函数依赖于学号和课程号。

由于学号→学院名称，并且有学院名称 $\nrightarrow$ 学号，学院名称→院长，因此学号→院长是传递函数依赖关系。

3. 函数依赖的基本性质

1974 年 W.W.Armstrong 提出了一套有效而完备的公理系统——Armstrong 公理，该公理后来成为关系模式分解的算法基础。

1）Armstrong 公理系统

设关系模式 R 具有属性集合 U 和函数依赖集合 F。对于 $R<U, F>$ 来说，有以下的三条推理规则。

（1）自反律：若 $Y \subseteq X \subseteq U$，则 F 蕴含 $X \to Y$（$X \to Y$ 是平凡依赖，与 F 无关）。

（2）增广律：若 F 蕴含 $X \to Y$，$Z \subseteq U$，则 F 蕴含 $XZ \to YZ$。

（3）传递律：若 F 蕴含 $X \to Y$，$Y \to Z$，则 F 蕴含 $X \to Z$。

2）Armstrong 公理的推理

根据 Armstrong 公理（以下简称为 A 规则）可以得到下面三条很有用的推理规则。

（1）合并规则：若 $X \to Y$，$X \to Z$，则 $X \to YZ$。

（2）伪传递规则：若 $X \to Y$，$YW \to Z$，则 $XW \to Z$。

（3）分解规则：若 $X \to Y$，$Z \subseteq Y$，则 $X \to Z$。

4. 主码和外部码

下面用函数依赖的概念对码作出较为精确的形式化的定义。

设 K 是关系模式 $R(U)$ 中的属性或属性组，K' 是 K 的任一子集。若 $K \to U$，而不存在 $K' \to U$，则 K 为 R 的候选码（Candidate Key）。

若候选码多于一个，则选其中的一个为主码（Primary Key）。包含在任一候选码中的属性，叫做主属性（Primary Attribute）。不包含在任何码中的属性称为非主属性（Nonprimary Attribute）或非码属性（Non-key Attribute）。

在关系模式中，最简单的情况是单个属性是码，称为单码（Single Key）。最极端的情况是整个属性组是码，称为全码（All-Key）。

前面已多次遇到单码的情况，下面是一个全码的例子：

关系模式授课（工号，课程编号，书号），属性工号表示教师，课程编号表示课程，书号表示参考书。一个教师可以讲授多门课程，每门课程又可以使用多本参考书。参考书也可以被多个教师的不同课程使用，这个关系模式的码为（工号，课程编号，书号），即 All-key。

设有两个关系 R 和 S，X 是 R 的属性或属性组，并且 X 不是 R 的码，但 X 是 S 的码（或与 S 的码意义相同），则称 X 是 R 的外部码（Foreign Key），简称外码或外键。

例如：教师(工号，姓名，性别，职称，系部编号)

系部(系部编号，系部名称，主任，人数)

其中系部关系中的“系部编号”就是教师关系的一个外部码。

需要注意，在定义中说 X 不是 R 的码，并不是说 X 不是 R 的主属性，X 不是码，但可以是码的组成属性，或者是任一候选码中的一个主属性。

例如：学生(学号，姓名，性别，出生日期)

课程(课程编号，课程名称，课程性质，总学时，学分)

选修(学号，课程编号，成绩)

在选修关系中，(学号，课程编号)是该关系的码，学号、课程编号又分别是组成主码的属性(但单独不是码)，它们分别是学生关系和课程关系的主码，所以是选修关系的两个外部码。

关系间的联系可以通过同时存在于两个或多个关系中的主码和外部码的取值来建立。若要查询某个教师所在部门的情况，只需查询系部表中的系部编号与该教师系部编号相同的记录即可。所以，主码和外部码提供了一个两张关系表互相联系的途径。

2.5.3 范式

对关系模式的规范化，就是要使它满足不同级别的范式。范式(Normal Forms，NF)的概念是由 E.F.Codd 在 1971 年提出的，他在 1971—1972 年提出了第一范式(1NF)、第二范式(2NF)与第三范式(3NF)。1974 年 E.F.Codd 和 Boyce 又共同提出了 BCNF。1976 年 Fagin 提出了 4NF，后来又有人提出了 5NF。各范式之间的关系(图 2-25)表示为：

$$1NF \supset 2NF \supset 3NF \supset BCNF \supset 4NF \supset 5NF$$

通过模式分解把属于低级范式的关系模式转换为几个属于高级范式的关系模式的集合，这一过程称为规范化(Normalization)。通常把某一关系 R 为第 n 范式简记为 $R \in n$NF。

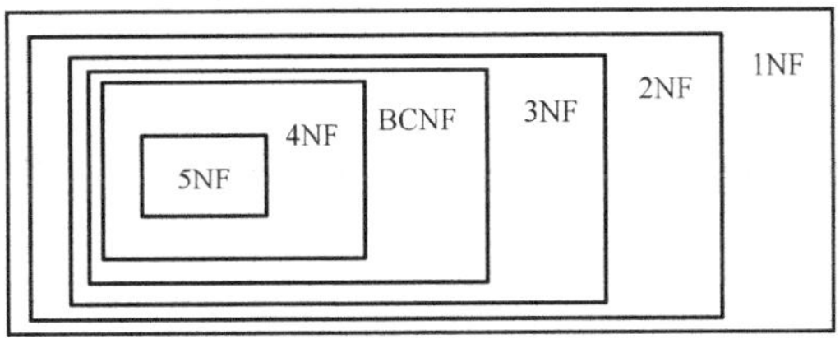

图 2-25　各种范式之间的关系

1. 第一范式(1NF)

定义 2.1　对于关系模式 R 的任一关系 r，若其每一属性值都是基本属性(或原子属性)，则称 R 为满足第一范式的关系，记作 $R \in 1$NF。

在任何一个关系数据库系统中，第一范式是对关系模式的一个必须满足的要求，不满足第一范式的数据库模式不能称为关系数据库模式。因此，所给出的关系模式均满足第一范式。它要求每一列必须是原子的，不能分成多个子列。每一行和列的位置只能有一个值，不能具有多值列。

2. 第二范式(2NF)

定义 2.2　若关系模式 R 属于第一范式，且每个非主属性都完全函数依赖于主键，则 R 属于第二范式，记作 $R \in 2$NF。

推论　如果关系模式 $R\in 1NF$，且它的每一个候选码都是单码，则 $R\in 2NF$。

【例 2.12】 对于前面给出的关系 S，主键为(学号，课程号)。由于存在非主属性姓名、性别、课程名部分函数依赖于(学号，课程号)。因此，它不属于 2NF。

可以通过模式分解的办法将非 2NF 的关系模式分解为多个满足 2NF 的关系模式，分解步骤如下。

(1) 首先用组成主键的属性集合的每个子集作为主键构成一个关系，对于关系 S 分解为如下三个子关系：

S_1(学号，……)，其中(学号)为主键

S_2(课程号，……)，其中(课程号)为主键

S_3(学号，课程号，……)，其中(学号，课程号)为主键

(2) 对于每个子关系，将依赖于此主键的属性放置到此关系中，则有：

S_1(学号，姓名，性别，学院名称，院长)，其中(学号)为主键

S_2(课程号，课程名)，其中(课程号)为主键

S_3(学号，课程号，成绩)，其中(学号，课程号)为主键

由于分解后消除了原关系模式 S 中的部分函数依赖，即 S_1，S_2 和 S_3 这三个关系模式都不存在部分函数依赖，因此 S_1，S_2 和 S_3 都属于 2NF。

对于上述分解后的关系 S_1，存储多少个学生，就需要将其所在的学院名称和院长存储多少遍，出现数据冗余现象。其次，当组建一个新学院时，如果该学院还没有招生，虽然已有学院名称和院长，但仍无法插入该学院的信息，因为这时的学号为空，出现插入异常现象。

由此可以看出，满足第二范式的关系模式仍然可能出现异常操作。这是因为第二范式只要求每个非主属性完全依赖于主键，并未限定非主属性不能函数依赖于其他非主属性，从而也就允许传递依赖的存在。因此，还需要对满足第二范式的关系模式进一步判断与分解。

3. 第三范式(3NF)

定义 2.3　若关系模式 R 属于第二范式，且每个非主属性都不传递依赖于主键，则 R 属于第三范式，记作 $R\in 3NF$。

推论　(1) 如果关系模式 $R\in 1NF$，且它的每一个非主属性既不部分依赖、也不传递依赖于任何候选码，则 $R\in 3NF$。

(2) 不存在非主属性的关系模式一定为 3NF。

【例 2.13】 分解例 2.12 中的学生关系 S_1，使其满足 3NF 的要求。

解：由于在关系 S_1 中，学号→院长是传递函数依赖。因此，它不属于 3NF。

将关系模式 S_1(学号，姓名，性别，学院名称，院长)进一步分解，以便去掉传递依赖关系，分解的步骤如下：

(1) 对于不是候选键的每个决定因子，从关系中删除依赖它的所有属性。在关系 S_1 中，学院名称不是候选键，但是决定因子，从关系 S_1 中删除依赖它的属性院长，得到新的关系 S_{11}(学号，姓名，性别，学院名称)。

(2) 新建一个关系，该关系中包含原关系中不是候选键的决定因子以及所有依赖该决定因子的属性，并将决定因子作为该关系的主键。对于关系 S_1，新建的关系为 S_{12}(学院名称，院长)，主键为(学院名称)。

由于分解后消除了原关系模式中的传递依赖，因此 S_{11} 和 S_{12} 都满足3NF。

当按第三范式的要求把所有传递依赖都消除时，也应该把部分依赖消除，即若关系模式 R 属于第三范式，则每个非主属性对于主键既不存在部分依赖，也不存在传递依赖。把关系模式分解到第三范式，可以在相当程度上减轻原关系中的异常和信息冗余，但不能保证完全消除关系模式中的各种异常和信息冗余。

4. BCNF(BC范式)

定义2.4 设有关系模式 $R\in 1NF$，F 是 R 的函数依赖集，若 F 中的每个非平凡函数依赖 $X\to Y(Y\not\subset X)$，X 都含有主键，则称 R 是Boyce-Codd范式，记作 $R\in \text{BCNF}$。

换言之，在关系模式 R 中，如果每一个函数依赖的决定因素都包含码，则 $R\in$BCNF。如果 $R\in$BCNF，则 R 有如下的性质：

(1) R 中所有非主属性对每一个码都是完全函数依赖；

(2) R 中所有主属性对每一个不包含它的码，都是完全函数依赖；

(3) R 中没有任何属性完全函数依赖于非码的任何一组属性。

从BCNF的定义可以看出，BCNF既检查非主属性，又检查主属性，显然比第三范式限制更严。当只检查非主属性而不检查主属性时，就成了第三范式。因此，任何满足BCNF的关系都必然满足第三范式。

【例2.14】 若有Teaching(Student，Teacher，Course)这个关系模式，简记为Teaching(S，T，C)，规定一个教师只能教一门课，每门课程可由多个教师讲授；学生一旦选定某门课程，教师就相应地固定。判断其是否满足BCNF范式；若不满足，分解关系模式使之满足BCNF范式。

解： F=｛T→C，(S，C)→T，(S，T)→C｝

该关系的候选码是(S，C)和(S，T)，因此，三个属性都是主属性，由于不存在非主属性，该关系一定是3NF。但由于决定因素T没包含码，故它不是BCNF。

关系模式Teaching仍然存在着数据冗余问题，因为存在着主属性对码的部分函数依赖问题。Teaching关系可以分解为以下两个BCNF关系模式：

Teacher(Teacher，Course)

Student(Student，Teacher)

3NF的"不彻底"性表现在可能存在主属性对码的部分依赖和传递依赖。一个关系模式如果达到了BCNF，那么，在函数依赖范围内，它就已经实现了彻底的分离，消除了数据冗余、插入异常和删除异常。

5. 多值依赖与4NF

1) 问题的提出

前面所讨论的情况属于函数依赖范畴，即当属性子集 X 取定一个值时，属性子集 Y 有唯一的一个值与之对应，有点类似于数学中的单值函数。但在某些应用领域中，关系模式的属性之间出现"组对应"的情况，即当属性子集 X 取定一个值时，属性子集 Y 有一组值与之对应，有点类似于数学中的多值函数。此时的数据依赖属于下面讨论的多值依赖范畴。基于多值依赖概念的范式是第四范式。

例如，假设一个学院有四门课程：

数据库设计与开发课程由常老师和钱老师讲授，使用《数据库原理与应用》和《SQL Server 2012》两本参考书；

面向对象编程思想由陈老师讲授，使用《UML 案例分析》和《Java 编程思想》两本参考书；

数据结构由朱老师和叶老师讲授，使用《数据结构(C 语言)》一本参考书；

离散数学由刘老师讲授，使用《离散数学习题集》一本参考书。

这是一种“组对应”关系：每一门课程对应一组教师和一组参考书。由于 1NF 是关系模式的最低要求，故只能把“组”拆散，将各元素单独载入关系实例中，如表 2-2 所示。

表 2-2　规范化关系

课程	教师	参考书
数据库设计与开发	常老师	数据库原理与应用
数据库设计与开发	常老师	数据库原理与应用
数据库设计与开发	钱老师	SQL Server 2012
数据库设计与开发	钱老师	SQL Server 2012
面向对象编程思想	陈老师	JAVA 编程思想
面向对象编程思想	陈老师	UML 案例分析
数据结构	朱老师	数据结构(C 语言)
数据结构	叶老师	数据结构(C 语言)
离散数学	刘老师	离散数学习题集

在这张表中，课程、教师、参考书的属性值多次存储，数据冗余很大，可以从两个角度描述这表：

给定一门课程，教师与参考书的对应形成完全二分图；每门课程记录数=教师人数×参考书数目；每门课程对应一组教师，无论使用何门参考书；每门课程对应一组参考书，无论任课教师是谁。

注意：若规定每门课程对应一个教师和一本参考书，则就退回到函数依赖的情况。

2) 多值依赖

定义 2.5　设 R 是关系模式，U 是其属性集合。X，Y 是 U 的子集，$Z=U-X-Y$。若对 R 任一实例 r，r 在(X，Z)上每个值对应一组 Y 值，这种对应关系与 Z 无关，则称 X 多值确定 Y，或称 Y 多值依赖于 X，记作 $X\to\to Y$。若 Z 为空集，称 $X\to\to Y$ 为平凡的多值依赖，否则称为非平凡的多值依赖。

上述定义中有两层意思：

(1) X 的一个值与 Y 的一组值对应；

(2) 这种对应关系与 Z 无关。这是定义的强制性约束，也是数据冗余的主因。

多值依赖具有如下性质：

(1) 对称性：使用上述定义的符号，若 $X\to\to Y$，则 $X\to\to Z$。

(2) 实例 r 的 X 或 Z 每增删一个值，r 就须同步增删多条记录。

(3) 若 $X\to Y$，则 $X\to\to Y$。故可把函数依赖看成多值依赖的特例。

多值依赖与函数依赖相比，具备下面两个基本区别。

(1) 多值依赖的有效性与属性集的范围有关

若 $X\to\to Y$ 在 U 上成立，则在 $V(XY\subseteq V\subseteq U)$ 上一定成立；反之则不然，即 $X\to\to Y$ 在 $V(V\subset U)$ 上成立，在 U 上并不一定成立。这是因为多值依赖的定义中不仅涉及属性组 X，Y，而且涉及 U 中的其余属性 $Z(Z=U-X-Y)$。

一般地说，在 $R(U)$ 上若有 $X\to\to Y$ 在 $V(V\subset U)$ 上成立，则称 $X\to\to Y$ 为 $R(U)$ 的嵌入型多值依赖。

而在关系模式 $R(U)$ 中函数依赖 $X \to Y$ 的有效性，仅决定于 X 和 Y 这两个属性集的值。只要在 $R(U)$ 的任何一个关系 r 中，元组在 X 和 Y 上的值使得 $X \to Y$ 成立，则 $X \to Y$ 在任何属性集 $V(XY \subseteq V \subseteq U)$ 上也成立。

(2) 若函数依赖 $X \to Y$ 在 $R(U)$ 上成立，则对于任何 $Y' \subset Y$ 均有 $X \to Y'$ 成立。而多值依赖 $X \to\to Y$ 若在 $R(U)$ 上成立，却不能断言对于任何 $Y' \subset Y$ 有 $X \to\to Y'$ 成立。

多值依赖存在如下约束规则：在具有多值依赖的关系中，如果随便删去一个元组，就会破坏其对称性，那么，为了保持多值依赖关系中的“多值依赖”性，就必须删去另外的相关元组以维持其对称性。这就是多值依赖的约束规则。目前的关系数据库管理系统尚不具有维护这种约束的能力，需要程序员在编程中实现。

具有多值依赖的关系模式，其数据冗余是很大的，主要原因是‘X，Y 的对应’与 Z 无关。减少数据冗余的方法是通过分解关系模式，使子模式仅有平凡多值依赖。

3) 第四范式 (4NF)

定义 2.6　若关系模式 R 每个非平凡多值依赖 $X \to\to Y$(Y 非 X 的子集)，X 都含有候选键，则 R 满足第四范式，简记为 4NF。

定义中的非平凡多值依赖实际上是函数依赖。满足 4NF 的关系模式若有函数依赖，则必然满足 BCNF，反之不然。例如，R(仓库，雇员，物资) 因具有全键，故满足 BCNF，但两个多值依赖 (仓库→→雇员，仓库→→物资) 的左端都不含候选键，故不满足 4NF。此例的数据冗余严重，解决方法是把关系模式 R 分解为 R_1(仓库，雇员) 和 R_2(仓库，物资)，两子模式都是 4NF，有平凡多值依赖，但没有非平凡的多值依赖。

把一个关系模式分解为 4NF 的方法与分解为 BCNF 的方法类似，就是要把一个关系模式利用投影的方法消去非平凡且非函数依赖的多值依赖，并具有无损连接性。

如果只考虑函数依赖，则属于 BCNF 的关系模式的规范化程度已经是最高级别。如果考虑多值依赖，则属于 4NF 的关系模式规范化程度最好。事实上，数据依赖中除了函数依赖和多值依赖之外，还有连接依赖。函数依赖是多值依赖的一种特殊情况，而多值依赖实际上又是连接依赖的一种特殊情况。连接依赖是在关系的连接运算中才反映出来。存在连接关系依赖的关系模式可能也会存在数据冗余以及数据插入、修改、删除异常的问题，因此需在满足 4NF 的关系模式上消除连接依赖，从而达到 5NF 的关系模式。本书不讨论连接依赖和 5NF，有兴趣的读者可参阅其他书籍。

2.5.4　关系模式的规范化

关系模式的规范化过程是通过对关系模式的分解来实现的。把低一级的关系模式分解为若干个高一级的关系模式。这种分解不是唯一的。

各范式之间的关系如下：

1NF：每个分量是不可分的数据项。

↓　消除非主属性对码的部分函数依赖

2NF：非主属性完全函数依赖于码。

↓　消除非主属性对码的传递函数依赖

3NF：非主属性既不部分依赖于码也不传递依赖于码。

↓　消除主属性对码的部分和传递函数依赖

BCNF：所有属性都不部分依赖于码也不传递依赖于码。

↓　消除非平凡且非函数依赖的多值依赖

4NF：所有非平凡的多值依赖都是函数依赖。
↓ 消除不由候选码所蕴含的连接依赖
5NF

1. 关系模式的分解

把一个关系模式分解成若干个关系模式的过程，称为关系模式的分解。规范化过程中将一个关系模式分解为若干个关系模式，应该保证分解后产生的模式和原来的模式等价。常用的等价标准有如下要求：

(1) 分解是具有无损连接性的；

(2) 分解是保持函数依赖的；

(3) 分解既要具有无损连接又要保持函数依赖。

关系模式的分解是通过投影运算实现的，而这种投影分解的方案不是唯一的，所以投影的过程还应满足下列三个条件：

(1) 分解是无损连接分解，分解后所得各关系通过连接要能恢复到分解前的关系，数据不能少也不能多；

(2) 分解所得的所有关系都是高一级范式的关系；

(3) 分解所得关系的个数要最少。

1) 无损连接性

定义 2.7 设关系模式 $R(U,F)$ 分解为关系模式 $R_1(U_1,F_1)$，$R_2(U_2,F_2)$，…，$R_n(U_n,F_n)$，其中 $U=U_1 \cup U_2 \cup \cdots \cup U_n$，且不存在 $U_i \subseteq U_j$，F_i 为 F 在 U_i 上的投影，如果 R 与自然连接的结果相等，则称关系模式 R 的分解具有无损连接性。

2) 函数依赖保持性

定义 2.8 设关系模式 $R(U,F)$ 分解为关系模式 $R_1(U_1,F_1)$，$R_2(U_2,F_2)$，…，$R_n(U_n,F_n)$，其中 $U=U_1 \cup U_2 \cup \cdots \cup U_n$，且不存在 $U_i \subseteq U_j$，F_i 为 F 在 U_i 上的投影，如果 F 所蕴含的函数依赖一定也由分解得到的某个关系模式中的函数依赖 F_i 所蕴含，则称关系模式 R 的分解具有函数依赖保持性。

将一个关系模式 $R(U,F)$ 分解为若干个关系模式 $R_1(U_1,F_1)$，$R_2(U_2,F_2)$，…，$R_n(U_n,F_n)$（$U=U_1 \cup U_2 \cup \cdots \cup U_n$，且不存在 $U_i \subseteq U_j$，F_i 为 F 在 U_i 上的投影），这意味着相应地将存储在一个二维表 R 中的数据分散到若干个二维表 R_1，R_2，…，R_n 中。我们当然希望这样的分解不丢失信息，也就是说，希望能够通过对关系 R_1，R_2，…，R_n 的自然连接运算重新得到关系 R 中的所有信息。事实上，将关系 R 投影为 R_1，R_2，…，R_n 时并不会丢失信息，关键是对 R_1，R_2，…，R_n 作自然连接可能会产生一些原来 R 中没有的元组，从而无法区别那些元组是 R 中原来有的，即数据库中应该存在的数据，在这个意义上丢失了信息。

【例 2.15】 设关系模式 S-C-I(studentNo,classNo,instituteNo)，如表 2-3 所示，分解该关系模式。

表 2-3　关系 S-C-I

StudentNo	ClassNo	InstituteNo
12143101	31	14
12143202	32	14

续表

StudentNo	ClassNo	InstituteNo
12211103	11	21
12211104	11	21

解：(1) 分解方案一：将关系模式 S-C-I 分解为：S-C-I11 (StudentNo,ClassNo) 和 S-C-I12 (ClassNo, ClassNo)，则将 S-C-I 投影到 S-C-I11 和 S-C-I12 属性上，得到表 2-4 和表 2-5。

表 2-4　关系 S-C-I11

StudentNo	InstituteNo
12143101	14
12143202	14
12211103	21
12211104	21

表 2-5　关系 S-C-I12

ClassNo	InstituteNo
31	14
32	14
11	21

对分解后的两个关系作自然连接 S-C-I11*S-C-I12，得到 NewS-C-I 如表 2-6 所示。

表 2-6　关系 NewS-C-I

StudentNo	ClassNo	InstituteNo
12143101	31	14
12143202	**31**	**14**
12143101	**32**	**14**
12143202	32	14
12211103	11	21
12211104	11	21

关系 NewS-C-I 中的元组(12143202,31,14)和(12143101,32,14)都不是原来 S-C-I 中的元组。分解一保持了函数依赖，不具有无损连接性，这是一个不好的分解方案。

(2) 分解方案二：将关系模式 S-C-I 分解为：

S-C-I21 (StudentNo, ClassNo)，S-C-I22 (StudentNo, InstituteNo)

经过自然连接，分解二具有无损连接性。然而分解二也不是一个很好的分解方案，将前面例子的关系 S-C-I 投影到 S-C-I21 和 S-C-I22 的属性上，得到关系 S-C-I21 如表 2-7 所示和 S-C-I22 如表 2-8 所示。

表 2-7　关系 S-C-I21

StudentNo	ClassNo
12143101	31
12143202	32

续表

StudentNo	ClassNo
12211103	11
12211104	11

表 2-8　关系 S-C-I22

StudentNo	InstituteNo
12143101	14
12143202	14
12211103	21
12211104	21

在这种分解中，假设学生 12143202 从 32 班转到 11 班，于是我们需要在关系 S-C-I21 中将元组(12143202, 32)修改为(12143202, 11)，同时在 S-C-I22 中将元组(12143202, 14)修改为(12143202, 21)。如果这两个修改没有同时完成，数据库中就会存在不一致信息。这是因为分解得到的两个关系模式不是互相独立造成的。F 中的函数依赖 ClassNo→InstituteNo 没有投影到关系模式 S-C-I22 中，而是跨在两个关系模式上。

分解二不是保持函数依赖的，因为分解得到的关系模式中只有函数依赖 StudentNo→ClassNo，丢失了函数依赖 ClassNo→InstituteNo，不是一个好的分解。

(3) 分解三：将关系模式 S-C-I 分解为：

S-C-I31(StudentNo, ClassNo)，S-C-I32(ClassNo, InstituteNo)

经分析，分解后的两个关系模式既保持无损连接性又保持函数依赖性。

关于模式分解的说明：

(1) 分解具有无损连接性和分解保持函数依赖是两个互相独立的标准。具有无损连接性的分解不一定保持函数依赖，例如分解方案二；保持函数依赖的分解不一定具有无损连接性。因此，关系模式的一个分解可能是保持函数依赖的，可能是具有无损连接性的，也可能是既具有无损连接性又保持函数依赖的。

(2) 若要求分解具有无损连接性，那么模式分解一定可以达到 4NF。

(3) 若要求分界保持函数依赖，那么模式分解可以达到 3NF，但不一定能达到 BCNF。

(4) 若要求分解既具有无损连接性，又保持函数依赖，则模式分解可以达到 3NF，但不一定能达到 BCNF。

2. 关系模式的规范化及反规范化

当一个表是规范化的，则其非主码列依赖于主码列。从关系模型的角度来看，表满足 3NF 最符合标准，这样的设计容易维护。一个完全规范化的设计并不总能生成最优的性能，因此通常是先按照 3NF 设计，如果有性能问题，再通过反规范化来解决。

数据库中的数据规范化的优点是减少了数据冗余，节约了存储空间，相应逻辑和物理的 I/O 次数减少，同时加快了增、删、改的速度。对完全规范的数据库，规范化数据将导致数据库中产生更多的表，这些表的结构优化了数据变更性能，但是在有些情况下却大大降低了数据查询效率。因为“分离”越深，产生的关系越多，在数据查询过程中连接操作则越频繁，而连接操作是最费时间的，特别是对以查询为主的数据库应用来说，频繁的连接会影响查询速度。在这种情况下，通过引进额外的列或额外的表将有助于提高数据查询能力。在表中有意识地引入一定的数据冗余破坏规范化以改进性能被称为反规范化。

2.5.5 模式评价与优化

1. 模式评价

关系模式的规范化不是目的而是手段，数据库设计的目的是最终满足应用需求。因此，为了进一步提高数据库应用系统的性能，还应该对规范化后产生的关系模式进行评价、改进，经过反复多次的尝试和比较，最后得到优化的关系模式。

模式评价的目的是检查所设计的数据库模式是否满足用户的功能要求、效率，确定加以改进的部分。模式评价包括功能评价和性能评价。

1) 功能评价

功能评价指对照需求分析的结果，检查规范化后的关系模式集合是否支持用户所有的应用要求。关系模式必须包括用户可能访问的所有属性。在涉及多个关系模式的应用中，应确保连接后不丢失信息。如果发现有的应用不被支持，或不完全被支持，则应该改进关系模式。发生这种问题的原因可能是在逻辑设计阶段，也可能是在需求分析或概念设计阶段。是哪个阶段的问题就返回到哪个阶段去，因此有可能对前两个阶段再进行评审，解决存在的问题。

在功能评价的过程中，可能会发现冗余的关系模式或属性，这时应对它们加以区分，搞清楚它们是为未来发展预留的，还是由某种错误造成的，比如名字混淆。如果属于错误处置，进行改正即可，而如果这种冗余来源于前两个设计阶段，则也要返回重新进行评审。

2) 性能评价

对于目前得到的数据库模式，由于缺乏物理设计所提供的数量测量标准和相应的评价手段，所以性能评价是比较困难的，只能对实际性能进行估计，包括逻辑记录的存取数、传送量以及物理设计算法的模型等。

2. 模式优化

为了进一步提高数据库应用系统的性能，通常以规范化理论为指导，根据实际需求适当地修改、调整数据模型的结构，减少冗余及各种异常，改善完整性、一致性和存储效率，这就是数据模型的优化。关系数据模型优化的步骤如下：

(1) 确定数据依赖。按需求分析阶段所得到的语义，用数据依赖分析和表示数据项之间的联系，写出每个数据项之间的数据依赖。

(2) 对于各个关系模式之间的函数依赖进行极小化处理，消除冗余的联系。

(3) 按照数据依赖的理论对关系模式逐一进行分析，考查是否存在部分函数依赖、传递函数依赖、多值依赖等，确定各关系模式分别属于第几范式。

(4) 按照需求分析阶段得到的各种应用对数据处理的要求，分析对于这样的应用环境这些模式是否合适，确定是否要对它们进行合并或分解。具有相同主键的关系模式一般可以合并，对非规范化的关系模式，根据不同情况进行分解，只供查询的关系模式可不分解。一般情况下，对于一个具体应用来讲，规范化进行到第三范式即可。

(5) 对关系模式进行必要的分解，以提高数据操作的效率和存储空间的利用率。可遵循以下原则：

① 尽量减少连接运算。在数据库的各种运算中，连接运算的代价是最高的。参与连接运算的关系越多，系统效率越低。在可能的情况下，尽量减少连接操作，但规范化程度会降低。在具体应用中，为了提高查询效率，可以增加数据冗余。常用的方法有增加冗余属性，增加派生属性和重建关系等。

② 对关系进行垂直或水平分解。这种分解与规范化分解不同，它不依据函数依赖，而依据系统的时空效率，以减少参加运算的关系大小和数据量为目的。为了提高数据操作的效率和存储空间的利用率，最常用和最重要的模式优化方法就是分解，根据应用的不同要求，可以对关系模式进行水平分解和垂直分解。

水平分解是把关系元组分为若干子集合，每个子集合定义为一个子关系，以提高系统的效率。水平分解的规则如下：

(1) 根据“80/20 原则”，在一个大型关系中，经常被使用的数据只是很有限的一部分。对于经常进行大量数据的分类条件查询的关系，可进行水平分解，这样可以减少应用系统每次查询需要访问的记录数，从而提高了查询性能。例如，有课程关系(课程号，课程名，课程类型，……)，其中类别包括必修、选修等。如果多数查询一次只涉及其中的一类课程，就应该把整个课程关系水平分割为必修课程、选修课程两个关系。

(2) 如果关系 R 上具有 n 个事务，而且多数事务存取的数据不相交，则 R 可分解为少于或等于 n 个关系，使每个事务存取的数据形成一个关系。

垂直分解是把关系模式的属性分解为若干子集合，形成若干子关系模式。垂直分解的原则是把经常一起使用的属性分解出来，形成一个子关系模式。例如，有课程关系(课程号，课程名称，任课老师，学分，总学时，考核方式)，如果经常查询的仅是前四项，而后两项很少使用，则可以将课程关系进行垂直分割，得到两个课程关系：

课程关系 1(课程号，课程名称，任课老师，学分)

课程关系 2(课程号，总学时，考核方式)

垂直分解可以提高某些事务的效率，但也有可能使另一些不利因素不得不执行连接操作，从而降低了效率，因此是否要进行垂直分解要看分解后的所有事务的总效率是否得到了提高。垂直分解要保证分解后的关系具有无损连接性和函数依赖保持性。

经过多次的模式评价和模式优化后，最终的数据库模式得以确定。逻辑设计阶段的结果是全局逻辑数据库结果。对于关系数据库系统来说，就是一组符合一定规范的关系模式组成的关系数据库模型。规范化理论为数据库设计人员判断关系模式优劣提供了理论标准，可用来预测关系模式可能出现的问题，使数据库设计工作有了严格的理论基础。但是，并不是规范化越高的关系模式就越好。对于一个具体应用，数据库设计人员应当权衡考虑时间、空间、完整性等各方面的利弊。

2.5.6　设计用户子模式

前面我们根据用户需求设计了局部应用视图，这种局部应用视图只是概念模型，用 E-R 图表示。在将概念模型转换为逻辑模型后，即生成了整个应用系统的模式后，还应该根据局部应用需求，结合具体 DBMS 的特点，设计用户的外模式。

目前关系数据库管理系统一般都提供了视图概念，可以利用这一功能设计更符合局部用户需要的用户外模式。

定义数据库模式主要是从系统的时间效率、空间效率、易维护等角度出发。由于用户外模式与模式是独立的，因此我们在定义用户外模式时应该更注重考虑用户的习惯与方便，这主要包括以下几方面：

(1) 使用更符合用户习惯的别名；

(2) 针对不同级别的用户定义不同的外模式，以满足系统对安全性的要求；

(3) 简化用户对系统的使用。

2.6　数据库的物理设计

数据库物理设计是在已确定的逻辑结构基础上，选取一个最适合应用环境的物理结构(存储结构与存取方法)的过程。物理设计还应该考虑操作约束、数据库性能和数据库安全性等问题。

物理结构依赖于给定的DBMS和硬件系统，因此设计人员必须充分了解所用DBMS的内部特征，特别是存储结构和存取方法；充分了解应用环境，特别是应用的处理频率和响应时间要求；充分了解外存设备的特性。

数据库的物理设计通常分为两步：首先确定数据库的物理结构，其次对物理结构进行评价，而评价的重点是时间和空间效率。

1. 确定数据库的物理结构

1) 确定数据的存储结构

确定数据库存储结构时要综合考虑存取时间、存储空间利用率和维护代价三个方面的因素。这三个方面常常是相互矛盾的，例如消除一切冗余数据虽然能够节约存储空间，但往往会导致检索代价的增加，因此必须进行权衡，选择一个折中方案。

许多关系型DBMS都提供了聚簇功能，即为了提高某个属性(或属性组)的查询速度，把这个或这些属性上有相同值的记录集中存放在一个物理块中，如果存放不下，可以存放到预留的空白区或链接多个物理块。聚簇功能可以大大提高查询的效率。进行聚簇以后，聚簇码值相同的元组将集中在一起了，因而聚簇码值不必在每个元组中重复存储，只要在一组中存一次就行了，因此可以节省一些存储空间。另外，聚簇功能不只适用于单个关系，也适用于多个关系。

但必须注意的是，聚簇只能提高某些特定应用的性能，而且建立与维护聚簇的开销是相当大的。对已有关系建立聚簇，将会导致移动记录的物理存储位置，并使此关系上原有的索引无效。当一个记录的聚簇码值发生改变时，该记录的存储位置也要进行相应移动。因此只有在用户应用满足下列条件时才考虑建立聚簇，否则很可能会适得其反：

(1) 对经常在一起进行连接操作的关系可以建立聚簇；

(2) 若一个关系在某些属性列上值的重复率很高，则可在这些属性列上建立聚簇；

(3) 如果一个关系的一组属性经常出现在相等的比较条件中，则该单个关系可建立聚簇。

当对一个关系的某些属性列的访问或连接是主要的应用，而对其他的属性列的访问是次要时，可以考虑在主要访问的属性列上建立聚簇。尤其当SQL语句中包含有与聚簇码值有关的 ORDER BY、GROUP BY、UNIQUE 和 DISTINCT 等子句或短语时，使用聚簇特别有利，可以省去对结果的排序操作。

2) 设计数据的存取路径

在关系数据库中，选择存取路径主要是指确定如何建立索引。例如，应把哪些属性作为次码来建立次索引，建立单码索引还是组合索引，建立多少个为合适，是否建立聚集索引等。

3) 确定数据的存放位置

为了提高系统性能，数据应该根据应用情况将易变部分与稳定部分、经常存取部分和存取频率较低部分分开存放。例如，确定数据存放在一个磁盘上还是多个磁盘上，什么数据该存放在高速存储器上，什么应存放在低速存储器上，等等。又如数据库数据备份、日志文件备份等由于只在故障恢复时才使用，而且数据量很大，可以考虑存放在磁带上。

目前许多计算机都有多个磁盘，因此进行物理设计时可以考虑将表和索引分别放在不同的磁盘上，在查询时，由于两个磁盘驱动器分别在工作，因而可以保证物理读写速度比较快。也可以将比较大的表分别放在两个磁盘上，以加快存取速度，这在多用户环境下特别有效。此外还可以将日志文件与数据库对象（表、索引等）放在不同的磁盘以改进系统的性能。

4) 确定系统配置

DBMS 产品一般都提供了一些存储分配参数，供设计人员和 DBA 对数据库进行物理优化。初始情况下，系统都为这些变量赋予了合理的缺省值。但是这些值不一定适合每一种应用环境，在进行物理设计时，需要重新对这些变量赋值以改善系统的性能。例如：通常情况下，这些配置变量包括：同时使用数据库的用户数，同时打开的数据库对象数，使用的缓冲区长度、个数，时间片大小、数据库的大小，装填因子等。设计者必须根据具体的应用环境来重新确定其中的一些参数，以使系统性能最优。

在物理设计时对系统配置变量的调整只是初步的，在系统运行时还要根据系统实际运行情况做进一步的调整，以期切实改进系统性能。

2. 评价物理结构

数据库物理设计过程中需要对时间效率、空间效率、维护代价和各种用户要求进行权衡，其结果可以产生多种方案，数据库设计人员必须对这些方案进行细致的评价，从中选择一个较优的方案作为数据库的物理结构。

评价物理数据库的方法完全依赖于所选用的 DBMS，主要是从定量估算各种方案的存储空间、存取时间和维护代价入手，对估算结果进行权衡、比较，选择出一个较优的合理的物理结构。如果该结构不符合用户需求，则需要修改设计。

2.7　数据库的实施

经过数据库物理设计，一个数据库系统的物理存储结构基本确定下来，接着就要使用所选定的数据库管理系统所提供的各种工具来建立数据库。数据库实施主要包括以下四个方面的工作。

1. 定义数据库结构

确定了数据库的逻辑结构与物理结构后，就可以用所选用的 DBMS 提供的数据定义语言(DDL)来严格描述数据库结构。例如，对关系数据库来说，就是要建立数据库中所包含的各个基本表、视图、索引等。

2. 组织数据入库

数据库结构建立好后，就可以向数据库中装载数据了。在模拟调试阶段，可装入一些试验性数据。这些试验数据可以是实际数据，也可以是人工设定或用随机数发生器按一定要求生成的数据。这些试验数据应尽可能覆盖现实世界的各种情况。进入试运行的最后阶段，就要完全装入实际数据。组织实际数据入库是数据库实施阶段最主要的工作。对于数据量不大的小型系统，可以用人工方法完成数据的入库，其步骤如下。

1) 筛选数据

需要装入数据库中的数据通常都分散在各个部门的数据文件或原始凭证中，所以必须将所有的原始数据进行集中归类、整理，把其中需要入库的数据筛选出来。

2) 转换数据格式

筛选出来的需要入库的数据，其格式往往不符合数据库要求，还需要进行转换。这种转换有时可能很复杂。

3) 输入数据

将转换好的数据由操作员输入到计算机中。

4) 校验数据

检查已输入的数据是否有误，这同样是一项重要的工作。

对于数据处理量比较庞大的大中型数据库应用系统而言，其数据装入工作不仅会耗费大量的人力、物力，而且很难保证数据的正确性，仅靠手工输入是不够的。此时，通常会采用计算机辅助的办法来协助完成数据的装载和校验等工作。如果原来有旧数据库应用系统，可以考虑专门编写数据库格式转换、校验的子系统，来降低组织数据的工作量。

3. 编制与调试应用程序

数据库应用程序的设计应该与数据库设计并行进行。在数据库实施阶段，当数据库结构建立好后，就可以开始编制与调试数据库的应用程序，也就是说，编制与调试应用程序是与组织数据入库同步进行的。调试应用程序时如果数据入库尚未完成，可先使用模拟数据。

数据库应用程序在满足用户对数据库应用要求以保证程序稳定、正确运行的前提下，应具备操作使用简便、层次结构清晰、程序可读性好以及时间、空间效率高等基本特点，同时必须考虑系统的可修改、可扩充、可移植性及实用性、通用性等各种指标。通过对应用程序的调试、分析，不仅可以检查软件设计的正确性，同样可以发现数据库设计是否合理、有效等方面的问题。

4. 数据库试运行

应用程序调试完成，并且已有一小部分数据入库后，就可以开始数据库的试运行。数据库试运行也称为联合调试，通过实际运行应用程序，执行对数据库的各种操作，来测试应用程序的功能和数据库系统的性能指标，以此进一步评价、分析系统是否达到设计要求，是否满足用户需求等。

概括来说，数据库试运行的主要工作包括：功能测试和性能测试。所谓功能测试是指实际运行应用程序，执行对数据库的各种操作，测试应用程序的各种功能。所谓性能测试即指测量系统的性能指标，分析是否符合设计目标。

2.8 数据库运行与维护

数据库试运行结果符合设计目标后，数据库就可以真正投入运行了。

数据库投入运行标志着开发任务的基本完成和维护工作的开始，但并不意味着设计过程的终结。由于应用环境在不断变化，数据库运行过程中物理存储也会不断变化，对数据库设计进行评价、调整、修改等维护工作是一个长期的任务，也是设计工作的继续和提高。

在数据库运行阶段，对数据库经常性的维护工作主要是由 DBA 完成的，包括如下四个方面。

1. 数据的转储与恢复

定期对数据库和日志文件进行备份，以保证一旦发生故障，能利用数据库备份及日志文件备份，尽快将数据库恢复到某种一致性状态，并尽可能减少对数据库的破坏。

2. 数据库的安全性、完整性控制

DBA 必须对数据库安全性和完整性控制负起责任。根据用户的实际需要授予不同的操作权限。另外，由于应用环境的变化，数据库的完整性约束条件也会变化，也需要 DBA 不断修正，以满足用户要求。

3. 数据库的性能监督、分析和改造

目前许多 DBMS 产品都提供了监测系统性能参数的工具，DBA 可以利用这些工具方便地得到系统运行过程中一系列性能参数的值。DBA 应该仔细分析这些数据，通过调整某些参数来进一步改进数据库性能。

4. 数据库的重组织与重构造

数据库运行一段时间后，由于记录的不断增加、删除、修改，会使数据库的物理存储变坏，例如有些记录之间出现空间残片，插入记录不一定按逻辑相连而用指针链接，从而降低数据库存储空间的利用率和数据的存取效率，使数据库的性能下降。这时 DBA 就要对数据库进行重组织，或部分重组织(只对频繁增、删的表进行重组织)。数据库的重组织，改变的是数据库的物理存储，而不是逻辑数据库的数据内容，通过回收垃圾、减少指针链接来提高系统性能。DBMS 一般都提供了重组织数据库使用的实用程序，帮助 DBA 重新组织数据库。

随着系统的运行，当数据库应用环境发生变化，会导致实体及实体间的联系也发生相应的变化，使原有的数据库设计不能很好地满足新的需求，从而不得不适当调整数据库的模式

和内模式，这就是数据库的重构造。数据库的重构造可能涉及数据内容、逻辑结构与物理结构的改变，因此，可能出现许多问题，一般应由 DBA、数据库设计人员及最终用户共同参与，并做好数据库的备份工作。DBMS 都提供了修改数据库结构的功能。

这样的维护工作仍然需要具有丰富经验的专业技术人员(DBA)来完成。若应用变化太大，已无法通过重构数据库来满足新的需求，或重构数据库的代价太大还不如重新设计新的数据库系统，这说明你的维护工作可以放弃了，可以开始新数据库应用系统的生命周期了。

2.9　案例实践——网上选课系统数据库设计

2.9.1　网上选课系统数据库概念结构设计

1. 合理选择网上选课系统的局部应用

从网上选课系统需求分析出发，选择学生管理、课程管理、开课管理、教师管理四个局部应用，作为主要的分 E-R 图。

2. 数据抽象、确定实体及其属性与码

在网上选课系统中，最核心的实体包括教师、学生、课程和开课，这些各种各样的实体以多种形式互相关联，而所有这些方式都必须在数据库设计中反映出来。例如，一名学生在一次开课中选课，而一名教师在一次开课中授课，授课和选课就是实体间联系的实例。

在抽象实体及其属性时，虽然实体和属性没有本质差别，但注意以下两点：

(1) 属性必须是不可分的数据项，不能包含其他属性；

(2) 属性不能与其他实体有联系。

例如，班级可以作为学生的属性，但是如果班级包含班级编号、班级人数等属性，又与班主任实体存在一定的联系时(一个班主任可以管理多个班级)，这时必须将班级抽象为一个独立实体，如图 2-26 所示。

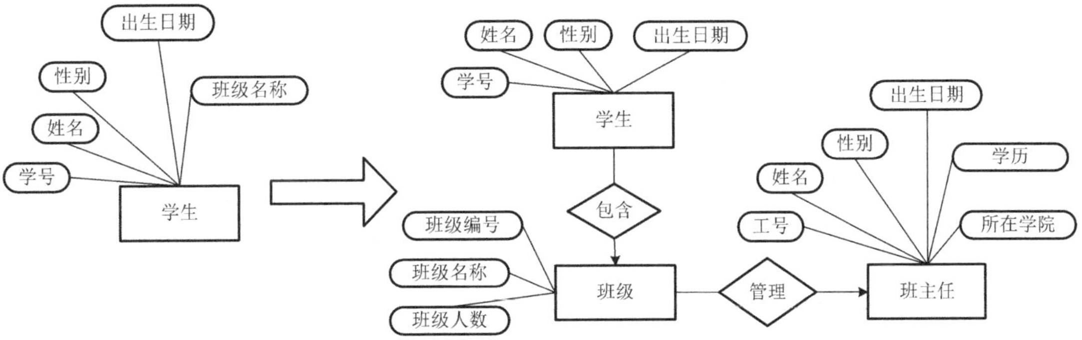

图 2-26　班级从属性转化为实体

因此，学生实体的属性为：(<u>学号</u>，姓名，性别，出生日期)，其中学号为码。班级实体的属性为：(<u>班级编号</u>、班级名称，班级人数)，其中班级编号为码。

同样的道理，所在学院虽然可以作为班主任的属性，但该属性仍然含有学院编号与学院名称等属性，因此所在学院也需要抽象为一个实体。

按照上面的方法，可以抽象出网上选课系统中其他实体：课程、授课教师、开课等。

3. 确定实体间关系和设计分 E-R 图

为了便于说明，给出以下语义约束。

(1) 一个教师可以讲授多门课程，一门课程可以由多个教师讲授。

(2) 一个班级只有一个班主任，一个教师可以担任多个班级的班主任。

(3) 一门课程只有一门先修课程。

根据网上选课系统中学生管理的局部应用，确定如图 2-27 所示的学生管理分 E-R 图。根据课程管理、开课管理和选课管理局部应用设计出图 2-28、图 2-29、图 2-30 所示的分 E-R 图。

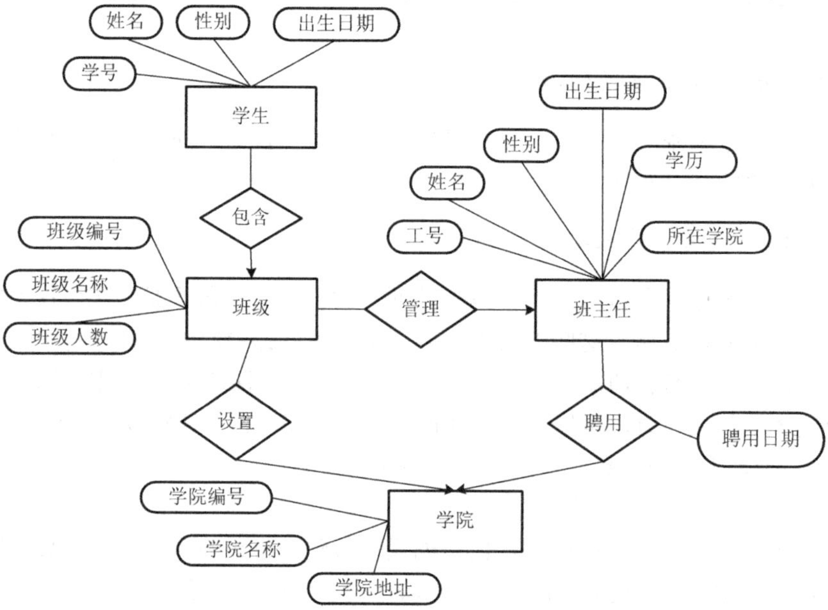

图 2-27　学生管理分 E-R 图

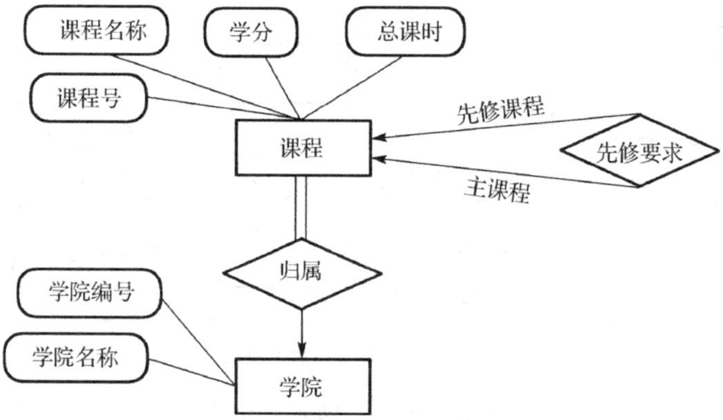

图 2-28　课程管理分 E-R 图

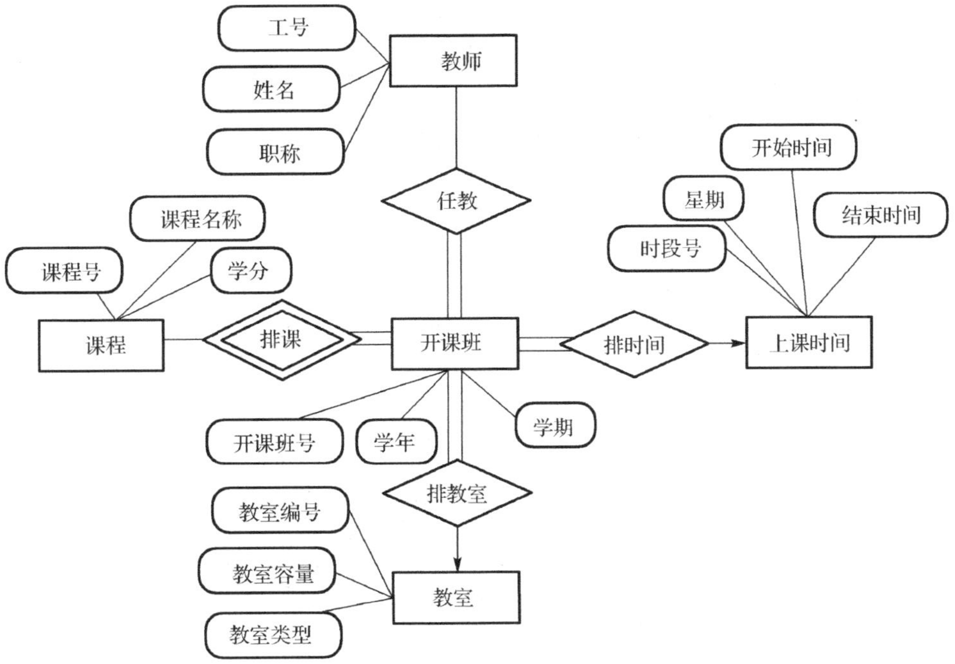

图 2-29　开课管理分 E-R 图

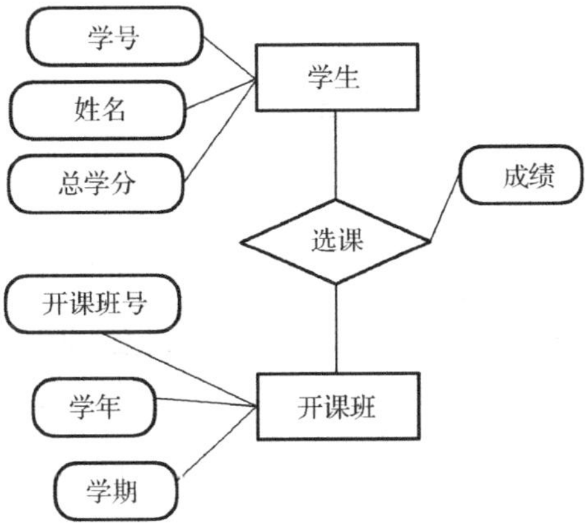

图 2-30　选课管理分 E-R 图

4. 合并分 E-R 图、消除冗余和设计基本 E-R 图

由于分 E-R 图是分开设计的，因此分 E-R 图之间必然存在冗余和冲突(属性冲突、命名冲突和结构冲突)。在形成初步 E-R 图时，一定要解决这些冗余和冲突现象。例如，班主任和教师是冗余实体，需要消除；学生管理分 E-R 图中学生的实体属性和选课管理分 E-R 图中的实体属性不一致，属于结构冲突，需要进一步整合属性。按照上述方法，解决冲突，消除冗余之后形成图 2-31 所示的基本 E-R 图。

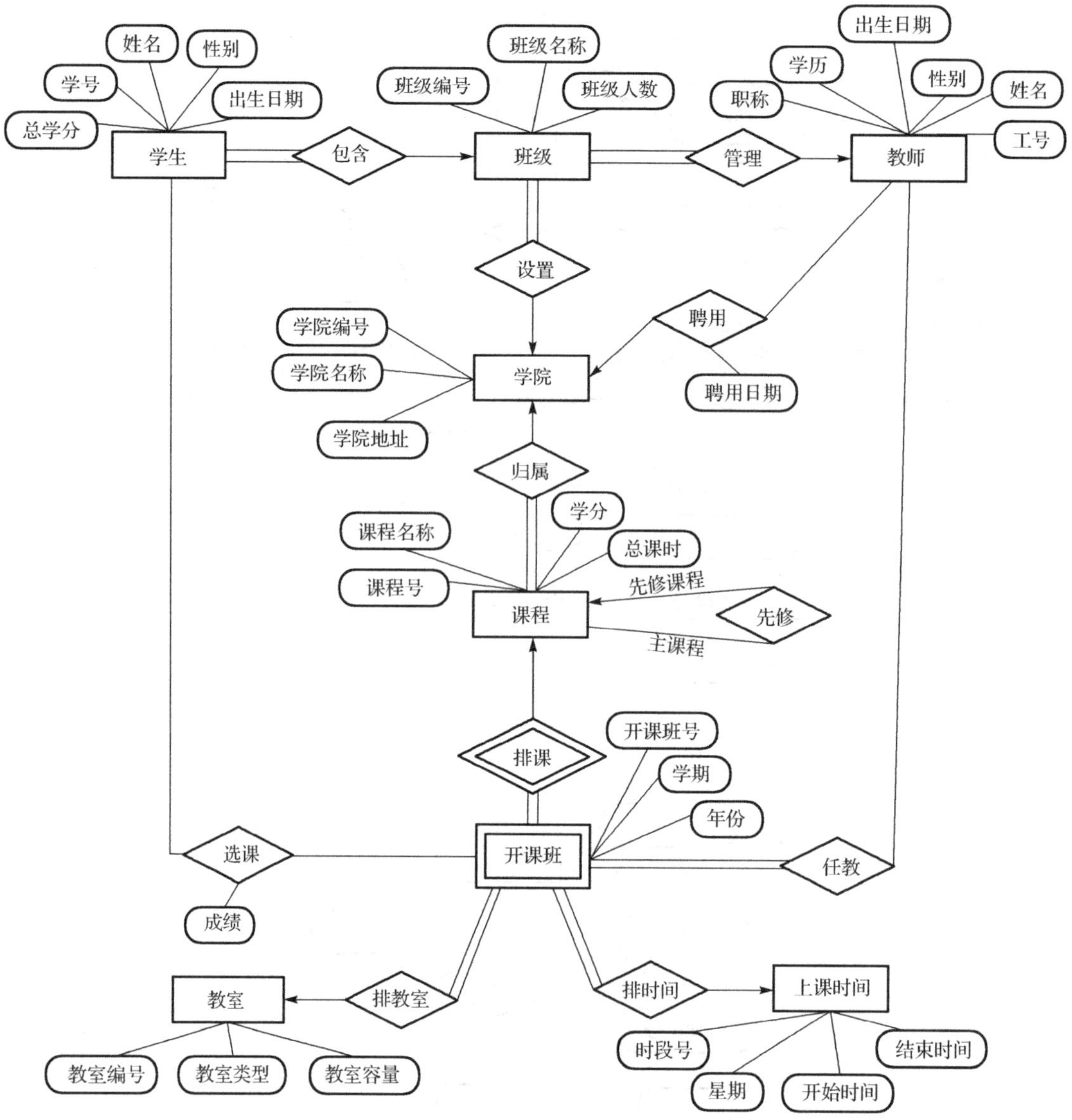

图 2-31　网上选课系统基本 E-R 图

2.9.2　网上选课系统数据库逻辑结构设计

在如图 2-31 所示的网上选课系统的基本 E-R 图基础上，按照逻辑结构的设计方法和步骤，逐步设计网上选课数据库的逻辑结构。

1. 具有简单属性的强实体集的关系模式表示

图 2-31 中具有简单属性的强实体集有学院、教师、班级、学生、课程和教室，其关系模式表示如下：

(1) 学院 (Institute) 实体

Institute (<u>instituteNo</u>, instituteName, instituteAddress)

(2) 教师(Teacher)实体

Teacher(teacherNo, teacherName, sex, birthday, title, degree)

(3) 班级(Class)实体

Class(classNo, className, classNumber)

(4) 学生(Student)实体

Student(studentNo, studentName, sex, birthday, totalCredits)

(5) 课程(Course)实体

Course(courseNo, courseName, credits, courseHour)

(6) 教室(Classroom)实体

Classroom(classroomNo, type, capacity)

2. 具有复杂属性的强实体集的关系模式表示

对于图 2-31 中上课时间(Time_slot)实体，time_slotNo 是实体集上课时间的主码，并且有一个多值属性，而且是复合的。这个实体集就可以按照以下多值复合属性生成的模式表示：

Time_slot(time_slotNo, week, start_time, end_time)

3. 弱实体集的表示

图 2-31 中开课班(Section)弱实体有三个属性 sectionNo，semester 和 year。开课班实体集所依赖的实体集课程的主码是 courseNo。因此，开课班的关系模式表示如下：

Section(courseNo, sectionNo, semester, year)

4. 联系集的表示

图 2-31 中联系集有包含、管理、设置、聘用、先修、归属、排课、任教、选课、排教室和排时间，其关系模式表示如下：

(1) 联系包含

包含(studentNo, classNo)

(2) 联系管理

管理(classNo, teacherNo)

(3) 联系设置

设置(classNo, instituteNo)

(4) 联系聘用

聘用(teacherNo, instituteNo, ,HireDate)

(5) 联系先修 Prereq

Prereq(courseNo, prereqNo)

(6) 联系归属

归属(courseNo, instituteNo)

(7) 联系排课

排课(courseNo, sectionNo, semester, year)

(8) 联系任教 Teaches

Teaches(teacherNo, courseNo, sectionNo, semester, year)

(9) 联系选课 Takes

Takes (studentNo, courseNo, sectionNo, semester, year, score)

(10) 联系排教室

排教室 (courseNo, sectionNo, semester, year, classroomNo)

(11) 联系排时间

排时间 (courseNo, sectionNo, semester, year, time_slotNo)

5. 关系模式优化

一般来说，连接弱实体集与其所依赖的强实体集的联系集的模式是冗余的，而且在基于 E-R 图的关系数据库设计中不必给出。另外，一多一和多对一的联系集的关系模式可以进行合并。因此，优化后的关系模式表示如下。

(1) 学院 (Institute) 实体

Institute (instituteNo, instituteName, instituteAddress)

(2) 教师 (Teacher) 实体

Teacher (teacherNo, teacherName, sex, birthday, title, degree, instituteNo)

(3) 班级 (Class) 实体

Class (classNo, className, classNumber, instituteNo, teacherNo)

(4) 学生 (Student) 实体

Student (studentNo, studentName, sex, birthday, totalCredits, classNo)

(5) 课程 (Course) 实体

Course (courseNo, courseName, credits, courseHour, instituteNo)

(6) 开课班 (Section) 实体

Section (courseNo, sectionNo, semester, year, classroomNo, time_slotNo)

(7) 上课时间 (Time_slot) 实体

Time_slot (time_slotNo, week, start_time, end_time)

(8) 联系任教 Teaches

Teaches (teacherNo,courseNo, sectionNo, semester, year)

(9) 联系选课 Takes

Takes (studentNo, courseNo, sectionNo, semester, year, score)

(10) 联系先修 Prereq

Prereq (courseNo, prereqNo)

6. 用户子模式

为了方便不同用户使用，需要使用更符合用户习惯的别名，并且针对不同级别的用户定义不同视图，以满足系统对安全性的要求。根据需要，可以建立如下子模式：

(1) 课程开设情况 (课程编号，课程名称，教师编号，历届成绩，及格率)；

(2) 学生基本情况 (学号，姓名，性别，年龄，班级，学院，总学分)；

(3) 授课效果 (课程编号，学期，学年，平均成绩)；

(4) 学生选修课程情况 (学号，姓名，课程名称，成绩)。

2.10　项目实践——图书馆管理系统数据库设计

通过考察本校图书馆，发现图书馆管理系统主要包括如下功能：

(1) 图书信息管理；

(2) 读者信息管理；

(3) 职员信息管理；

(4) 动态信息管理；

(5) 图书借阅；

(6) 图书归还；

(7) 图书续借；

(8) 超时罚款；

(9) 系统维护。

请根据上述功能，绘制图书馆管理系统 E-R 图，并将其转化为对应的关系模式。

2.11　本 章 小 结

本章以数据库应用系统生命周期的概念为基础，系统全面地介绍了数据库应用系统设计中各阶段的主要设计内容和设计方法，构建了数据库应用系统设计的知识架构。概念结构设计和逻辑结构设计是数据库设计过程中最重要的两个环节，而需求分析是整个数据库设计的基础和关键阶段。

学习本章内容，必须将理论与实践紧密结合。运用数据库设计的理论和方法，真正掌握数据库系统概念结构设计和逻辑结构设计，设计出符合应用需求的数据库应用系统。

2.12　习　　题

1．解释数据字典、数据流图的概念。

2．数据库的设计过程一般包括哪几个阶段？

3．E-R 模型向关系模型的转换原则是什么？

4．数据库实施阶段的主要工作是什么？

5．数据库运行与维护阶段的主要工作是什么？

第 3 章　关系数据库标准语言 SQL

前面讨论了关系模型的关系运算理论，本章主要介绍 SQL 语言。SQL 代表结构化查询语言(Structured Query Language)，是一种在关系数据库系统中查询和管理数据的标准语言，其功能包括数据定义、数据更新、数据查询和数据控制四个方面。目前，SQL 语言已被绝大多数商品化关系数据库系统 Oracle、SQL Server、DB2 等采用。在 SQL 语言中，用户只需提出想得到什么，而不用管如何获得。

3.1　教学案例——网上选课系统 SQL 操作

3.1.1　问题的引出

逸凡学完数据库设计理论和方法，洋洋自得，认为数据库设计不过如此。其实，还有许多问题等着他呢。

第一，根据网上选课系统功能，设计了一些关系模式，但必须在具体数据库管理系统中实现这些关系模式和存储对应的数据。那么，怎样实现和管理这些关系模式和数据存储呢？

第二，网上选课系统中有许多用户，不同用户只能使用自己的数据，而不能查看其他用户的数据。这就要求网上选课系统不能给用户使用数据库中整个数据表，这样才能起到对数据库中数据进行安全保护的作用。那么，如何处理这个问题呢？

第三，随着网上选课系统中数据的增加，从海量数据中查询有用的信息变得比较困难。那么，能不能有效、快速地查询想要的信息？

为了能够尽早开发出网上选课系统，逸凡必须继续学习一下关系数据库标准语言 SQL。

3.1.2　网上选课系统成绩查询 SQL 操作

由于网上选课系统信息量非常庞大且复杂，管理员经常输入学生学号查询学生所选修的不同课程和成绩。例如，管理员输入 12143202，则查询该学生分别选修了《面向对象编程思想》和《数据库设计与开发》这两门课程的成绩，如图 3-1 所示。

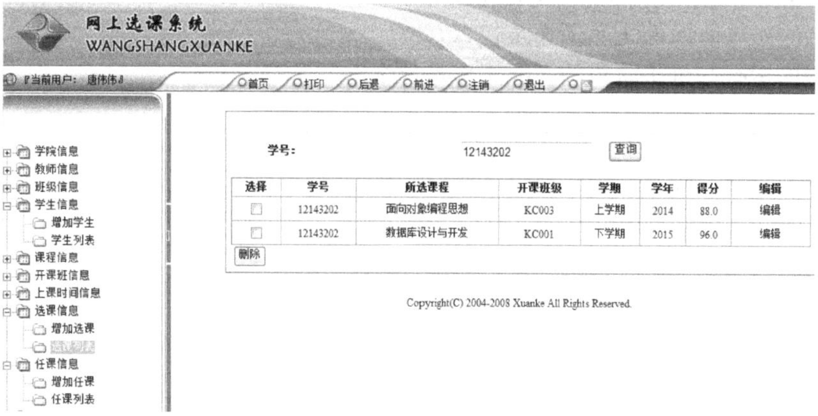

图 3-1　网上选课系统 SQL 查询操作

在第 2 章数据库设计中，我们并没有发现这样的关系模式，那么，这个关系模式来自哪些基本关系模式，它们的数据又是来自哪里？输入学生学号后，“查询”按钮背后隐藏着什么技术？通过学习关系数据库标准查询语言 SQL 将解决上述问题。

3.2　关系数据库标准语言 SQL 概述

3.2.1　SQL 的发展历程

结构化查询语言 SQL 语言是由 Boyce 和 Chamberlin 在 1974 年提出的，由于它功能丰富、使用方式灵活、语言简洁易学等特点，在计算机工业界和计算机用户中备受欢迎，很快得到应用和推广。许多关系数据库系统如 DB2、Oracle、SQL SERVER、Sybase 等都实现了 SQL 语言。1986 年 10 月，美国国家标准局(ANSI)的数据库委员会批准了 SQL 作为关系数据库语言的美国标准。1987 年 6 月国际标准化组织(ISO)将其采纳为国际标准，也称为 SQL-86。因此，SQL 语言不仅是结构化查询语言而且成为了国际标准语言。随着 SQL 标准化工作的不断进行，相继出现了 SQL-89、SQL-92、SQL:1999(1999)、SQL:2003(2003)、SQL:2006(2006)、SQL:2008(2008)和 SQL:2011(2011)。SQL 成为国际标准后，对数据库以外的领域也产生了深远影响，不少软件产品将 SQL 语言的数据查询功能与面向对象技术、图形技术、软件工程工具、软件开发工具、人工智能程序等结合起来。本章主要结合 SQL Server2012 介绍 SQL 语言使用概貌。

3.2.2　SQL 语言基本知识

与其他程序设计语言类似，SQL 也提供了基本的数据类型、表达式与运算符、各种命令语句、语法规则与书写规定、函数等。

1. 数据类型

在 SQL Server2012 中，SQL 语言提供了数值型、字符型、二进制型、日期时间型、文本型等常见的数据类型，还提供了货币和图像数据类型，如表 3-1 所示。

表 3-1　SQL 数据类型

数值型	int	存储大小为 4B 整型数据
	smallint	存储大小为 2B 整型数据
	tinyint	存储大小为 1B 整型数据
	bigint	存储大小为 8B 整型数据
	real	存储大小为 4B 的浮点数据
	float(n)	存储大小为 8B 的浮点数，n 为尾数位数
	decimal 和 numeric	带定点精度和小数位数的 numeric 数据类型，decimal(p[,s])和 numeric(p[,s])中 p 表示可供存储的值的总位数，s 表示小数点后的位数
字符型	char(n)	长度为 n 且非 Unicode 的字符数据
	varchar(n)	最大长度为 n 且非 Unicode 的字符数据
	nchar(n)	长度为 n 且 Unicode 的字符数据
	nvarchar(n)	最大长度为 n 且 Unicode 的字符数据
二进制	binary(n)	长度为 n 的二进制数据
	varbinary(n)	最大长度为 n 的二进制数据
日期时间	datetime	存储大小为 8B 的日期
	smalldatetime	存储大小为 4B 的日期

这些数据类型主要用于对基本表中字段属性说明，而且选择适当的数据类型非常关键。另外，不同表中相同性质的字段属性其数据类型应该保持一致。

2. 表达式与运算符

表达式由操作数与运算符组合而成。操作数由变量、常量、函数等组成。运算符包括数值运算符、逻辑运算符、关系运算符、谓词运算符等。表达式可以计算出一个唯一的值。

(1) 数值运算符：+、−、*、/、%、**。

(2) 逻辑运算符：NOT、AND、OR。

(3) 关系运算符：=、>、<、<>或!=、>=、<=。

(4) 谓词运算符：主要用在 SQL 查询语句的 WHERE 条件中。

主要的谓词运算符及含义如表 3-2 所示。

表 3-2　谓词运算符及其含义

谓词运算符	含义
IN	属性内容是集合或者子查询中的某一个
BETWEEN	属性内容在指定范围内
LIKE	通配符，“%”表示一连串任何字符，“_”表示一个任何字符
IS NULL	为空值
EXISTS	总存在着一个值满足条件
UNIQUE	判断表中每一行是否唯一
ALL 与 ANY	ALL 指所有的都满足，ANY 指任何一个满足就可以

说明：表达式两边的数据类型必须一致或兼容。另外，上面谓词运算符前面可加上 NOT 表示相反。

3. 语法规则与书写规定

在 SQL 语句格式中，有以下约定符号和语法规定。

1) 语句格式约定符号

(1) [ ]：可选项目。

(2) < >：必选项。

(3) |：分隔括号或大括号内的项目，只能选择一个项目。

(4) [，… n]：表示前面的项可重复 n 次，每一项由逗号分隔。

2) 语法规定

(1) SQL 语句中数据项之间用逗号“,”分隔；

(2) 字符串常量用定界符“''”引用；

(3) SQL 语句的关键字通常用大写字母表示；

(4) SQL 语句以“;”结束。

4. 函数

使用 SQL 函数非常容易解决许多问题，使原来需要通过程序解决的问题可以通过使用 SQL 函数得到解决。在 SQL 查询语言中，SQL 函数主要包括均值 avg()、计数 count()、最小 min()、最大 max()、求和 sum() 等函数。

3.2.3　SQL 数据库的体系结构

SQL 数据库的体系结构基本上也是三级模式结构，如图 3-2 所示。

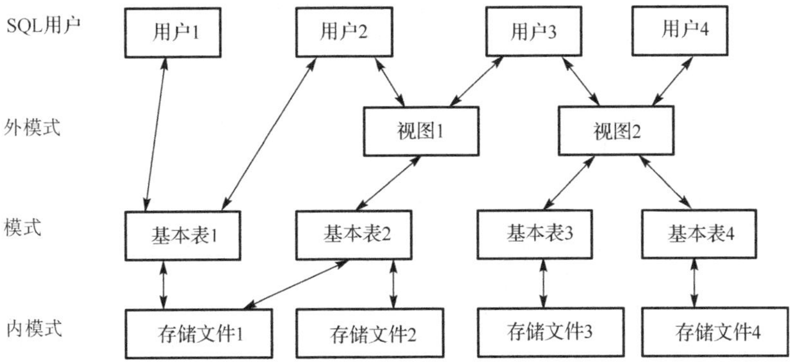

图 3-2　SQL 数据库的体系结构

SQL 术语与传统的关系模型术语不同。在 SQL 中，视图及部分基本表对应外模式，基本表对应于概念模式，存储文件对应内模式。元组称为“行”，属性称为“列”。

SQL 数据库的体系结构具有如下特点：

(1) 一个数据库 (Database) 是表和约束的集合。

(2) 一个表 (Table) 是由行 (Row) 构成的。每行是列 (Column) 的集合，每列对应一个数据项。一个表可以是一个基本表。基本表是实际存储在数据库中的表，全体基本表构成了关系数据库概念模式。

(3) 一个表也可以是一个视图。视图是从一个或几个基本表或其他视图中导出来的表，是一张“虚拟”表，不独立存储在数据库中。在数据库中只存放视图的定义而非视图对应的数据，这些数据仍存放在导出视图的基本表中。它限制了用户能看到和修改的数据。在用 SQL 语言进行查询操作时，视图与基本表在用户看来是一样的二维表关系模式。这部分基本表与视图就构成了关系数据库的外模式。

(4) 一个基本表可以跨一个或多个存储文件，一个存储文件也可存放一个或多个基本表，一个表可以带若干索引，索引也存放在存储文件中。每个存储文件与外部存储器上一个物理文件对应。存储文件和索引组成了关系数据库的内模式。

(5) SQL 用户可以是应用程序，也可以是终端用户。SQL 语句可嵌入在各种宿主语言中，宿主语言有 C#、JAVA 等高级语言；SQL 语言也能作为独立的用户接口，供交互环境下的终端用户使用。

3.2.4　SQL 的组成

SQL 主要分成以下四个部分，如图 3-3 所示。

(1) 数据定义 (SQL DDL)：用于定义数据库、基本表、视图和索引。

(2) 数据查询 (SQL DQL)：基本结构是由 SELECT 子句，FROM 子句，WHRE 子句组成的查询块。

(3) 数据操纵 (SQL DML)：包括数据查询和数据更新两类，其中数据更新又分成插入、删除和修改三种操作。查询语句 SELECT 是 SQL 中使用频率最高的语句。

(4)数据控制(SQL DCL)：包括对基本表和视图的授权，完整性规则的描述，数据库恢复和并发控制等。

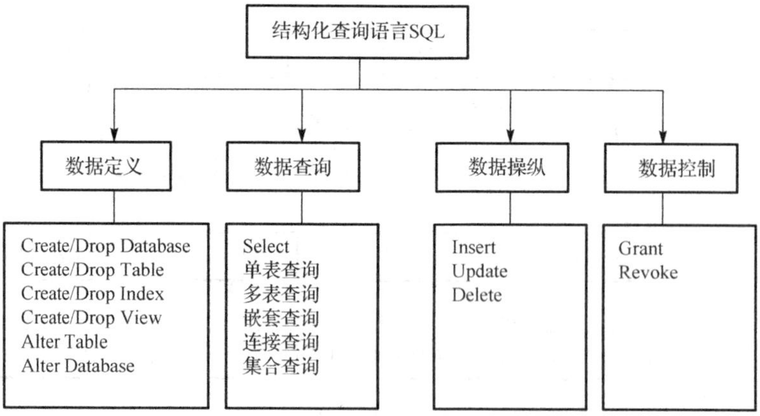

图 3-3　SQL 语言的功能划分

3.3　SQL 的数据定义

SQL 的数据定义(DDL)其主要功能包括对数据库(Database)、基本表(Table)、视图(View)、索引(Index)等的定义、修改和删除等，如表 3-3 所示。

表 3-3　SQL 的数据定义语句

操作对象	操作方式		
	创建	删除	修改
数据库	Create database	Drop database	Alter database
基本表	Create table	Drop table	Alter table
索引	Create index	Drop index	
视图	Create view	Drop view	

从表 3-3 可以看出，视图和索引都是依赖于基本表，无法进行修改。如果用户想修改，必须先删除后再重建。

3.3.1　数据库的定义、修改和删除

数据库与 SQL 模式一样，都是基本表和其他元素的集合。由于“SQL 模式”这个名称难以理解，因此大多数数据库系统中创建 SQL 模式不是用“CREATE SCHEMA…”语句，而是用“CREATE DATABASE…”语句。每个数据库在磁盘上是以文件为单位存储的，其组成中必须至少有数据文件和一个日志文件。一个数据库必须至少有一个名为 PRIMARY 的文件组，也可以选择其他用户文件组。PRIMARY 文件组包含数据库的主数据文件(扩展名为.mdf)，以及数据库系统目录。可以选择添加次要数据文件(扩展名为.ndf)到 PRIMARY，用户文件组只包含次要数据文件。日志文件(扩展名为.ldf)存放 SQL Server 需要维护事务的信息，是维护数

据库完整性的重要工具。在创建基本表、视图、索引等对象之前，必须先创建数据库对象。本章在讲解操作时，首先介绍 SQL 语言各种操作的格式、功能和说明，然后举例进行详细分析。限于篇幅，有些操作的 SQL 语句完整格式可参考 SQL Server2012 方面的书籍。

1. 定义数据库

格式：CREATE DATABASE <数据库名>
[ON
{[PRIMARY]([NAME=数据文件的逻辑名，]
FILESIZE='数据文件的物理名'
[，SIZE=文件的初始大小]
[，MAXSIZE=文件的最大容量]
[，FILEGROWTH=文件空间的增长量])
}[,…n]]
LOG ON
{([NAME=日志文件的逻辑名，]
FILESIZE='日志文件的物理名'
[，SIZE=文件的初始大小]
[，MAXSIZE=文件的最大容量]
[，FILEGROWTH=文件空间的增长量])
}[,…n]]

功能：定义数据库名称和数据库存储空间。

说明：创建数据库时，可以为每个数据库中数据文件和日志文件定义各种属性，包括文件名称、位置、初始大小、最大大小和一个自动增长的增量等，如缺省则系统选择默认值。

【例 3.1】 创建一个名为 XK 的数据库，数据文件(XK_data.mdf)和事务日志文件(XK_log.ldf)保存在“d:\data”目录中(D 盘已建 data 文件夹)，数据文件最初大小为 5MB，最大可增长到 20MB，允许数据库自动增长，增长方式按 10%比例增长。日志文件初始大小为 3MB，最大可增长到 8MB，按 1MB 增长。可用下列语句完成：

```
CREATE DATABASE XK
ON
(NAME='XK_data', FILENAME='d:\data\XK_data.mdf',
SIZE=5MB,MAXSIZE=20MB,FILEGROWTH=10%)
LOG ON
(NAME='XK_log', FILENAME='d:\data\XK_log.ldf',
SIZE=3MB,MAXSIZE=8MB,FILEGROWTH=1MB)
```

【例 3.2】 创建一个图书馆 Library 数据库，其余全部默认。可用下列语句完成：

```
CREATE DATABASE Library
```

2. 修改数据库

当一个数据库建立好后，可以根据需要随时对其进行修改。主要修改数据库的属性：增加或删除数据文件、日志文件或文件组；改变数据文件或日志文件的大小和增长方式。

格式：ALTER DATABASE <数据库名>
{ADD FILE <filespec>[,…n][TO FILEGROUP 文件组名称]
|ADD LOG FILE <filespec>
|REMOVE FILE 数据文件名称
|ADD FILEGROUP 文件组名称
| REMOVE FILEGROUP 文件组名称
|MODIFY FILE <filespec>
|MODIFY NAME=新数据库名称
|MODIFY FILEGROUP 文件组名称{文件组属性|NAME=新文件组名称}
|SET <optionspec>[,…n][WITH <termination>]
|COLLATE <排序规则名称>
}

功能：修改指定数据库。

说明：可增加或删除数据文件、改变数据文件或日志文件的大小等属性。在删除数据文件时，逻辑文件与物理文件均被删除。使用 MODIFY FILE 更改文件属性时，一次只能修改文件的一个属性。

【例 3.3】 修改数据库 XK，增加次数据库文件名为“XK_data2.ndf”，该文件按 10%增长。可用下列语句完成：

```
ALTER DATABASE XK
ADD FILE
(NAME=XK_data2,FILENAME='d:\data\XK_data2.ndf',
SIZE=2MB, MAXSIZE=20MB, FILEGROWTH=10%)
```

3. 删除数据库

当一个数据库所包含的表、视图等对象不再需要时，可以删除数据库。

格式：DROP DATABASE <数据库名>[,…n]

功能：删除指定的数据库。

说明：当一个数据库删除后，其所包含的所有数据和对象统统被删除，所占存储空间也被释放。如果要删除的数据库正在被使用，可打开其他数据库或断开服务器与该用户的连接，然后删除该数据库。

【例 3.4】 删除数据库 Library。可用下列语句完成：

```
DROP DATABASE Library
```

4. 分离和附加数据库

在开发一个数据库应用系统时，经常将数据库从一台计算机移到另一台计算机中。SQL Server 允许分离数据库的数据和日志文件，然后将它们重新附加到另一台服务器中，甚至同一台服务器中。SQL Server 提供了存储过程 sp_detach_db 和 sp_attach_db 来分离和附加数据库。

1) 分离数据库

格式：EXEC sp_detach_db <数据库名>

说明：一个数据库一旦分离成功，分离后的数据库存储文件仍在创建的文件夹中。

【例 3.5】 分离数据库 XK。可用下列语句完成：

```
EXEC sp_detach_db XK
```

2) 附加数据库

格式 1：EXEC sp_attach_db <数据库名>, '文件名 1'[，'文件名 2'，……，'文件名 16']

格式 2：CREATE DATADBSE <数据库名>

ON PRIMAY

(FILENAME='数据文件的物理名')

FOR ATTACH

说明：格式 1 最多允许列出 16 个数据库文件。超过 16 个数据库文件时，则只能使用格式 2。

【例 3.6】 假设 XK 数据库主文件存储在 d:\data 中，附加数据库 XK。可用下列语句完成：

方法一：

```
EXEC sp_attach_db XK, 'd:\data\XK.mdf'
```

方法二：

```
CREATE DATABASE XK
ON PRIMARY
(FILESIZE='d:\data\XK.mdf')
FOR ATTACH
```

3.3.2 基本表的创建、修改和删除

当在数据库管理系统中创建了一个数据库后，就可以在该数据库中创建基本表。对基本表结构的操作有创建、修改和删除三种操作。

1. 基本表的创建

格式：CREATE TABLE [<数据库名>.] 〈基本表名〉(〈属性 1〉〈数据类型〉 [列级完整性约束条件][，… n] [，〈表级完整性约束条件〉])

功能：定义基本表。

说明：创建基本表，就是定义基本表的结构，指出它放在哪个数据库中，后面为简单起见，数据库名省略不写。每个属性的数据类型可以是基本类型，也可以是用户事先定义的类型。完整性约束条件主要有主键子句(PRIMARY KEY)、唯一性子句(UNIQUE)、默认值子句(DEFAULT)、检查子句(CHECK)和外码子句(FOREIGN KEY)等。如果完整性约束条件是针对某个属性列设置的，则就是列级的，但若一个约束条件涉及该表的多个属性列，则必须定义在表上，称为表级完整性约束。这些约束条件存入系统的数据字典中，操作基本表时由 DBMS 自动检查操作是否满足这些约束条件。

1) 列级完整性约束条件

它是针对属性值设置的限制条件，通常只涉及关系表的一个列的数据。列级完整性约束条件主要有如下几种。

(1) NOT NULL 约束

NULL 用于指定该字段的值为空，表示当前不知道、不确定或无法填入的值。空值不能理解为 0 或空格。例如，选修某门课程的成绩是 0 和 NULL 具有不同的含义，0 代表该学生所选修的课程已经有成绩了，NULL 表示该学生此门课程的成绩还没有录入。NOT NULL 用于指定该字段的值为非空；对于基本表的主关键字，必须指定为 NOT NULL。其定义格式为：

[CONSTRAINT <约束名>] NOT NULL

(2) UNIQUE 约束

UNIQUE 约束指定的是唯一性约束，即不允许关系表的该列出现有重复的属性值。其定义格式为：

[CONSTRAINT <约束名>] UNIQUE [<列名>]

(3) DEFAULT 约束

DEFAULT 约束是默认约束。定义该类约束的命令格式如下：

[CONSTRAINT <约束名>] DEFAULT <默认值>

该约束的主要用途是通过将该列的属性值设为一个指定的默认值，来减少数据输入时的工作量。

(4) CHECK 约束

CHECK 约束为检查约束。定义该类约束的命令格式如下：

[CONSTRAINT <约束名>] CHECK (<约束条件表达式>)

该约束通过约束条件表达式来设置该列值满足的条件。需要注意的是复杂条件的 CHECK 子句的使用应有所节制，因为 CHECK 测试很花费时间，会降低系统的运行效率。

2) 表级完整性约束条件

它是指当约束条件涉及关系表的多个列的属性时，应该将它定义为表级约束条件。表级完整性约束条件主要有以下几种。

(1) UNIQUE 约束

UNIQUE 约束指定的是唯一性约束，当要求某些列的组合值不能有重复的值时，就需要使用该约束。

(2) PRIMARY KEY 约束

PRIMARY KEY 约束是主键约束，是数据库中最重要的一种约束。它约定主键不允许为空，也不允许重复出现。定义主键约束的命令格式如下:

CONSTRAINT <约束名> PRIMARY KEY[CLUSTERED] (<列组>)

其中 CLUSTERED 为建立<列组>聚簇。

(3) FOREIGN KEY 约束

FOREIGN KEY 约束是外码的约束，用于定义不同关系表之间的参照完整性。定义外码约束的命令格式如下：

[CONSTRAINT <约束名>]FOREIGN KEY (<外键列名>)

REFERENCES <被参照表名> (<主键列名>)

[ON DELETE <NO ACTION| CASCADE | SET NULL>]

[ON UPDATE <NO ACTION| CASCADE | SET NULL>]

“主键列名”与“外键列名”中列的名称可以不同，但必须取自相同的域。

在实际系统中，不同的两个表之间通过外部键建立了联系，那么修改它们时需要加以注意。SQL 中规定，当删除参照关系的记录或修改参照关系中主键值时，可能采取的做法有如下三种：

NO ACTION 方式：只有当依赖关系中没有一个外部键值与被删除/修改的基本关系中的主键值相对应时，系统才能执行删除操作，否则拒绝删除或修改。

SET NULL 方式：删除/修改基本记录或基本关系的主键值时，将依赖关系中所有与基本关系中被删除/修改主键值相对应的外部键值置为空值。

CASCADE 方式：若删除，则将依赖关系中所有外部键值与基本关系中要删除的主键值相对应的记录一起删除；若修改，则将依赖关系中所有与基本关系中要修改的主键值相对应的外部键值一起修改为新值。

对于表的定义，需注意的是表名与后面的括号之间用空格分开；列名与数据类型之间也用空格分开。

本章以网上选课系统数据库 XK 中的三个表：学生表(表名为 Student)、课程表(表名为 Course)和选课表(表名为 Takes)为例介绍如何设计表的结构。

为了便于理解，先给出这三张表的表结构，分别如表 3-4、表 3-5 和表 3-6 所示。

表 3-4　Student 学生表

字段名称	数据类型	字段说明	约束	备注
studentNo	char(8)	学号	主键	1-2 位为入学年份，3-4 位为学院编号，5-6 位为专业号，7-8 为自然序列号
studentName	varchar(8)	姓名	非空	
sex	char(2)	性别	检查约束	“男”或“女”
birthday	date	出生年月		
classNo	char(2)	班级编号		
totalCredits	Numeric(4,1)	修读学分		

表 3-5　Course 课程表

字段名称	数据类型	字段说明	约束	备注
courseNo	char(7)	课程编号	主键	第一个字符代表课程类型，A 代表基础，D 代表实践，E 代表选修
courseName	varchar(50)	课程名称	唯一	
credits	numeric(4,1)	学分	默认值	值为 3
coureHour	int	总课时		

表 3-6　Takes 选修课

字段名称	数据类型	字段说明	约束	备注
studentNo	char(8)	学号	外键	两个属性组合成为主键
courseNo	char(7)	课程编号	外键	
score	numeric(4,1)	成绩		

【例 3.7】 用 SQL 语句在网上选课数据库 XK 中分别创建学生、课程、选修信息表。

(1)学生表 Student，可用下列 SQL 语句创建：

```
USE XK  //USE 命令用于指定要创建表的数据库
GO
CREATE TABLE Student
(studentNo CHAR (8) CONSTRAINT PK_SNo PRIMARY KEY,
studentName VARCHAR(8) NOT NULL,
```

```
sex CHAR(2)CHECK(sex IN('男','女')),
birthday DATE,
classNo CHAR(2),
totalCredits numeric(4,1)
);
```

(2)课程表 Course，可以用下列语句创建：

```
USE XK
GO
CREATE TABLE Course
(courseNo CHAR(7) PRIMARY KEY,
courseName VARCHAR(50),
credits numeric(3,1) DEFAULT 3,
courseHour int);
```

(3)选修表 Takes，可以用下列语句创建：

```
USE XK
GO
CREATE TABLE Takes
(studentNo CHAR(8),
courseNo CHAR(7),
score NUMERIC(4,1),
FOREIGN KEY(studentNo) REFERENCES Student(studentNo),
FOREIGN KEY(courseNo) REFERENCES Course(courseNo),
PRIMARY KEY(studentNo, courseNo),
)
```

2. 基本表的修改

基本表建立后，可根据需要对基本表结构进行修改，包括修改列属性，如属性名、数据类型、数据长度等，还可以在表结构中增加或删除列、添加或删除约束、禁用或启用约束等。基本表的修改可以使用 ALTER TABLE 语句。其语法格式如下。

格式：ALTER TABLE <表名>
　　ADD<新列名><数据类型>[完整性约束条件][,…n]
　　| DROP COLUMN<列名>[,…n]
　　|ALTER COLUMN <列名><数据类型>

功能：修改指定的基本表结构或删除基本表。

1)增加新的属性

【例 3.8】 在基本表 Student 中增加一个住址(Address)属性，可用下列语句完成：

ALTER TABLE Student ADD Address CHAR(30)

GO

说明：新增加的属性初始化为空值(NULL)。

2)删除原有的属性

【例 3.9】 在基本表 Student 中删除地址(Address)属性，可用下列语句完成：

ALTER TABLE Student DROP COLUMN Address

GO

3. 基本表的删除

当不再需要某个基本表时，可以用 DROP TABLE 语句删除，其所有数据将会丢失，所以在执行此操作时要格外小心。

格式：DROP TABLE <基本表名>

功能：删除基本表。

【例 3.10】 需要撤销基本表 Student。但只有在没有视图或约束引用基本表 Student 中的列时才能删除，否则拒绝删除。可用下列语句实现：

DROP TABLE Student

3.3.3 SQL 数据更新

SQL 的数据更新是指对数据库中的数据进行改变，包括数据插入、数据修改和数据删除等操作。

1. 数据插入

SQL 中的数据插入语句 INSERT 一般有两种形式：一次插入一个记录；一次插入多个记录，即插入一个子查询结果。

1) 插入单个记录

在 SQL 语言中，执行一次命令只能完成一个记录的插入。命令格式如下：

格式：INSERT INTO <表名> [(<属性列>[,…n])

　　　VALUES (<常量 1> [,...n])

说明：

(1) 新记录属性列 1 的值为常量 1，属性列 2 的值为常量 2，…… INTO 子句中没有出现的属性列，新记录在这些属性列上将置空值。需要注意的是，在表定义时说明了 NOT NULL 的属性列不能置空值，否则会出错。

(2) 如果 INTO 子句中没有指明任何属性列名，则新插入的记录必须在每个属性列上均有值，而且常量的顺序与属性列的顺序相对应。

(3) 如果基本表后面有属性列，属性列的排列顺序不一定要和表定义时顺序一致，但 VALUES 后的常量值对应于属性列名中的分量的值，个数相等。

【例 3.11】 将一个新学生记录(学号：12143201；姓名：张三；性别：男；出生日期：1993-08-24；班级编号：32；修读学分：0)插入到 Student 表中。可用下列语句来完成：

```
INSERT INTO Student
VALUES ('12143201','张三', '男', '1993-08-24','32',0)
```

在本例中，没有指定属性列。在下面的例子中将指定属性列。

【例 3.12】 将一个新学生记录(学号：12143105；姓名：王芳；性别：女)插入 Student 表中。可用下列语句来完成：

```
INSERT INTO Student(studentNo, studentName, sex)
VALUES ('12143105','王芳', '女')
```

执行后，新插入的记录在 birthday, classNo, totalCredits 列上置空值。

2) 插入多个元组(插入子查询结果)

子查询与 INSERT 语句相结合，可以完成一批数据的插入。命令格式如下：

格式：INSERT INTO <表名> [(<属性列>[,…n])]

子查询

说明：其功能是批量插入，即一次将子查询结果全部插入指定表中。

【例 3.13】 对每个班级求学生的平均年龄，并把结果存入数据库中。

分析：对于这道题，首先要在数据库中建立一个有两个属性列的新表，其中一列存放班级号，另一列存放相应班级学生的平均年龄。然后对数据库的 Student 表按班级分组求平均年龄，再把班级号和平均年龄存入新表中。

第一步：创建新表。可用下列语句来完成：

```
CREATE TABLE StuAvgAge
(classNo CHAR(2),
AvgAge SMALLINT);
```

第二步：进行子查询后再插入数据。可用下列语句来完成：

```
INSERT INTO StuAvgAge
SELECT classNo, AVG(2014 - DATEPART(YEAR, birthday))
FROM Student GROUP BY classNo
```

2. *数据修改*

当输入数据错误或需要其他特殊处理时，需要对表中的数据值进行修改。修改数据有几种方式，可按指定条件修改一个或多个记录，也可不指定条件从而对表中所有记录进行修改，还可利用子查询的结果进行修改。在 SQL 语言中，使用 UPDATE 命令完成。UPDATE 语句命令格式如下：

格式：UPDATE <表名>

SET <列名>=<表达式>[,...n]

[WHERE <条件>];

功能：修改指定表中满足 WHERE 子句条件的记录。其中 SET 子句用于指定修改方法，即用<表达式>的值取代相应的属性列值。如果省略 WHERE 子句，则表示要修改表中的所有记录。

1) 修改一个记录的值

【例 3.14】 将学号为 12143202 学生的姓名改为“李珊”。可用下列语句来完成：

```
UPDATE Student
SET studentName='李珊'
WHERE studentNo='12143202'
```

2) 修改多个元组的值

【例 3.15】 将所有学生的修读学分增加 2 个学分。可用下列语句来完成：

```
UPDATE Student
SET totalCredits=totalCredits+2
```

3) 修改满足子查询条件记录的值

【例 3.16】 将班级编号为 32 的全体学生的成绩置 0。

分析：这道题可以有两种方法解决。第一种方法是先从 Student 表中查找属于班级编码

32 的所有学生学号，然后在成绩表中判断学号是否在子查询集合中，如果在，成绩为 0。第二种方法是先将成绩表中的学号跟 Student 表中的学号比对，查询该学号属于哪个班级，再判断查询出来的班级编码是否是 32，如果是，成绩为 0。

可用下列语句来完成：

方法一：

```
UPDATE Takes
SET score=0
WHERE studentNo IN
(SELECT studentNo FROM Student WHERE classNo='32')
```

方法二：

```
UPDATE Takes
SET score=0
WHERE '32' =
(SELECT classNo FROM Student WHERE studentNo=Takes.studentNo)
```

3. 数据删除

删除表中数据是指在表中删除记录，表的结构、约束、索引等并没有被删除。删除数据有几种方式，可按条件删除一个或多个记录，也可以不指定条件从而对表中所有记录进行删除，还可利用子查询的结果进行删除。在 SQL 语言中，可以使用 DELETE 命令从一个表中删除满足指定条件的数据，也可以使用 TRUNCATE TABLE 语句快速删除表中的所有记录。

1) DELETE 语句

DELETE 语句的命令格式如下：

格式：DELETE
　　　FROM <表名>
　　　[WHERE <条件>];

功能：从指定表中删除满足 WHERE 子句条件的所有记录。如果省略 WHERE 子句，表示删除表中全部记录，但是表的定义仍在字典中。也就是说，DELETE 语句删除的是表中的数据，而不是关于表的定义。

说明：数据删除只能对整个记录进行操作，而不能只删除某些属性上的值。数据删除只能对一个关系起作用，若要从多个关系中删除记录，则必须对每个关系分别执行删除命令。

(1) 删除一个记录。

【例 3.17】 删除学号为 12143202 的学生记录。可用下列语句来完成：

```
DELETE
FROM Student
WHERE studentNo='12143202'
```

由于 Student 是 Takes 的被参照关系，删除 Student 中记录时，若 Takes 中已经参照了该删除记录，则不能删除，即受外键约束。

(2) 删除全部记录。

【例 3.18】 删除所有的学生选课成绩。可用下列语句来完成：

```
DELETE
FROM Takes
```

说明：执行该操作后，学生选课成绩表变为空表。

(3) 删除满足子查询条件的记录。

【例 3.19】 删除班级编号为 32 的所有学生的选课成绩记录。可用下列语句来完成：

方法一：

```
DELETE FROM Takes WHERE studentNo IN (
SELECT studentNo FROM Student WHERE classNo='32')
```

方法二：

```
DELETE FROM Takes WHERE '32'=(
SELECT classtNo FROM Student WHERE studentNo=Takes.studentNo)
```

(4) 更新操作与数据库的一致性。

在进行删除操作或对外键进行修改操作时，受外键约束影响会带来一些问题。若要删除或修改的记录已经被参考，不能直接删除或修改，必须删除参考记录，然后才能删除或修改被参考的记录。

为了保证数据的完整性，在做删除或修改操作时，往往需要一次完成一系列动作，即这些动作要么全部完成，要么一个都不完成。为了达到这个目的，需要引入事务的概念。这部分内容在第 6 章进行讲解。

2) TRUNCATE TABLE 语句

TRUNCATE TABLE 语句将删除指定表中的所有数据，故称为清除表数据语句。其命令格式为：

格式：TRUNCATE TABLE <表名>

功能：删除指定表中的所有数据。

说明：TRUNCATE TABLE 语句与不带 WHERE 子句的 DELETE 语句功能相同，二者均可以删除表中所有数据，但 TRUNCATE TABLE 语句速度快，通过释放存储表数据所用的数据页来删除数据，并且只在事务日志中记录页的释放，而 DELETE 语句每次删除一行，并在事务日志中为所删除的每行记录一项。

【例 3.20】 将 Student 表中的所有数据全部清除。可用下列语句来完成：

```
TRUNCATE TABLE Student
```

3.4　SQL 的数据操纵

SQL 语言的数据操纵功能分成数据查询和数据更新，包括 SELECT(查询)、INSERT(插入)、DELETE(删除)、UPDATE(更新)四条语句。其中，SELECT 语句是 SQL 数据库操纵语句的核心。从关系代数的角度来看，SQL 语言的数据操纵语句实际上就是实现关系代数中的选择、投影、连接等运算。

3.4.1 SELECT 语句

SQL 语言中最经常使用的是从数据库中查询数据。通过 SELECT 语句可以实现数据查询，并把查询结果以表格的形式返回。

一个完整的 SELECT 语句由 SELECT、FROM、WHERE、GROUP BY 和 ORDER BY 等子句构成。它具有数据查询、统计、分组和排序的功能，其命令格式如下：

格式：

SELECT [ALL|DISTINCT] <目标列组>

[INTO <新表名>]

FROM <表名或视图名>

[WHERE <查询条件>]

[GROUP BY <分列组> [HAVING <组选择条件>]]

[ORDER BY <排序列> [ASC|DESC]]

功能：从指定的基本表或视图中，找出满足条件的记录数据，并对它们进行分组、统计、排序和投影，形成查询结果集。

说明：

(1) SELECT 和 FROM 为必选子句，其他子句均为任选项。

(2) 目标列组包含了查询结果要显示的字段列，字段列之间用逗号分开。要选择表中所有字段列，可用星号“*”代替。如果所选定的字段列要更名，可在该字段后用[AS] <新名>实现。如果指定 DISTINCT 短语，则表示在计算时要取消指定列中的重复值。如果不指定 DISTINCT 短语而利用默认值 ALL 短语，则表示不取消重复值。

(3) INTO <新表名>表示将查询结果生成一个新表，缺省时输出到屏幕。

(4) FROM 子句用于指定一个或多个表。如果所选的字段来自不同的表，则字段名前应加上表名。

(5) WHERE 子句指定查询结果表中的记录应满足的条件。

(6) GROUP BY 子句指定按列名的值进行分组，该列值相等的分为一组，可实现数据的分组统计。HAVING 子句必须跟在 GROUP BY 子句的后面，指定分组必须满足的条件，作用于分组计算结果集。

(7) ORDER BY 子句决定了查询结果的排列顺序。在 ORDER BY 子句中，可以指定一个或多个字段列作为排序列，ASC 和 DESC 分别表示升序和降序，缺省为升序。

整个语句的功能是：根据 WHERE 子句给出的查询条件，从 FROM 子句列出的基本表或视图中选取满足条件的记录，然后按照 GROUP BY 子句指定列的值分组，再提取满足 HAVING 子句中组选择条件的那些组，按 SELECT 子句给出的目标列名，选出元组中的属性值形成结果表。因此，理解查询语句最容易的方式是以运算的顺序来考察各子句：首先是 FROM，然后是 WHERE，最后是 SELECT。

SELECT 语句既可以完成简单查询，也可以完成复杂的连接查询和嵌套查询。下面以网上选课系统中的学生、课程、选课三张表为实例进行 SELECT 语句具体讲解：

学生表：Student (studentNo,studentName,sex,birthday,classNo,totalCredits)

课程表：Course (courseNo,courseName, credits,courseHour)

选课表：Takes (studentNo,courseNo, score)

3.4.2 单表查询

1. 基本 SELECT 语句

最基本的 SELECT 语句只包括 SELECT 子句和 FROM 子句。

【例 3.21】 查询学生表的部分信息：studentNo 和 studentName，可用下列 SQL 语句来完成：

```
SELECT studentNo, studentName
FROM Student
```

【例 3.22】 查询学生表的所有信息。可用下列语句完成：

```
SELECT *
FROM Student
```

在上面的 SELECT 语句中，“*”是一个通配符，表示表中的所有列。它相当于下列语句：

```
SELECT studentNo, studentName, sex, birthday, classNo, totalCredits
FROM Student
```

2. 定义显示标题

在 SELECT 语句中，返回结果的列名都是表中默认的属性名。对于普通用户而言，这种显示方式不容易被理解，可以通过指定别名(新属性名)来改变查询结果的列标题，别名特别适合那些含算术表达式、常量值、函数名的列，这些列默认情况下显示的列标题为“无列名”。在 SELECT 语句中，使用“AS”、“=”或“ ”来设置列的显示标题。

【例 3.23】 查询学生表的所有信息，studentNo 用“学号”，studentName 用“姓名”，sex 用“性别”，birthday 用“出生年月”，classNo 用“班级编号”，totalCredits 用“修读学分”来显示。可用下列语句完成：

```
SELECT studentNo AS 学号，studentName 姓名，性别=sex,
        birthday AS 出生年月，classNo 班级编号，修读学分=totalCredits
  FROM Student
```

说明：使用 AS 和空格时，先写旧属性名，然后写 AS 或空格，最后是新属性名；使用等号时，先写新属性名，然后写等号，最后是旧属性名。

3. 避免出现重复数据

如果要查询 Student 表中到底包含哪些班级的学生，可以使用下面的 SELECT 语句：

```
SELECT classNo FROM Student
```

但是，返回的结果中存在一些重复数据，这并不是我们所期望的结果。可以在 SELECT 语句中使用关键字 DISTINCT 避免重复数据。

【例 3.24】 查询学生表中包含哪些班级。可用下列语句完成：

```
SELECT DISTINCT classNo FROM Student
```

4. 限制返回行数

用 SELECT 语句进行查询时，将返回所有元组。如果在属性列前面使用 TOP n 子句，则在查询结果中输出前面 n 条记录；如果在属性列前面使用 TOP n PERCENT 子句，则在查询结果中输出前面占记录总数百分比为 n%的记录。

【例 3.25】 查询学生表 Student 中前 5 个学生的学号和姓名。可用下列语句完成：

```
SELECT TOP 5 * FROM Student
```

【例 3.26】 查询选课表 Takes 中前 20%的学生选课信息。可用下列语句完成：

```
SELECT TOP 20 PERCENT * FROM Takes
```

5. 使用 INTO 子句创建新表

在 SELECT 语句中使用 INTO 子句，可以自动创建一个新表。新表中属性列由 SELECT 语句中的列构成，表中记录来自查询结果。若新表的名称以“#”开头，则生成的新表为临时表。

【例 3.27】 查询学生表中学号和姓名两个属性列的全部记录添加到新表学生名单中。可用下列语句完成：

```
SELECT studentNo, studentName INTO 学生名单 FROM Student
```

6. 设置查询条件

当数据记录很少时，可以显示所有记录的内容。一旦表中存在大量的记录时，如何进行有效查询就显得非常重要了。使用 WHERE 子句可以指定搜索条件，从而限制返回结果集的结果。

【例 3.28】 查询所有班级号为 32 的学生所有信息。可用下列语句完成：

```
SELECT * FROM Student WHERE classNo='32'
```

为了完成复杂查询，可以在 WHERE 子句中加上 NOT，AND，OR 等一些逻辑表达式，或使用 LIKE 关键字和通配符进行模糊查询。

【例 3.29】 查询所有姓“张”的并且班级号为 32 的所有学生信息。可用下列语句完成：

```
SELECT * FROM Student WHERE studentName LIKE '张%' AND classNo='32'
```

在模糊查询中，可使用两种通配符“%”和“_”。“%”表示任意多个字符，“_”表示单个任意字符。下列语句表示查询所有姓“张”名为一个字并且班级号为 32 的所有学生信息：

```
SELECT * FROM Student WHERE studentName LIKE '张_' AND classNo='32'
```

7. 对查询结果排序

有时候可能希望查询的结果按照一定的顺序显示出来，也就是对输出结果进行排序，可以使用 ORDER BY 子句对指定结果集排序。语法格式如下：

```
ORDER BY <表达式 1>[ASC|DESC][, <表达式 2>, …]
```

其中，<表达式 1>, <表达式 2>等可以是属性、函数或表达式，默认按升序(ASC)，若按降序排序，则必须指明 DESC。

该子句表示在查询结果中首先按<表达式 1>的值进行排序，在<表达式 1>值相等的情况下按<表达式 2>的值进行排序，依次类推。

【例 3.30】 查询所有选修 A142004 课程的学生的全部信息，查询结果按成绩降序排列。可用下列语句完成：

```
SELECT * FROM Takes WHERE courseNo ='A142004' ORDER BY score DESC
```

8. 聚合函数

SQL 提供了下列聚合函数，如表 3-7 所示。

表 3-7　聚合函数

聚合函数	描述
COUNT(*)	计算元组的个数
COUNT(列名)	按列值统计记录的数量
SUM(列名)	求某一列值的总和(此列必须是数值型)
AVG(列名)	求某一列值的平均值(此列必须是数值型)
MAX(列名)	求某一列值的最大值
MIN(列名)	求某一列值的最小值

【例 3.31】 计算选修 A142004 课程的学生平均成绩。可用下列语句完成：

```
SELECT AVG(score) FROM Takes WHERE courseNo ='A142004'
```

【例 3.32】 计算列出选修某门课程的人数超过两人以上，并且选修成绩大于 75 的课程号。可用下列语句完成：

```
SELECT courseNo FROM Takes WHERE score>75 GROUP BY courseNo HAVING COUNT
    (courseNo) >= 2
```

9. 分组查询

在实际应用中，经常需要将查询结果进行分组，然后再对每个分组进行统计，SQL 语言提供了 GROUP BY 子句和 HAVING 子句来实现分组统计。GROUP BY 子句可以将查询结果按属性列或属性列组合在行的方向上进行分组，每组在属性列或属性列组合上具有相同的值。

【例 3.33】 查询与各个课程号相对应的选课人数，并按课程号的大小升序输出。可用下列语句来完成：

```
SELECT courseNo,COUNT(studentNo) 选课人数 FROM Takes GROUP BY courseNo ORDER
    BY courseNo ASC
```

该 SELECT 语句对选课表按课程号的取值进行分组，所有具有相同课程号的记录为一组，然后使用 COUNT 聚合函数求得该组的学生人数。

使用 HAVING 子句可以指定搜索的条件。HAVING 通常与 GROUP BY 子句一起使用。如果不使用 GROUP BY 子句，HAVING 的作用与 WHERE 子句一样。

HAVING 与 WHERE 的区别：WHERE 子句搜索条件在进行分组操作之前应用，而

HAVING 搜索条件在分组操作之后应用；HAVING 可以包含聚合函数，而 WHERE 不可以包含聚合函数。

【例 3.34】 查询选修某门课程 2 人以上的课程号和选课人数。可用下列语句来完成：

```
SELECT courseNo, COUNT(studentNo) 选课人数 FROM Takes GROUP BY courseNo HAVING
    COUNT(studentNo)>=2
```

3.4.3 连接查询

前面介绍的查询都是针对一个表进行的，但在实际应用中，需要查询的信息往往涉及多个基本表，这就需要把多个表连接起来进行查询。所谓连接查询就是在多个表或视图之间建立关联，并从多个表或视图中提取数据，组合成一个结果集。

在 SQL 语言中，连接查询主要包括等值连接查询、非等值连接查询、自身连接查询、外连接查询和复合条件连接查询。

1. 等值与非等值连接查询

当一个查询涉及多个基本表时，就需要按照一定的条件把这些表连接起来。这一条件被称为连接条件或连接谓词。其一般格式为：

[<表 1>.]<列名><比较运算符>[<表 2>.]<列名>

其中，比较运算符有：=、>、>=、<、<=、<>或!=。当运算符为“=”时，称为等值连接，使用其他运算符称为非等值连接。连接谓词中的列称为连接字段。连接条件中的各连接字段名可以不同，但各连接字段必须具有相同数据类型，是可比较的。

等值连接或非等值连接查询指在两个表之间依据它们具有的某一个或一些共同的属性值是否相等进行连接。其工作原理是：首先在表 1 中找到第一条记录，然后从头开始顺序扫描表 2，查找满足连接条件的记录，每找到一个记录，就将表 1 中的第一个记录与该记录拼接起来，形成结果表中一个记录；表 2 全部扫描完毕后，再到表 1 中找到第二个记录，然后再从头扫描表 2，找到满足连接条件的记录，每找到一个记录，就将表 1 中的第二个记录与该记录拼接起来，形成结果表中一个记录。重复上述操作，直到表 1 全部记录都处理完毕。

【例 3.35】 查询每个学生及其选课的所有信息。可用下列语句来完成：

```
SELECT Student.*,Takes.*
FROM Student, Takes
WHERE Student.studentNo=Takes.studentNo
```

实现来自多个表的查询时，如果要引用不同表中的同名属性，则在属性名前加上表名，即用“表名.属性名”的形式表示，以便区分。

2. 自身连接

连接操作不仅可以在两个表之间进行，也允许在一个表与其自身之间进行，这种连接称为表的自身连接。我们可以把一个表或视图看成有两个副本，在这两个副本后面加上两个元组变量(即别名)X 和 Y，这样就相当于在两个不同的表之间进行连接运算了。在 SQL 语句中应用元组变量对列名进行限定，保留字 AS 在语句中可省略。

【例 3.36】 在选课表中，查询一个学生选修课程号为 A142145 和 A142146 的成绩。可用下列语句来完成：

```
SELECT X.studentNo, X.score 课程A142145成绩,Y.score 课程A142146成绩
FROM Takes X, Takes Y
WHERE X.courseNo='A142145' AND Y.courseNo='A142146' AND X.studentNo
    =Y.studentNo
```

3. 外连接

当对两个表进行外连接运算时，首先保证一个表中满足条件的记录都在结果中，然后将满足条件的记录与另一个表的记录进行连接，不满足连接条件的则应将来自另一表的属性值置为空值。外连接的两个表有主次之分，可以分为左连接(LEFT OUTER JOIN)和右连接(RIGHT OUTER JOIN)。如果主表在左侧，则称之为左连接；反之，则称之为右连接。

【例 3.37】 以学生表为主体列出每个学生的学号、姓名、课程号及其成绩。可用下列语句来完成：

```
SELECT X.studentNo, studentName, courseNo, score
FROM Student X LEFT JOIN Takes Y
ON X.studentNo= Y.studentNo
```

如果某个学生没有选课，则查询时只输出其学号、姓名，其课程号、成绩为空值。如果以成绩表为主体，则可用下列语句完成，但两次查询结果不相同。

```
SELECT X.studentNo, studentName, courseNo, score
FROM Student X RIGHT JOIN Takes Y
ON X.studentNo= Y.studentNo
```

4. 复合条件连接

在前面讲解的连接查询中，WHERE 子句中只有一个连接条件。如果进行连接查询，WHERE 子句中包含 NOT、AND 或 OR 操作符组成的多重查询条件，则这时的连接查询称为复合条件连接。如果这三个运算符同时出现在同一个 WHERE 条件子句中，则它们的优先级从高到低的顺序为：NOT，AND，OR，但可以通过括号来改变优先级。

【例 3.38】 查询课程号为 A142145 且成绩大于 75 以上的所有学生的学号、姓名、班级和成绩。可用下列语句来完成：

```
SELECT X.studentNo, studentName, classNo, score
FROM Student X, Takes Y
WHERE X.studentNo= Y.studentNo AND courseNo='A142145' AND score>75
```

连接操作除了可以是两表连接、一个表与其自身连接外，还可以是两个以上的表进行连接，后者通常又称为多表连接。

【例 3.39】 查询每个学生的学号、姓名、选修的课程名称及其成绩。可用下列语句来完成：

```
SELECT X.studentNo, X.studentName, Z.courseName, Y.score
FROM Student X, Takes Y, Course Z
WHERE X.studentNo=Y.studentNo AND Y.courseNo=Z.courseNo
```

3.4.4　嵌套查询

在 SQL 语言中，一个 SELECT-FROM-WHERE 语句称为一个查询块。嵌套查询就是把一个查询块嵌套在另一个查询块的 WHERE 子句或 HAVING 短语的条件中，前者称为子查询或内查询，后者称为外查询。

例如：

```
SELECT studentName FROM Student
WHERE studentNo IN
(SELECT studentNo FROM Takes WHERE courseNo='A142004')
```

在这个例子中，子查询块“SELECT studentNo FROM Takes WHERE courseNo ='A142004'”是嵌套在外查询块“SELECT studentName FROM Student WHERE studentNo IN”的 WHERE 子句中的。

SQL 语言对嵌套查询的处理方法是由内向外地进行求解，即先执行子查询，然后把查询的结果用于其外查询的查询条件中，再层层向外求解，最后得出查询结果。需要说明的是子查询的 SELECT 语句中不能使用 ORDER BY 子句，ORDER BY 子句只能对最终查询结果排序。

嵌套查询可以用一系列简单查询构成复杂的查询，从而明显地增强了 SQL 的查询能力。以层层嵌套的方式来构造程序正是 SQL 中“结构化”的含义所在。

1. 带有 IN 谓词的子查询

IN 表示当且仅当关系 S 和关系 R 中的某个值相等时，S IN R 为真。带有 IN 谓词的子查询指在父查询与子查询间用 IN 进行连接，判断某个属性列的值是否在子查询的结果中。由于在嵌套查询中子查询的结果往往是一个集合，所以谓词 IN 是嵌套查询中最经常使用的谓词。

【例 3.40】 查询与“张美丽”在同一个班级的学生的学号和姓名。可用下列语句来完成：

```
SELECT studentNo, studentName FROM Student
WHERE classNo IN
(SELECT classNo FROM Student WHERE studentName='张美丽')
```

子查询“SELECT classNo FROM Student WHERE studentName='张美丽'”只执行一次，其结果用于父查询，子查询的查询条件不依赖于父查询，称这类查询为不相关子查询，是嵌套查询中最简单的一类子查询。如果子查询的查询条件依赖于父查询，这类子查询称为相关子查询。

2. 带有比较运算符的子查询

带有比较运算符的子查询是指在父查询与子查询之间用比较运算符进行连接。当用户能确切知道内层查询返回的是单值时，可以用>、<、 =、>=、<=、!=或<>等比较运算符。

【例 3.41】 查询与“张美丽”在同一个班级的学生学号和姓名。由于一个学生只可能在一个班级学习，也就是说查询张美丽同学所在班级的结果是唯一的，因此可以用比较运算符来完成。可用下列语句来完成：

```
SELECT studentNo, studentName FROM Student
WHERE classNo=
(SELECT classNo FROM Student WHERE studentName='张美丽')
```

当子查询返回的值多于一个，则不能单独使用=、!=或<>、<、<=、>、>= 等比较运算符。

【例 3.42】 查询每个学生超过他所选修课程平均分的课程号。可用下列语句来完成：

```
SELECT studentNo, courseNo
FROM Takes X
WHERE score > (SELECT AVG(score)
FROM Takes Y
WHERE Y.studentNo = X.studentNo)
```

在上例中，内层子查询是计算一个学生所有选修课程平均分，至于是哪个学生的平均分，则依赖于父查询中 X.studentNo 的值，而该值是与父查询相关的，因此该查询为相关查询，需要多次求值。

3. 带有 ANY 或 ALL 谓词的子查询

子查询返回单值时可以用比较运算符。当子查询返回多个值时，需要使用 ANY 或 ALL 谓词，但必须同时使用比较运算符。其语义如表 3-8 所示。

表 3-8 使用 ANY 或 ALL 的子查询语义

运算关系	运算功能
>ANY (>=ANY)	大于(大于等于)子查询结果中的某个值
<ANY (<=ANY)	小于(小于等于)子查询结果中的某个值
=ANY	等于子查询结果中的某个值
!=ANY 或<>ANY	不等于子查询结果中的某个值
>ALL (>=ALL)	大于(大于等于)子查询结果中的所有值
<ALL (<=ALL)	小于(小于等于)子查询结果中的所有值
=ALL	等于子查询结果中的所有值
!=ALL 或<>ALL	不等于子查询结果中的所有值

【例 3.43】 查询其他班级比 32 班任一学生总学分少的学生学号、姓名和总学分。可用下列语句来完成：

```
SELECT studentNo, studentName, totalCredits FROM Student
WHERE totalCredits<ANY(SELECT totalCredits FROM Student
WHERE classNo='32')
AND classNo<> '32'
```

可以使用<ANY 来完成查询，也可以使用<和 MAX 聚合函数来完成查询。可用下列语句来完成：

```
SELECT studentNo, studentName, totalCredits FROM Student
WHERE totalCredits< (SELECT MAX(totalCredits)
FROM Student
WHERE classNo='32')
AND classNo<> '32'
```

【例 3.44】 查询其他班级中比 32 班所有学生总学分都少的学生学号、姓名和总学分。可用下列语句来完成：

```
SELECT studentNo, studentName, totalCredits FROM Student
WHERE totalCredits<ALL(SELECT totalCredits
```

```
FROM Student
WHERE classNo='32')
AND classNo<> '32'
```

可以使用<ALL 来完成查询，也可以使用<和 MIN 聚合函数来完成查询。可用下列语句来完成：

```
SELECT studentNo, studentName, totalCredits FROM Student
WHERE totalCredits< (SELECT MIN(totalCredits)
FROM Student
WHERE classNo='32')
AND classNo<> '32'
```

在例 3.35 和例 3.36 中，分别使用了(ANY，ALL)谓词和聚合函数(MAX，MIN)两种方式，事实上使用函数的效率比使用 ANY 或 ALL 谓词的效率高。其对应关系如表 3-9 所示。

表 3-9　ANY，ALL 与比较运算符组合结果

	=	<>或!=	<	<=	>	>=
ANY	IN	--	<MAX	<=MAX	>MIN	>=MIN
ALL	--	NOT IN	<MIN	<=MIN	>MAX	>=MAX

4. 使用 EXISTS 谓词的子查询

使用 EXISTS 或 NOT EXISTS 进行的子查询为相关子查询。EXISTS 代表存在量词“∃”。EXISTS 表示当且仅当关系 R 非空(至少有一个记录)时，条件 EXISTS R 为真。带有 EXISTS 谓词的子查询不返回任何实际数据，它只产生逻辑真值“true”或逻辑假值“false”。当子查询的查询结果集合为非空时，外层的 WHERE 子句返回真值，否则返回假值。其工作过程是：逐行选取父查询表中的每一行记录，子查询利用此行中相关的属性值进行查询，然后父查询根据子查询返回的结果判断此行是否满足查询条件。相关子查询的执行次数由父查询表的行数决定。

【例 3.45】 查询所有选修了课程号为 A142145 的学生学号、姓名。

方法一：可以用以前学过的连接查询，可用下列语句完成：

```
SELECT Student.studentNo, studentName
FROM Student, Takes
WHERE Student.studentNo=Takes.studentNo AND courseNo='A142145'
```

方法二：用带 IN 谓词的子查询来完成该查询，可用下列语句完成：

```
SELECT studentNo, studentName
FROM Student
WHERE studentNo IN (SELECT studentNo FROM Takes
WHERE courseNo='A142145')
```

方法三：使用带有 EXISTS 谓词的子查询，可用下列语句来完成：

```
SELECT studentNo, studentName
FROM Student
WHERE EXISTS (SELECT * FROM Takes
WHERE studentNo=Student.studentNo AND courseNo='A142145')
```

例 3.45 中的 EXISTS 子查询称为相关子查询，即子查询的查询条件依赖于外层的某个属性值 Student.studentNo。它首先取外层查询中(Student)表的第 1 个元组，根据它与内层查询相关的属性值(studentNo 值)处理内查询，若 WHERE 子句返回值为真，则取此记录放入结果表；然后再取(Student)表的下一个元组；重复这一过程，直到外层(Student)表全部检查完为止。

【例 3.46】 查询所有未选修课程号为 A142145 的学生学号、姓名，可用下列语句来完成：

```
SELECT studentNo, studentName
FROM Student
WHERE NOT EXISTS (SELECT * FROM Takes
WHERE studentNo=Student.studentNo AND courseNo='A142145')
```

还可以用带 IN 谓词的子查询，可用下列语句完成：

```
SELECT studentNo, studentName
FROM Student
WHERE studentNo NOT IN (SELECT studentNo FROM Takes
WHERE courseNo='A142145')
```

但这种情况如果使用下列连接查询，就得不到正确的结果了；

```
SELECT Student.studentNo, studentName
FROM Student, Takes
WHERE Takes.studentNo!= Student.studentNo AND courseNo='A142145'
```

【例 3.47】 查询选修了全部课程的学生姓名。

分析：

(1)选修了全部课程涉及了“=ALL”谓词，故不能用一般的嵌套查询，只能用 NOT EXISTS 谓词查询。

(2) $(\forall x)p \equiv \neg(\exists x(\neg p))$ 的意思是：“对课程表中任意一门课程$(\forall x)$，学生(p)都选修”与“不存在有哪一门课程$\neg(\exists x)$，学生不选修$(\neg p)$”是等价的。

(3)选修了全部课程<==>全部课程都选修了<==>没有哪门课没有选修的。

可用下列语句来完成：

```
SELECT studentNo, studentName
FROM Student
WHERE NOT EXISTS (SELECT * FROM Course
WHERE NOT EXISTS(SELECT * FROM Takes
          WHERE studentNo=Student.studentNo
          AND courseNo=Course.courseNo))
```

【例 3.48】 查询至少选修了学号为 12143202 学生选修的全部课程的学生学号、姓名。

分析：

① 选修了 12143202 选修的全部课程涉及了“=ALL”谓词，故不能用一般的嵌套查询，只能用 NOT EXISTS 谓词查询。

② $(\forall x)p \to q \equiv \neg(\exists x(\neg(p \to q))) \equiv \neg(\exists x(\neg(\neg p \vee q))) \equiv \neg\exists x(p \wedge \neg q)$ 的意思是：“对 p 学生选修的任意一门课程(即：$(\forall x)p$)，学生 q 都选修”与“不存在有哪一门课程(即：$\neg(\exists x)$)，学生 p 选修了，而 q 没选修(即：$\neg q$)”是等价的。

可用下列语句来完成：

```
SELECT DISTINCT studentNo FROM Takes X
WHERE NOT EXISTS (SELECT * FROM Takes Y
WHERE Y.studentNo='12143202'
AND NOT EXISTS (SELECT * FROM Takes Z
WHERE Z.studentNo=X.studentNo
AND Z.courseNo=Y.courseNo))
```

在上述例子中，对于关系代数中的除运算，如：$R \div S$ 或 $R \div (S$ 的子集)，只能使用带谓词 EXISTS 的子查询。

说明：(1) 带谓词 EXISTS 的查询都是相关子查询，即子查询的查询条件依赖于父查询的某个属性值。分析 SQL 语句时，首先取外层查询表的第一个元组，根据它与内层查询相关的属性值来处理内层查询，若 WHERE 子句返回值为真(即内层查询结果非空)，则取此外层元组放入结果表；然后再检查外层查询表的下一个元组；重复这一过程，直至外层查询表全部元组检查完毕为止。

(2) 一些带 EXISTS 或 NOT EXISTS 谓词的子查询不能被其他形式的子查询等价替换，但所有带 IN 谓词、比较运算符、ANY 和 ALL 谓词的子查询都能用带 EXISTS 谓词的子查询等价替换。

3.4.5　集合查询

SQL 中的集合查询实际上是对两个 SELECT 语句的查询结果进行集合操作。集合操作主要包括关系代数中的并操作(UNION)、交操作(INTERSECT)和差操作(EXCEPT)。在 SQL SERVER 2012 中使用 UNION 将多个查询结果合并起来，形成一个完整的查询结果时，系统自动去掉重复记录，但参加并操作的两个结果集合其列数及相应列的数据类型必须相同。交操作是指将两个查询结果的相同部分求出来，实际上只要将两个查询条件进行 AND 操作。差操作实际上是在第一个查询结果中去掉两次查询结果的相同部分操作，新的查询结果中的记录属于第一个查询结果但不属于第二个查询结果。

【例 3.49】 查询 11 班的学生及总学分不大于 23 的学生的并集。可用下列语句来完成：

```
SELECT * FROM Student WHERE classNo='11'
UNION
SELECT * FROM Student WHERE totalCredits<=23

SELECT studentNo FROM Student WHERE classNo='32'
UNION ALL
SELECT studentNo FROM Takes WHERE courseNo='A142004'
```

说明：UNION ALL 多元集合运算符返回来自两个查询结果的所有行，此过程没有真正地进行行比较，也没有消除重复行，而 UNION 运算符返回消除重复项的查询结果。

【例 3.50】 查询 11 班的学生与女学生记录的交集。可用下列语句来完成：

方法一：使用多条件查询

```
SELECT * FROM Student WHERE classNo='11' AND sex='女'
```

方法二：使用 INTERSECT

```
SELECT * FROM Student WHERE classNo='11'
```

```
INTERSECT
SELECT * FROM Student WHERE sex='女'
```

【例 3.51】 查询选修了课程号为 A142004 的学生与选修了课程号为 A142145 的学生的差集。

分析：可以先查询选修课程为 A142004 的学生，形成第一个查询结果。然后查询同时选修课程为 A142145 和 A142004 的学生。最后在第一个查询结果中除去同时选修两门课程的学生就形成了新的查询结果。

可用下列语句来完成：

方法一：使用 NOT IN

```
SELECT studentNo FROM Takes
WHERE courseNo='A142004'
AND studentNo NOT IN (SELECT X.studentNo FROM Takes X, Takes Y
WHERE X.courseNo='A142145'
AND Y.courseNo='A142004'
AND X.studentNo=Y.studentNo)
```

方法二：使用 EXCEPT

```
SELECT studentNo FROM Takes
WHERE courseNo='A142004'
EXCEPT
SELECT X.studentNo FROM Takes X, Takes Y
WHERE X.courseNo='A142145'
AND Y.courseNo='A142004'
AND X.studentNo=Y.studentNo
```

3.5 视　　图

视图是从一个或几个基本表(或视图)导出的表，它与基本表不同，是一个虚拟表。其结构和数据是建立在对表的查询基础上的。数据库中只存放视图的定义，而不存放视图对应的数据，这些数据仍存放在原来的基本表中。所有基本表中的数据发生变化，从视图中查询出的数据也随之改变。视图一经定义，就可以和基本表一样被查询、删除，也可以在一个视图上再定义新的视图，但对视图的更新(增加、修改、删除)操作则有一定的限制。

3.5.1 视图的作用

视图最终是定义在基本表之上的，对视图的一切操作最终也要转换为对基本表的操作。而且对于非行列子集视图进行查询或更新时可能会出现一些问题。既然如此，为什么还要定义视图呢？这是因为合理地使用视图能够对系统的设计和用户的使用带来许多方便。

视图有以下优点。

1) 为用户集中数据，简化用户的数据查询和处理操作

视图机制可以使用户的注意力集中在所关心的数据上。考虑到用户所需要的数据可能分

散在多个表中，通过定义视图将它们集中在一起，使数据库看起来结构更简单、清晰，从而方便用户的数据查询和处理。

2) 多角度地看待同一数据

各用户不必都定义和存储自己所需的数据，同样的数据只需存储一次，用户通过视图机制可实现自己的不同使用要求。

3) 对数据库的重构提供一定程度的逻辑独立性

数据的逻辑独立性是指当数据库重构时，如增加新的关系表或增加新的字段等，用户和用户程序不会受影响。如果用户对该基本表建立了视图机制，对视图的定义作适当变化，就可以在一定程度上保证数据的逻辑独立性。

4) 提高数据的安全性

在设计数据库应用系统时，针对不同用户定义不同的视图，使机密数据不出现在不该看到这些数据的用户视图上，从而提供了对机密数据的安全保证。

3.5.2 创建视图

视图实际上是根据对基本表的查询需求来定义的。在 SQL 语言中，使用 CREATE VIEW 语句建立视图，其命令格式如下：

格式：CREATE VIEW <视图名>[(<列名>[,...n])]
　　AS <子查询>
　　[WITH CHECK OPTION];

功能：定义视图名和视图结构，并将子查询得到的记录作为视图的内容。

说明：

(1) 子查询可以是任意复杂的 SELECT 语句，但通常不允许含有 ORDER BY 子句和 DISTINCT 短语。

(2) WITH CHECK OPTION 表示对视图进行 UPDATE、INSERT 和 DELETE 操作时要保证更新、插入或删除的行满足视图定义中的谓词条件(即子查询中的条件表达式)。

(3) 组成视图的属性列要么全部省略要么全部指定，没有第三种选择。如果省略了组成视图的各个属性列名，则该视图属性列由子查询中 SELECT 子句目标列中的诸字段组成。但在下列三种情况下必须明确指定组成视图的所有列名：

① 某个目标列不是单纯的属性名，而是集函数或列表达式；

② 多表连接时选出了几个同名列作为视图的字段；

③ 需要在视图中为某个列启用新的更合适的名字。

【例 3.52】 建立 32 班学生的视图。可用下列语句来完成：

```
CREATE VIEW studentView_Class32
AS
SELECT studentNo, studentName, sex, birthday, totalCredits
FROM Student
WHERE classNo='32'
```

说明：(1) 本例中省略了视图 studentView_Class32 的列名，其实际的属性列为隐含的 SELECT 子句中的五个列名。

(2) 执行 CREATE VIEW 语句的结果只是把视图的定义存入数据字典，并不执行其中的 SELECT 语句。只是在对视图查询时，才按视图的定义从基本表中将数据查询出来。

【例 3.53】 建立 32 班学生的视图，并要求进行修改和插入操作时仍须保证该视图只有 32 班的学生。可用下列语句来完成：

```
CREATE VIEW studentView_Class32_Check
AS
SELECT studentNo, studentName, sex, birthday, totalCredits
FROM Student
WHERE classNo='32'
WITH CHECK OPTION
```

由于在定义 studentView_Class32_Check 视图时加上了 WITH CHECK OPTION 子句，以后对该视图进行插入、修改和删除操作时，DBMS 会自动加上“classNo='32'”条件。

若一个视图是从单个基本表导出的，并且只是去掉了基本表的某些行和某些列，但保留了码，我们称这类视图为行列子集视图。

【例 3.54】 建立 11 班学生选修了 A142004 课程的学生的视图。可用下列语句来完成：

```
CREATE VIEW Class11_A142004_View(studentNo, studentName, score)
AS
SELECT Takes.studentNo, studentName, score
FROM Student, Takes
WHERE classNo='11' AND Student.studentNo=Takes.studentNo AND Takes. courseNo
='A142004'
```

从例 3.54 可以看出，视图不仅可以建立在单个基本表上，也可以建立在多个基本表上。在例 3.54 中，明确列出视图的各个属性列名。

【例 3.55】 建立 11 班学生选修了 A142004 课程且成绩在 90 分以上的学生的视图。可用下列语句来完成：

```
CREATE VIEWClass11_A142004_90_View
AS
SELECT studentNo, studentName, score
FROM Class11_A142004_View
WHERE score >90
```

这里的视图 Class11_A142004_90_View 就是建立在视图 Class11_A142004_View 之上的。这说明视图不仅可以建立在单个或多个基本表上，也可以建立在一个或多个已定义好的视图上。当然视图也可以同时建立在基本表与视图上。

【例 3.56】 定义一个反映学生年龄的视图。可用下列语句来完成：

```
CREATE VIEW age_View (studentNo, studentName, age)
AS
SELECT studentNo, studentName, 2014 - DATEPART(YEAR, birthday)
FROM Student
```

定义基本表时，为了减少数据库中的冗余数据，表中只存放基本数据，由基本数据经过各种计算后派生出的数据一般是不存储的。但由于视图中的数据并不实际存储，所以定义视图时可以根据应用的需要，设置一些派生属性列。这些派生属性由于在基本表中并不实际存在，所以有时也称它们为虚拟列。带虚拟列的视图称为带表达式的视图。

3.5.3 管理视图

1. 查看视图

当创建了一个新的视图后，在系统说明的系统表中就定义了该视图的存储，这时可以用 sp_help 显示视图特征，使用 sp_helptext 显示视图在系统表中的定义，使用 sp_depends 显示该视图所依赖的对象，其命令格式如下：

格式：sp_hele|sp_helptext|sp_depends<视图名>

功能：查看视图的基本信息、定义信息或依赖信息。

【例 3.57】 查看视图 studentView_Class32 的定义信息。

```
sp_helptext studentView_Class32
```

2. 修改视图

对于一个已经存在的并且其定义没有被加密的视图，可以进行修改。修改视图使用 ALTER VIEW 语句，其命令格式如下：

格式：ALTER VIEW <视图名>[(<列名>[,...n])]

AS <SELECT 查询语句>

[WITH CHECK OPTION];

功能：先删除旧的视图再创建一个新的视图。

【例 3.58】 修改 32 班学生的视图 studentView_Class32，只显示学生的学号、姓名和所修学分。可用下列语句来完成：

```
ALTER VIEW studentView_Class32
AS
SELECT studentNo, studentName, totalCredits
FROM Student
WHERE classNo='32'
```

3. 删除视图

删除视图是指删除视图的定义，即将指定的视图从数据字典中删除。可以使用 SQL 的 DROP VIEW 来删除视图，其命令格式如下：

格式：DROP VIEW <视图名>

功能：删除视图。

说明：

(1) 视图是由基本表导出的，若基本表的结构改变了，视图与基本表的映射关系被破坏，视图就不能正常工作，最好的办法就是删除这些视图后，重新建立。

(2) 一个视图被删除后，该视图导出的其他视图也将失效，用户应该使用 DROP VIEW 语句将它们一一删除。

【例 3.59】 删除例 3.54 建立的视图 Class11_A142004_View。可用下列语句来完成：

```
DROP VIEW Class11_A142004_View
```

删除视图后，若有从该视图中导出的其他视图 Class11_A142004_90_View，则该视图的定义仍然保留在数据字典中，但已失效。

3.5.4 查询视图

视图定义后，用户就可以像对基本表进行查询一样对视图进行查询了。

DBMS 执行查询视图的操作时，首先进行有效性检查，检查查询涉及的表、视图等是否在数据库中存在，如果存在，则从数据字典中取出查询涉及的视图定义，把定义中的子查询和用户对视图的查询结合起来，转换成对基本表的查询，然后再执行这个经过修正的查询。将对视图的查询转换为对基本表的查询的过程称为视图消解(View Resolution)。

【例 3.60】 在 32 班学生的视图中找出总学分少于 30 的学生。可用下列语句来完成：

```
SELECT studentNo, studentName
FROM studentView_Class32
WHERE totalCredits < 30
```

上面 SQL 语句实际上相当于下面的语句：

```
SELECT studentNo, studentName
FROM Student
WHERE classNo='32' AND totalCredits < 30
```

3.5.5 更新视图

更新视图是指通过视图来插入(INSERT)、删除(DELETE)和修改(UPDATE)数据。由于视图是不实际存储数据的虚拟表，因此对视图的更新，最终要转换为对基本表的更新。

为防止用户通过视图对数据进行增删改，无意或故意操作不属于视图范围内的基本表数据，可在定义视图时加上 WITH CHECK OPTION 子句，这样在视图上增删改数据时，DBMS 会进一步检查视图定义中的条件，若不满足条件，则拒绝执行该操作。

【例 3.61】 将 32 班学生视图 studentView_Class32 中学号为 12143202 的学生姓名改为“李莉”。可用下列语句来完成：

```
UPDATE studentView_Class32
SET studentName='李莉'
WHERE studentNo='12143202'
```

上面的 SQL 语句相当于下面的语句。

```
UPDATE Student
SET studentName='李莉'
WHERE studentNo='12143202' AND classNo='32'
```

说明：在关系数据库中，并不是所有的视图都是可更新的，因为有些视图的更新不能唯一有意义地转换成对相应基本表的更新。

(1)若视图是由两个以上基本表导出的，则此视图不允许更新。

(2)若视图的字段来自字段表达式或常数，则不允许对此视图执行 INSERT 和 UPDATE 操作，但允许执行 DELETE 操作。

(3)若视图的字段来自集函数或视图定义中含有 GROUP BY 子句、DISTINCT 短语，则此视图不允许更新。

(4) 若视图定义中有嵌套查询，并且内层查询的 FROM 子句中涉及的表也是导出该视图的基本表，则此视图不允许更新。

(5) 在一个不允许更新的视图上定义的视图也不允许更新。

3.6　索　　引

为了提高数据的访问速度和确保数据的唯一性，通常采用索引技术。索引是对指定数据库表中一列或多列的值进行排序的一种结构。索引注明了表中包含多个值的行所在的存储位置。这样通过搜索索引找到特定值，然后跟随指针到达包含该值的行。如果没有索引，当寻找具有特定值的记录时，必须从第一个记录开始扫描整个表的所有记录，直到找到符合要求的记录。表内所含记录数量越多，这个操作的代价就越高。但是，如果作为搜索条件的列上已经创建了索引，系统则无需扫描任何记录即可迅速得到目标记录所在的位置。因此，通过创建唯一索引，可以保证表中数据不重复，数据查询更快。

3.6.1　索引的分类

一般来说，创建与删除索引由数据库管理员或表的创建者负责完成。系统在存取数据时会自动选择合适的索引作为存取路径，用户不必也不能显式地选择索引。

索引分为聚簇索引和非聚簇索引。聚簇索引是指表中记录的顺序与其物理顺序相同，即对表中所有的数据按索引列进行了排列，然后再重新存储到磁盘上，所以所需要的空间也就特别大。非聚簇索引是指按照索引列对记录进行排序，但是排序的结果并不会存储在表中，即记录的物理顺序与逻辑顺序没有必然的联系。每张表最多只能建立一个聚簇索引，因为一个表中的记录只能以一种物理顺序存放，但可以定义多个非聚簇索引，而且频繁更新的列不宜建立聚簇索引。

3.6.2　创建索引

1. 选择创建索引的列

如果在一个列上创建索引，该列就称为索引列。可以在表的主键列、连接中频繁使用的列以及频繁检索的列上建立索引。建立索引时需要占用一定的存储空间，在进行插入和更新数据的操作时，维护索引也要花费时间和空间，因此一般不要对记录很少的表创建索引，也不要对所有列都建立索引。下面这些属性列不用建立索引：

(1) 很少出现在查询语句中的列；

(2) 只有两个或很少几个值的列(如课程性质，只有两个值：“必修”或“选修”)；

(3) bit，text，image 数据类型定义的列。

2. 创建索引

格式：CREATE [UNIQUE] [CLUSTERED | NONCLUSTERED] INDEX 〈索引名〉 ON {〈基本表名〉|〈视图名〉} (<列名>，[<次序>][，…n])

功能：为指定的基本表或视图建立索引。

说明：基本表名或视图名是指定要建索引的表名。索引可以建在该表的一列或多列上，各列名之间用逗号分隔。每个<列名>后面还可以用<次序>指定索引值的排列次序，包括

ASC(升序)和 DESC(降序)两种，默认值为 ASC。UNIQUE 表示每一个索引值对应于唯一的数据记录。CLUSTERED 表示要建立的索引是聚簇索引，NOCLUSTERED 表示非聚簇索引。

【例 3.62】 在 Course 表的课程名称属性列上建立一个索引，索引名为 courseName_INDEX。可用下列 SQL 语句完成：

```
CREATE INDEX courseName_INDEX ON Course(courseName)
Go
```

此语句表示对基本表 Course 的列 courseName 建立索引，索引键的名为 courseName_INDEX。如果要求列 courseName 的值在基本表 Course 中不重复，那么在 INDEX 前加上保留字 UNIQUE(在创建 UNIQUE 索引时，若在索引列上表中存在重复记录，则无法创建索引)：

```
CREATE UNIQUE INDEX courseName_INDEX ON Course(courseName)
Go
```

SQL 中的索引是非显式索引，也就是在索引创建以后，用户在索引撤销前不会再用到该索引键的名，但是索引在用户查询时会自动起作用。

一个索引键也可以对应多个列。索引排列时可以升序，也可以降序，升序排列用 ASC 表示，降序排列用 DESC 表示，默认时表示升序排列。

【例 3.63】 对基本表 Takes 中的 studentNo，score 建立索引，studentNo 按升序和 score 按降序建立索引。可用下列语句完成：

```
CREATE INDEX studentNo_score_INDEX ON Takes (studentNo ASC, score DESC)
Go
```

在创建索引时，最好在索引名中包含所索引的字段名，以便弄清楚创建该索引的目的。当创建表时，若 CREATE TABLE 语句中包含 PRIMARY KEY，将自动创建一个名为“PK_表名”的聚簇索引，若该表指定了主关键字，则该表不能再创建其他聚簇索引。

3.6.3 管理索引

1. 查看索引

利用系统存储过程 sp_helpindex 可以查看某个表上索引信息。

格式：EXECUTE sp_helpindex<表名>

功能：查看表上所创建的索引。

【例 3.64】 使用 sp_helpindex 查看 Takes 表的索引信息。

```
EXECUTE sp_helpindex Takes
```

2. 删除索引

建立索引是为了减少查询操作的时间，但如果数据增加、删除、更新频繁，那么系统需要花费许多时间来维护索引。因此为了减少系统维护索引的时间，可以删除一些不常用的索引。删除索引时，系统会同时将保存在系统中的有关该索引的描述删除。删除索引使用 DROP INDEX 语句。

格式：DROP INDEX <表名>.<索引名>

功能：删除表上所建立的索引。

【例 3.65】 删除索引 courseName_INDEX 和 studentNo_score_INDEX，可用下列语句完成：

```
DROP INDEX Course.courseName_INDEX, Takes.studentNo_score_INDEX
Go
```

索引一旦建立，就由系统来使用和维护。索引使数据查询更快，但数据过多地进行增加、删除、修改，系统需花费较多的时间来管理索引。所以，对于仅用于查询的表可以多建立一些索引，对于数据更新频繁的表则较少地或不建立索引。另外，对过时的不必要的索引尽早删除。

3.7　案例实践——网上选课系统 SQL 操作

3.7.1　网上选课系统数据表的创建

根据学过的 SQL 语言知识，可以创建下面各种表。

1. 学院表

```
CREATE TABLE [dbo].[Institute](
    [instituteNo] [int] IDENTITY(1,1) NOT NULL,
    [instituteName] [nvarchar](50) NULL,
    [instituteAddress] [nvarchar](500) NULL,
 CONSTRAINT [PK_Institute] PRIMARY KEY CLUSTERED
(
    [instituteNo] ASC
)
) ON [PRIMARY]
```

2. 教师表

```
CREATE TABLE [dbo].[Teacher](
    [teacherNo] [nvarchar](10) NOT NULL,
    [teacherName] [nvarchar](8) NULL,
    [sex] [nvarchar](2) NULL,
    [birthday] [date] NULL,
    [title] [nvarchar](20) NULL,
    [degree] [nvarchar](8) NULL,
    [instituteNo] [int] NULL,
 CONSTRAINT [PK_Teacher] PRIMARY KEY CLUSTERED
(
    [teacherNo] ASC
),
CONSTRAINT [FK_Teacher_Institute] FOREIGN KEY([instituteNo])
REFERENCES [dbo].[Institute] ([instituteNo])
) ON [PRIMARY]
```

3. 班级表

```
CREATE TABLE [dbo].[Class](
    [classNo] [nvarchar](50) NOT NULL,
    [className] [nvarchar](50) NULL,
    [classNumber] [int] NULL,
    [instituteNo] [int] NULL,
    [teacherNo] [nvarchar](10) NULL,
 CONSTRAINT [PK_Class] PRIMARY KEY CLUSTERED
(
    [classNo] ASC
),
CONSTRAINT [FK_Class_Institute] FOREIGN KEY([instituteNo])
REFERENCES [dbo].[Institute] ([instituteNo]),
CONSTRAINT [FK_Class_Teacher] FOREIGN KEY([teacherNo])
REFERENCES [dbo].[Teacher] ([teacherNo])
) ON [PRIMARY]
```

4. 开课信息表

```
CREATE TABLE [dbo].[Section](
    [courseNo] [nvarchar](10) NOT NULL,
    [sectionNo] [nvarchar](10) NOT NULL,
    [semester] [nvarchar](20) NOT NULL,
    [year] [int] NOT NULL,
    [classroomNo] [nvarchar](50) NULL,
    [time_slotNo] [int] NULL,
 CONSTRAINT [PK_Section_1] PRIMARY KEY CLUSTERED
(
    [courseNo] ASC,
    [sectionNo] ASC,
    [semester] ASC,
    [year] ASC
) ,
CONSTRAINT [FK_Section_Course] FOREIGN KEY([courseNo])
REFERENCES [dbo].[Course] ([courseNo])
) ON [PRIMARY]
```

3.7.2 网上选课系统数据维护

1. 数据录入

向学院表中输入数据有多种方法，一种是直接在 Institute 表中输入数据，如图 3-4 所示；另一种是通过网上选课系统管理员主界面直接输入，如图 3-5 所示。当然，也可以通过 Insert 语句输入数据。

图 3-4　利用 SQL SERVER 2012 输入数据

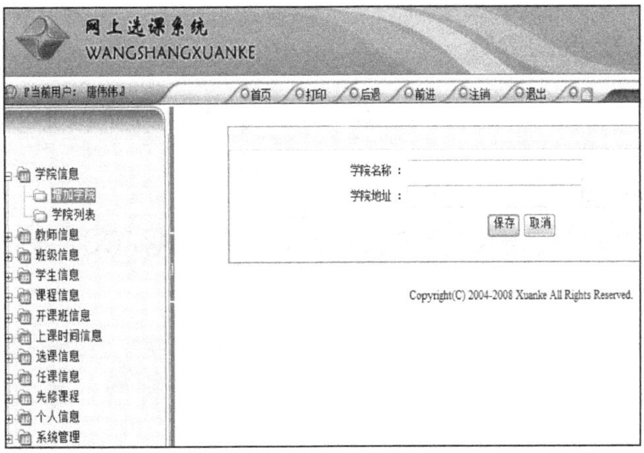

图 3-5　利用网上选课系统管理员主界面输入数据

2. 数据修改与删除

当出现错误数据时，需要修改数据；发现数据无用时，删除数据。与数据录入一样，也有多种方式，一种是直接在 Institute 表修改或删除数据，如图 3-6 所示；另一种是通过网上选课系统管理员主界面直接编辑或删除，如图 3-7 所示。当然，也可以通过 Update 和 Delete 语句更新和删除数据。

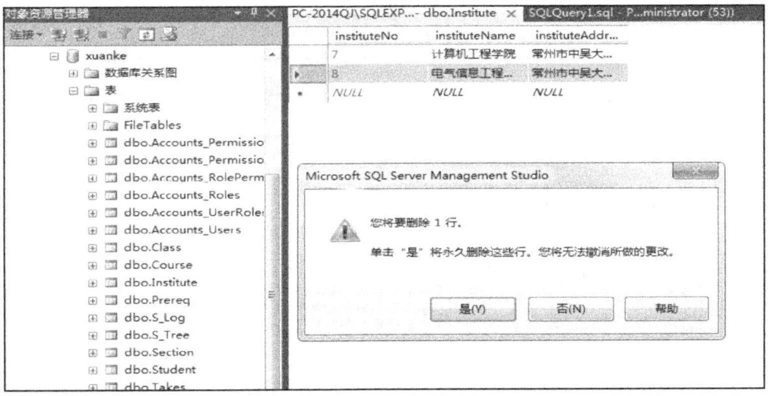

图 3-6　利用 SQL SERVER 2012 删除数据

当维护其他表中数据时，操作类似，限于篇幅，不再赘述。

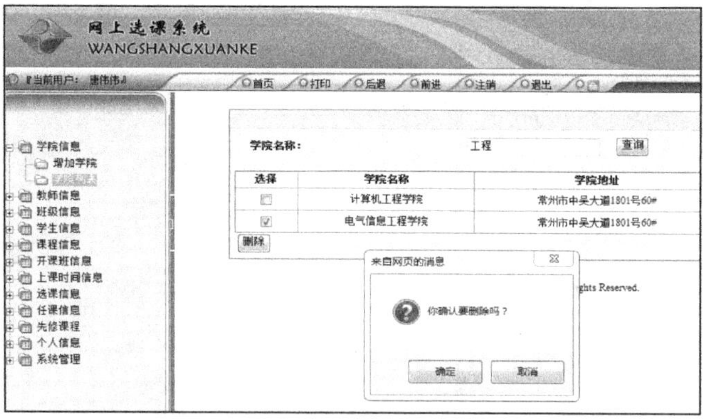

图 3-7　通过网上选课系统删除数据

3.7.3　网上选课系统查询操作

随着表中数据的增加，直接从表中查看想要的数据变得非常困难，这时可以通过查询操作来实现。

【例 3.66】 查询包含“工程”的学院。

方法一：新建一个查询，输入以下 SQL 语句，单击“!执行(X)”按钮，查询结果如图 3-8 所示。

```
SELECT [instituteNo] ,[instituteName] ,[instituteAddress]
FROM [xuanke].[dbo].[Institute]
WHERE instituteName like '%工程%'
```

方法二：利用网上选课系统进行查询，结果如图 3-9 所示。

图 3-8　查询包含“工程”的学院信息结果

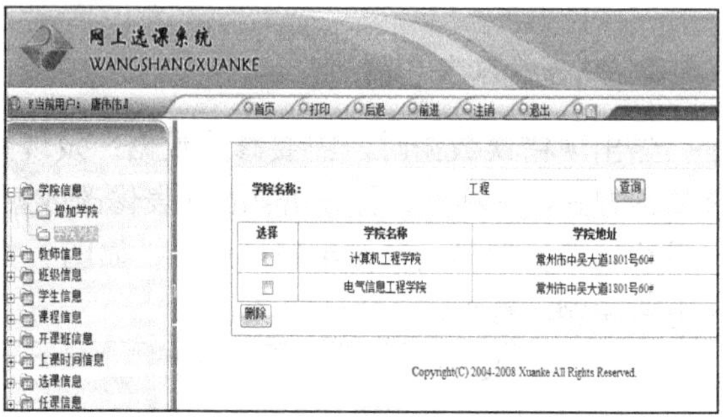

图 3-9　利用网上选课系统查询包含“工程”的学院信息结果

3.7.4　网上选课系统视图操作

为了方便查阅相关选课信息，创建了 myTakes 视图，代码如下：

```
SELECT Course.courseName, Takes.studentNo, Takes.courseNo, Takes. sectionNo,
Takes.semester, Takes.year, Takes.score
FROM  Course INNER JOIN Takes ON Course.courseNo = Takes.courseNo
```

利用 myTakes 视图，可以查看学生选课信息，如图 3-10 所示。

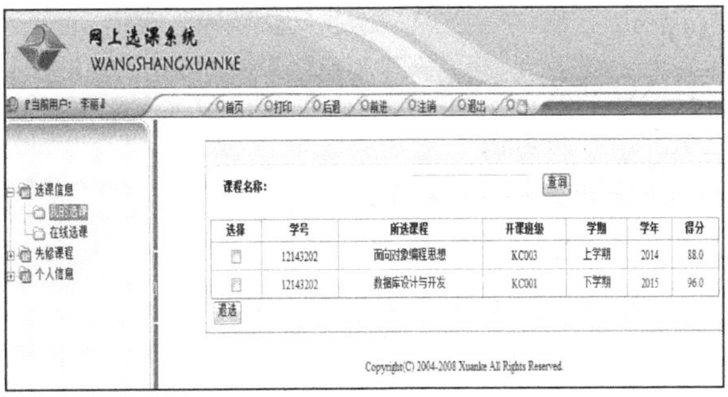

图 3-10　李丽同学选课情况界面

3.8　项目实践——图书馆管理系统数据表的创建与查询

根据第 2 章图书馆管理系统 E-R 图，并将其转化为对应的关系模式如下：

(1) 工作人员(管理员号，姓名，性别，职称，电话，人员类别)；

(2) 读者(借书证号，姓名，性别，读者类型，所属单位，已借数量)；

(3) 图书(图书编号，书名，作者，出版社名，出版日期，版次，价格，库存量)；

(4) 出版社(出版社名，地址，邮编，联系电话)；

(5) 借阅管理(管理员号，借书证号，办证时间，押金)；

(6) 编目入库(管理员号，图书编号，馆藏数量，馆藏时间，馆藏位置)；

(7) 借阅(借书证号，图书编号，借书时间，还书时间)。

根据上述关系模式，完成以下任务。

(1) 创建一个数据库和 7 张表。

(2) 向 7 张表中添加一些数据。

(3) 完成以下查询任务。

① 查询“清华大学出版社”所出版的图书；

② 查询“数据库设计与开发”的馆藏数量；

③ 查询有哪些读者借阅了“数据库设计与开发”。

(4) 创建一个“计算机工程学院”读者的视图。

3.9　本 章 小 结

开发数据库应用系统主要是帮助管理和分析大量信息，其最重要的功能是对数据库中数据的查询和统计分析，所以关系数据库查询语言 SQL 是数据库课程的核心内容。通过本章的学习，读者应该掌握利用 SQL SERVER 2012 的查询分析器和 SQL 语句进行交互式查询，重点理解和熟练掌握 SQL 中的单表查询、连接查询和嵌套查询，创建一些视图和索引。由于 SQL 的数据查询功能是最丰富的，也是最复杂的，读者应加强练习。

3.10　习　　题

1. 对于教学数据库的三个基本表：学生 S、成绩 SC、课程 C。

S(SN，SNAME，AGE，SEX)

SC(SN，CN，GRADE)

C(CN，CNAME，TEACHER)

试用 SQL 查询语句完成下列查询：

(1)检索常老师所授课程的课程号和课程名。

(2)检索年龄大于 25 岁的男学生的学号和姓名。

(3)检索选修课程包含常老师所授课程的学生学号。

2．试用 SQL 查询语句完成下列对教学数据库的三个基本表 S、SC、C 的查询：

(1)统计所有学生选修的课程门数。

(2)求选修 C0002 课程的学生的平均年龄。

(3)求常老师所授课程的每门课程的学生平均成绩。

(4)检索姓名以“张”开头的所有学生的姓名和年龄。

(5)在 SC 中检索成绩为空值的学生学号和课程号。

3．试用 SQL 更新语句完成下列对教学数据库的三个基本表 S、SC、C 的更新操作：

(1)往基本表 S 中插入一个学生元组('02809503', 'QIAN',20)。

(2)在基本表 SC 中删除尚无成绩的元组。

(3)WANG 同学的选课和成绩全部删去。

(4)把 MATHS 课不及格的成绩全改为空值。

(5)把低于总平均成绩的女同学成绩增加 10 分。

4．设有一个 SPJ 数据库，包括 S,P,J,SPJ 四个关系模式：

S(SNO,SNAME,STATUS,CITY)；

P(PNO,PNAME,COLOR,WEIGHT)；

J(JNO,JNAME,CITY)；

SPJ(SNO,PNO,JNO,QTY)；

其中，供应商表 S 由供应商代码(SNO)、供应商姓名(SNAME)、供应商状态(STATUS)、供应商所在城市(CITY)组成；零件表 P 由零件代码(PNO)、零件名(PNAME)、颜色(COLOR)、重量(WEIGHT)组成；工程项目表 J 由工程项目代码(JNO)、工程项目名(JNAME)、工程项目所在城市(CITY)组成；供应情况表 SPJ 由供应商代码(SNO)、零件代码(PNO)、工程项目代码(JNO)、供应数量(QTY)组成，表示某供应商供应某种零件给某工程项目的数量为 QTY。

试用 SQL 语言完成如下查询：

(1)求供应工程 J1 零件的供应商号码 SNO；

(2)求供应工程 J1 零件 P1 的供应商号码 SNO；

(3)求供应工程 J1 零件为红色的供应商号 SNO；

(4)求没有使用天津供应商生产的红色零件的工程号 JNO；

(5)求至少用了供应商 S1 所供应的全部零件的工程号 JNO；

(6)把全部红色零件的颜色改成蓝色。

(7)将 S5 供给 J4 的零件 P6 改为由 S3 供应；

(8)从供应商关系中删除 S2 的记录，并从供应情况关系中删除相应的记录。

(9)将(S2，J6，P4，200)插入供应情况关系。

第 4 章　数据库应用系统简单开发

4.1　教学案例——网上选课系统简单开发

4.1.1　问题的引出

逸凡学完了关系数据库标准语言 SQL，松了一口气，心里嘀咕着终于可以动手开发网上选课系统了。突然，他脑海中冒出了一些奇妙的问题：

第一，到底开发 C/S 结构还是 B/S 结构的数据库应用系统？

第二，当访问不同数据表时，是不是每次都要连接数据库？

第三，当处理不同数据表时，其增加、修改、删除和查询操作类似，如何进行处理？

以前学过《网络编程基础》、《WEB 程序设计》等课程，到现在才明白有什么用途。他呵呵一笑，生怕被别人听见。自己还是年轻，需要不断修炼基本功。于是，他又埋头苦干学起数据库应用系统简单开发这一章新知识。

4.1.2　网上选课系统简单开发

在数据库管理系统 SQL SERVER2012 中，已经创建了学院表、班级表、学生表、课程表、教师表、开课班表、选课表以及用户表等。为了方便学生进行选课，网上选课系统采用 B/S 架构。学生通过输入学号和密码能够进行选课，如图 4-1 所示；任课老师通过输入教师工号和密码能够进行打分，如图 4-2 所示；管理员能够进行学院管理、班级管理、学生管理、课程管理、教师管理、开课管理、选课管理、成绩管理、系统维护等，主要对相关表中数据进行增删改以及简单查询，如图 4-3 所示。开发网上选课系统主要涉及开发环境选择、主框架布局设计、数据库连接信息设置以及公共类的编写等。本网上选课系统采用 Visual Studio 2012 开发平台，C#编程语言和 SQL SERVER 2012 数据库管理系统开发而成。

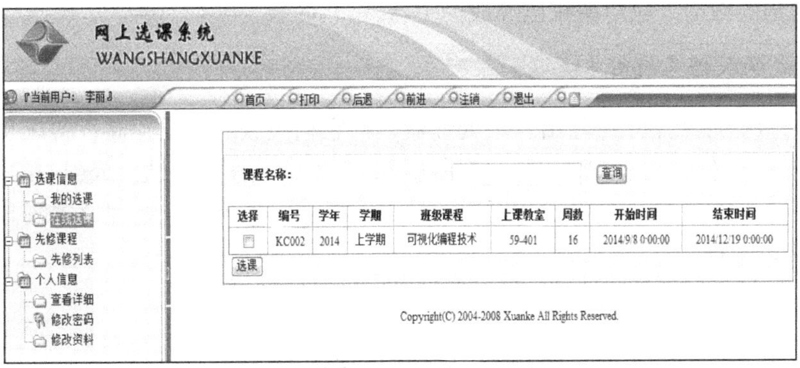

图 4-1　学生选课

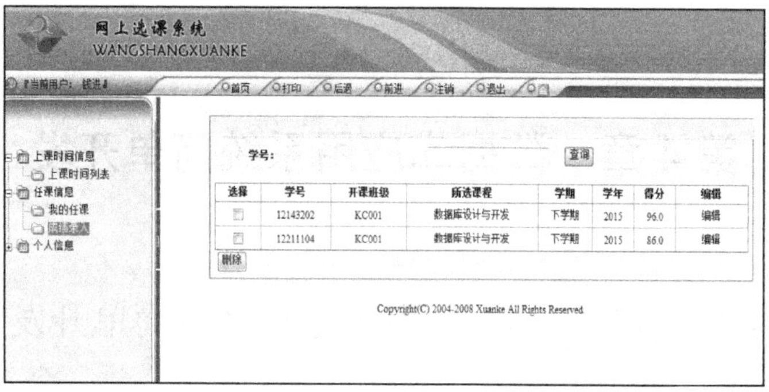

图 4-2　教师任课

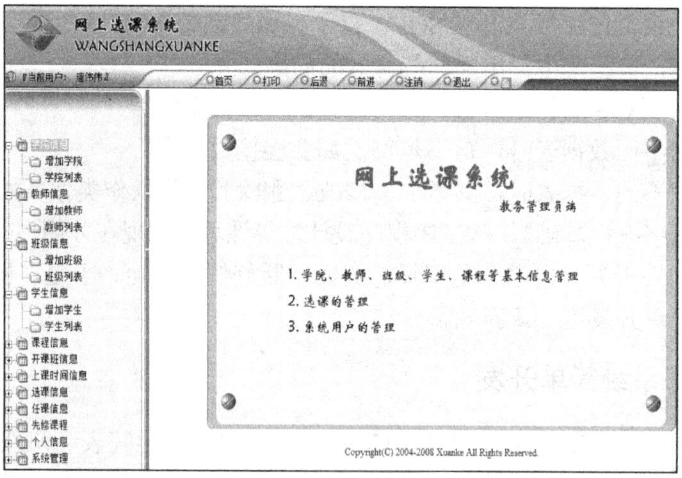

图 4-3　网上选课系统

4.2　数据库应用系统简单开发概述

数据库技术经过 40 多年的发展，使得数据库应用系统的体系结构已经经历了从集中式的数据库应用系统到客户机/服务器(Client/Server，C/S)结构的数据库应用系统，从 C/S 结构的数据库应用系统到浏览器/服务器(Browser/Server，B/S)结构的数据库应用系统的两级大跨越。目前，B/S 结构的数据库应用系统已经成为主流。

1. 集中式的数据库应用系统

集中式的数据库应用系统是由一个处理器、与它相关联的数据存储设备以及其他外围设备组成，它被物理地定义到单个位置。该系统及其数据管理被某个站点或中心站点集中控制，主要提供数据处理能力，用户可以在同样的站点上操作，也可以在地理位置隔开的其他站点上通过远程终端来操作。

2. C/S 结构的数据库应用系统

C/S 结构是大家熟知的客户机和服务器结构，通过它可以充分利用两端硬件环境的优势，将任务合理分配到 Client 端和 Server 端来实现，降低了系统的通讯开销。C/S 结构的基本原则是将计算机应用任务分解成多个子任务，由多台计算机分工完成，即采用“功能分布”原则。客户端完成数据处理、数据表示以及用户接口功能；服务器端完成 DBMS 的核心功能。这种客户请求服务、服务器提供服务的处理方式是一种新型的计算机应用模式。

Client 和 Server 常常分别处在相距很远的两台计算机上，Client 程序的任务是将用户的要求提交给 Server 程序，再将 Server 程序返回的结果以特定的形式显示给用户；Server 程序的任务是接收客户程序提出的服务请求，进行相应的处理，再将结果返回给客户程序。

3. B/S 结构的数据库应用系统

B/S 结构是WEB兴起后的一种网络结构模式，WEB 浏览器是客户端最主要的应用软件。这种模式统一了客户端，将系统功能实现的核心部分集中到服务器上，简化了系统的开发、维护和使用。客户机上只需要安装一个浏览器，如Netscape Navigator或Internet Explorer，服务器安装SQL Server、Oracle、MYSQL 等数据库。浏览器通过 Web Server 同数据库进行数据交互。B/S 结构最大的优点就是可以在任何地方进行操作而不用安装任何专门的软件，只要有一台能上网的电脑就能使用，客户端零安装、零维护，使得数据库应用系统的扩展非常容易。

基于 B/S 结构的数据库应用系统通常采用三层 B/S 架构，就是将整个业务应用划分为表现层、业务逻辑层和数据访问层，其目的就是为了实现高内聚低耦合的思想。

1) 表示层

表示层位于最外层(最上层)，最接近用户，主要用于显示数据和接收用户输入的数据，为用户提供一种交互式操作的界面。

2) 业务逻辑层

业务逻辑层是系统架构中核心部分，主要关注业务规则的制定、业务流程的实现等与业务需求有关的系统设计，也即是说它是与系统所应对的领域逻辑有关，也称业务逻辑层为领域层。业务逻辑层在体系架构中非常关键，处于数据访问层与表示层中间，起到了数据交换中承上启下的作用。首先需要执行相应的数据库应用程序与数据库进行连接，通过 SQL 等方式向数据库服务器提出数据处理申请，在数据库服务器将数据处理的结果提交给 Web 服务器并作一定处理后，再由 Web 服务器传送回客户端。

3) 数据访问层

数据访问层也称为持久层，其功能主要是负责数据库的访问，可以访问数据库系统、二进制文件、文本文档或是 XML 文档。简单地说，就是实现对数据表的 Select，Insert，Update，Delete 的操作。如果要加入 ORM 的元素，那么就会包括对象和数据表之间的 mapping，以及对象实体的持久化。

B/S 结构代表了当前数据库应用软件技术发展的趋势，是目前人们开发 Web 数据库系统普遍采用的数据库系统结构。三层 B/S 结构的数据库应用系统已经在 Internet 上得到了较为广泛的应用，因此，这里采用 B/S 结构开发网上选课系统。

4.3　ADO.NET 访问 SQL SERVER 技术

ADO.NET 是一个包含在 Microsoft.NET 框架中的类库，提供了一个统一的数据访问模型，以在线和离线的数据访问方式管理和操作 Microsoft SQL Server、Oracle、ODBC 和 XML 等数据源。数据库应用程序可以很方便地利用 ADO.NET 连接到各种数据源，进行查询和更新数据。

4.3.1 ADO.NET 概述

1. 断开连接技术

ADO.NET 是对 ADO 一个跨时代的改进，最主要区别表现在 ADO.NET 可在“断开连接模式”下访问数据库，即用户访问数据库中的数据时，首先要建立与数据库的连接，从数据库中下载需要的数据到本地缓冲区，之后断开与数据库的连接。此时用户对数据的操作(添加、修改、删除等)都是在本地进行的，只有需要更新数据库中的数据时，才再次与数据库连接，发送修改后的数据到数据库后关闭连接，这样大大减少了因连接过多(访问量较大时)对数据库服务器资源的大量占用。

2. 数据集缓存技术

在 ADO 中，数据在内存中表现为记录集(Recordset)，就像个虚拟数据表。而在 ADO.NET 中，从数据源检索的数据在内存中缓存为数据集(Dataset)。数据集就像一个虚拟的内存中的数据库，包括一个或多个数据表(DataTable)。这些表之间通常还包含关系和约束信息。由于数据集可以保存多个独立的表并维护表间关系，因此它可以保存比记录集丰富得多的数据结构。数据集与数据库之间没有任何实际关系，这些就不必保持与数据库的连接状态，使数据库可以自由完成其他任务。当在数据集上执行完更新操作后，再连接基础数据库写入相应结果。

3. 更好的程序间共享数据

由于 ADO.NET 传送的数据都是 XML 格式的，因此任何能够读取 XML 格式的应用程序都可以使用 ADO.NET 进行数据处理。事实上，接收数据的组件不一定是 ADO.NET 组件，它可以是一个基于 Microsoft Visual Studio 的解决方案，也可以是任何运行在其他平台上的任何应用程序。

4.3.2 ADO.NET 对象模型

ADO.NET 模型的一个主要目标是将数据操作与数据访问分开。要完成此任务，ADO.NET 向外界提供了两个核心组件：.NET 数据提供程序和 DataSet。.NET 数据提供程序主要负责数据访问，而 DataSet 主要负责对数据的操作。

1. .NET 数据提供程序

.NET 数据提供程序作为一个核心元素，在应用程序与数据源之间搭起了一座桥梁，是访问数据库的必备条件。它从数据源返回查询结果，在数据源上执行命令，把数据集中的改变提交到数据源。数据提供程序实现了对数据的通用访问形式。

数据提供程序与数据源类型紧密相关，不同的数据源有不同的数据提供程序。不管哪一种提供程序，都要实现数据库连接接口(IDbConnection)、数据库命令接口(IDbCommand)、数据读取器接口(IDbDataReader)、数据适配器接口(IDbDataAdapter)，以实现数据操作的统一。

.NET 数据提供程序用于连接数据库、执行命令和检索结果，共有四种，分别是：SQL Server.NET 数据提供程序、OLE DB.NET 数据提供程序、ODBC.NET 数据提供程序和 Oracle.NET 数据提供程序。

1) SQL Server.NET 数据提供程序

SQL Server .NET 数据提供程序使用它自己的协议来与 SQL Server 进行通信。由于它经过了优化，可以直接访问 SQL Server 而不用添加 OLE DB 或开放式数据库连接(ODBC)层，因此它使得实现更加精简，并且具有良好的性能。它主要用于 Microsoft SQL Server 7.0 及其以后版本数据库。SQL Server.NET 数据提供程序类位于 System.Data.SqlClient 命名空间。当链接到 SQL Server 7.0 以上版本时，总是要使用此供应器，而对于较早版本，请将 OLE DB.NET 数据提供程序用于 SQL Server OLE DB 提供程序。

2) OLE DB.NET 数据提供程序

OLE DB.NET 数据提供程序是一个用于管理 OLE DB 数据源的数据提供程序。它的效率稍低于 SQL Server.NET 数据提供程序，因为它需通过 OLE DB 服务组件和数据源的 OLE DB 提供程序与 OLE DB 数据源进行通信。OLE DB.NET 数据提供程序类位于 System.Data.OleDb 命名空间。

其他两个驱动程序及作用如下：ODBC.NET 数据提供程序通过 ODBC 与数据源进行通信，位于 System.Data.ODBC 命名空间中，用于访问 ODBC 数据源。Oracle.NET 数据提供程序通过 Oracle 客户端与数据源进行通信，位于 System.Data.OracleClient 命名空间中，用于访问 Oracle 数据源。

2. .NET 数据提供程序的核心对象

.NET 数据提供程序提供了四个核心对象，分别是 Connection、Command、DataReader 和 DataAdapter 对象。这些对象及其功能如表 4-1 和图 4-4 所示。

表 4-1　核心对象

对象	功能
Connection	提供与数据库的连接功能
Command	用于返回数据、修改数据、运行存储过程以及发送或检索参数信息的数据库命令
DataReader	以一种只读的、向前的、快速的方式访问数据库
DataAdapter	提供连接 DataSet 对象和数据源的桥梁

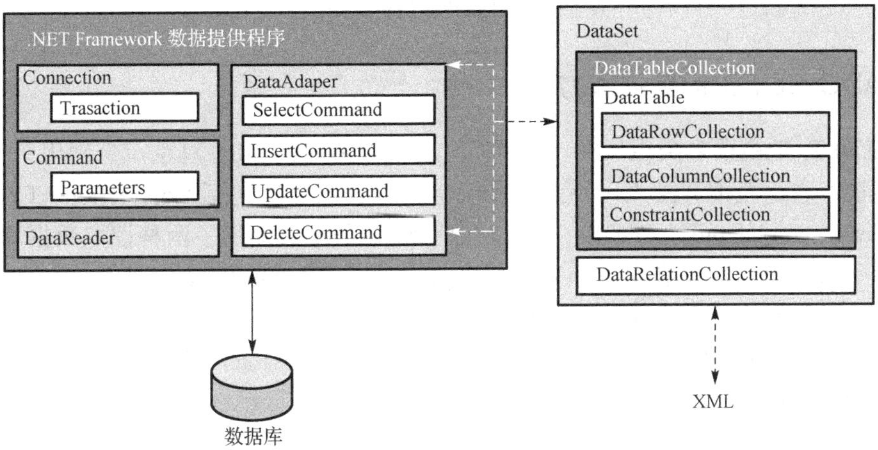

图 4-4　四个核心对象

3. DataSet 数据集

DataSet 数据集对象是支持 ADO.NET 的断开式、分布式数据方案的核心对象。DataSet 是数据的内存驻留表示形式，无论数据源是什么，它都会提供一致的关系编程模型。它可以用于多个不同的数据源，如用于 XML 数据、用于管理应用程序本地的数据等。DataSet 表示包括相关表、约束和表间关系在内的整个数据集。DataSet 的对象模型如图 4-5 所示，DataSet 数据集可以包含表、表间关系、主键与外键的约束等，可以把它看作内存中的数据源。DataSet 对象模型中各主要对象的关系如下：DataTable 对象表示数据表，在 DataTable 对象中又包含了字段(列)和记录(行)。在 DataSet 中可以包含一个或多个 DataTable 对象，多个 DataTable 又组成了 DataTableCollection 集合对象。多个表之间可能存在一定的关系，表间的关系用 DataRelation 对象来表示，该对象通常表示表间的主外键关系(参照完整性)。多个表之间可能存在多个关系，因此 DataSet 可以包含一个或多个 DataRelation 对象，多个 DataRelation 对象又组成了 DataRelationCollection 集合对象。

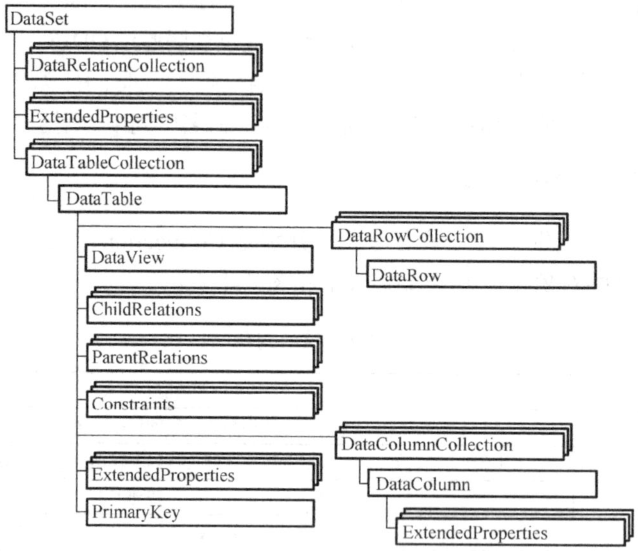

图 4-5　DataSet 的对象模型

4.3.3　ADO.NET 访问数据库方式

ADO.NET 是由很多类组成的一个类库。这些类提供了很多对象，分别用来完成和数据库的连接，进行查询、插入、更新和删除等操作。它主要包括 Connection、Command、DataReader、DataAdapter、DataSet 五个对象。这五个对象提供了两种读取数据库的方式，如图 4-6 所示。第一种是利用 Connection、Command 和 DataReader 对象，这种方式只能读取数据库，即不能修改记录。如果只是想查询记录的话，这种方式的效率更高些。第二种是利用 Connection、Command、DataAdapter 和 DataSet 对象，这种方式更灵活，可以对数据库进行各种操作。

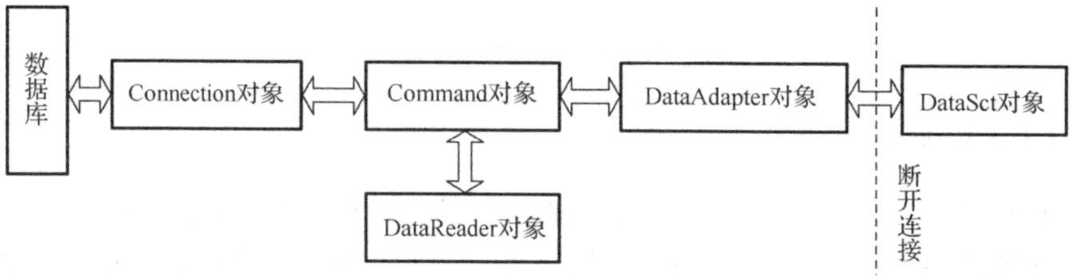

图 4-6　访问数据库方式

4.3.4 ADO.NET 对象及其编程

在 ADO.NET 中，.NET 数据提供程序提供了四个核心对象，分别是 Connection、Command、DataReader 和 DataAdapter 对象。通过数据提供程序所提供的应用程序编程接口（API），可以轻松地访问各种数据源的数据，包括 OLE DB 所支持的和 ODBC 支持的数据库。

本章主要讨论 ADO.NET 访问 SQL Server 数据库方式，因此 ADO.NET 首先用 SqlConnection 对象与数据库建立连接，然后通过 SqlCommand 向数据库提供者发出操作命令，使操作结果以流数据的形式返回连接。再通过 SqlDataReader 快速读取流数据，保存数据到 DataSet 对象。最后再由 DataSet、SqlCommand 对象对数据进行集中访问和操作。下面着重介绍 SQL Server .NET 数据提供程序所提供的四个对象 SqlConnection、SqlCommand、SqlDataReader 和 SqlDataAdapter。

1. Connection 对象及其使用

在对数据源进行操作之前，首先需建立到数据源的连接，可以使用 Connection 对象来创建连接对象。应用 Connection 对象时，先用 Connection 对象建立连接，然后调用 Open 方法来打开连接。通常建立连接时，要提供一些信息，如数据库所在位置、数据库名称、用户账号、密码等相关信息。SqlConnection 对象的最重要的属性是 ConnectionString，该属性用来设置连接字符串。

1) Connection 对象的常用属性

Connection 对象的常用属性如表 4-2 所示。

表 4-2　数据库连接字符串常用的参数及说明

参数	说明
Provider	用于设置或返回连接提供程序的名称，仅用于 OleDbConnection 对象
Connection Timeout	在终止尝试并产生异常前，等待连接到服务器的连接时间长度（以秒为单位），默认值是 15 秒
Initial Catalog 或 Database	数据库的名称
Data Source 或 Server	连接打开时使用的 SQL Server 名称，或者是 Microsoft Access 数据库的文件名
Password 或 pwd	SQL Server 账户的登录密码
User ID 或 uid	SQL Server 登录账户
Integrated Security	此参数决定连接是否为安全连接，可能的值有 true、false 和 SPPI（SSPI 是 true 的同义词）

要连接 SQL Server 2012 的数据库，需要设置连接字符串。连接字符串指明连接到数据库的方式，其格式为：

"DataSource=服务器名;initial catalog=数据库名;user id=用户名;pwd=密码"；

其中，数据库名指明要访问的数据库;用户名与密码是登录数据库的用户账号名和密码；服务器名表示要连接的 SQL Server 实例名或网络地址，连接本地主机时可以使用 localhost 或者机器名；连接本机的默认实例也可以使用(local)。

例如，使用 sa（密码 123456）连接本地主机上的 XK 数据库的连接字符串可以写为：

```
    String connectionString= "DataSource=localhost;initial catalog=XK;user
```

```
id=sa;pwd=123456"
```

调用 SqlConnection 类的构造函数建立 SqlConnection 对象的参数是连接字符串。

例如，SqlConnection myconnection=new SqlConnection(connectionString);

2) Connection 对象的常用方法

(1) Open：使用 ConnectionString 所指定的属性设置打开数据库连接。

(2) CreateCommand：创建并返回一个与 SqlConnection 关联的 SqlCommand 对象。

(3) Close：关闭与数据库的连接。这是关闭任何打开连接的首选方法。

(4) ChangeDatabase：为打开的 SqlConnection 更改当前数据库。

2. Command 对象及其使用

当连接到数据库之后，就可以使用 SqlCommand 对象对数据库进行操作，如进行数据添加、删除、修改等操作。一个命令(Command)可以用典型的 SQL 语句来表达，包括执行查询(SelectQuery)来返回记录集，执行行动查询(Action Query)来更新(增加、编辑或删除)数据库的记录，或者创建并修改数据库的表结构。当然 Command 也可以传递参数并返回值。Command 可以被明确地界定，或者调用数据库中的存储过程。下面介绍 SqlCommand 对象的常用属性和方法。

1) SqlCommand 对象的常用属性

SqlCommand 对象的常用属性如表 4-3 所示。

表 4-3　SqlCommand 对象的常用属性及说明

属性	说明
CommandType	获取或设置 Command 对象要执行命令的类型
CommandText	获取或设置要对数据源执行的 SQL 语句、存储过程名或表名
CommandTimeOut	获取或设置在终止对执行命令的尝试并生成错误之前的等待时间
Connection	获取或设置此 Command 对象使用的 Connection 对象的名称
Parameters	获取 Command 对象需要使用的参数集合

例如，建立 SqlCommand 对象 myCommand 的代码如下：

```
SqlCommand myCommand=myConnection.CreateCommand();
```

也可用下面方法创建 myCommand，代码如下：

```
SqlCommand myCommand=new Command();
myCommand.Connection=myConnection;
```

这两种方法都建立了命令对象 myCommand 与连接对象 myConnection 之间的联系，其后 myCommand 所有命令都对 myConnection 所连接的数据库进行相关操作，可以给 SqlCommand 对象的 CommandText 属性指定 SQL 语句。

例如，查询 Student 数据表中所有学生的学号和姓名，可以写成：

```
myCommand.CommandText="select studentNo, studentName from Student";
```

2) SqlCommand 对象的常用方法

SqlCommand 对象的常用方法如表 4-4 所示。

表 4-4　Command 对象的常用方法及说明

方法	说明
ExecuteNonQuery	执行 SQL 语句并返回受影响的行数
ExecuteReader	执行返回数据集的 Select 语句
ExecuteScalar	执行查询，并返回查询所返回的结果集中第 1 行的第 1 列

3. DataReader 对象及其使用

DataReaders 是专门用来读取数据的对象，用于从数据源中检索只读、只向前的数据集，常用于检索大量数据，不能进行其他任何数据库操作。DataReader 对象可通过 Command 对象的 ExecuteReader 方法从数据源中检索数据来创建。

1) DataReader 对象的常用属性

DataReader 对象的常用属性如表 4-5 所示。

表 4-5　DataReader 对象的常用属性及说明

属性	说明
FieldCount	获取当前行的列数
RecordsAffected	获取执行 SQL 语句所更改、添加或删除的行数

2) DataReader 对象的常用方法

DataReader 对象的常用方法如表 4-6 所示。

表 4-6　DataReader 对象的常用方法及说明

方法	说明
Read	使 DataReader 对象前进到下一条记录
Close	关闭 DataReader 对象
Get	用来读取数据集的当前行的某一列的数据

4. DataAdapter 对象及其使用

DataAdapter 对象是 DataSet 对象和数据源之间联系的桥梁，主要功能是从数据源中检索数据、填充 DataSet 对象中的表，把用户对 DataSet 对象做出的更改写入到数据源。SqlDataAdapter 对象适用于 SQL Server 2012，下面介绍 SqlDataAdapter 对象的常用属性和方法。

1) SqlDataAdapter 对象的常用属性

SqlDataAdapter 对象的常用属性如表 4-7 所示。

表 4-7　DataAdapter 对象的常用属性及说明

属性	说明
SelectCommand	获取或设置用于在数据源中选择记录的命令
InsertCommand	获取或设置用于将新记录插入到数据源中的命令
UpdateCommand	获取或设置用于更新数据源中记录的命令
DeleteCommand	获取或设置用于从数据源中删除记录的命令

2) SqlDataAdapter 对象的常用方法

SqlDataAdapter 对象的常用方法如表 4-8 所示。

表 4-8　DataAdapter 对象的常用方法及说明

方法	说明
Fill	从数据源中提取数据以填充数据集
Update	更新数据源

5. DataSet 对象

DataSet 是 ADO.NET 的核心。DataSet 是一个存在于内存中的数据库，也就是说它是离线的，并没有同数据库建立即时的连线。在 ADO.NET 中，DataSet 是专门用来处理从数据保存体(Data Store)中读出的数据。不管底层的数据库是 SQL Server 还是 ADO，DataSet 的行为都是一致的，可以使用相同的方式来操作从不同数据来源取得的数据。

在 DataSet 中可以包含任意数量的 DataTable，且每个 DataTable 对应一个数据库的数据表或视图。一般来说，一个对应 DataTable 对象的数据表就是一堆数据行与列的集合。DataTable 会负责维护每一笔数据行保留它的初始状态和当前的状态，以解决多人同时修改数据时引发的冲突问题。

DataSet 是 XML 与 ADO 结合的产物，它的一个重要的特点是与数据库或 SQL 无关。它只是简单地对数据表进行操作，交换数据或是将数据绑定到用户界面上。

1) DataSet 对象的填充

从数据源获取数据并填充到 DataSet 对象中的方法有以下几种。

(1) 调用对象 DataAdapter 的方法，使用 DataAdapter 对象的 SelectCommand 的结果来填充 DataSet 对象。

(2) 通过程序创建 DataRow 对象，给 DataRow 对象的各列赋值，然后把 DataRow 对象添加到集合中。

(3) 将 XML 文档或流读入到 DataSet 对象中。

(4) 合并(复制)另一个 DataSet 对象的内容到本 DataSet 对象中。

2) DataSet 对象的访问

数据集里的数据被编排在一个个的数据表中，这些表组成了 DataTableCollection 对象，对应 DataSet 的 Tables 属性。每一个 DataTable 表都是一个对象，要想访问到特定的数据表对象，就要使用 Tables.Item() 属性，如 ds.Tables.Item(table)。参数 table 可以是一个从 0 开始的表示位置的索引整数，也可以是表名称字符串。如果请求的表不存在，则返回一个空值。另外，使用 Tables.Count 属性结合 foreach{}循环语句，可以实现遍历集合中的所有表。

如同数据库中的表由记录和字段构成一样，每一个表对象(DataTable 实例)也是由行和列组成。对于数据行和数据列是通过表对象的 DataTable.Columns 和 DataTable.Rows 属性来访问的。其中：

(1) Rows 属性返回一个 DataRowCollection 集合对象，包含了表中所有的行。

(2) Columns 属性返回一个 DataColumnCollection 集合对象，包含了表中所有的列。

DataSet 对象包含数据表的集合 Tables，而 DataTable 对象包含数据行 Rows 的集合、数据列 Columns 的集合，可以直接使用这些对象访问数据集中的数据。访问数据集中某数据表的某行某列的数据，可采用如下的格式。

(1) 格式 1：数据集对象名.Tables[“数据表名”].Rows[n][“列名”]

功能：访问由“数据集对象名”指定的数据集中的由“数据表名”指定数据表的第 n+1 行的由列名指定的列。n 代表行号，从 0 开始。

(2)格式 2：数据集对象名.Tables[“数据表名”].Rows[n].ItemArray[k]

功能：访问由“数据集对象名”指定的数据集中的由“数据表名”指定数据表的第 n+1 行的第 k+1 列。k 代表列的序号，从 0 开始。

应用程序通常需要以各种方式来查看数据集中的数据。由于数据集与数据源是断开连接的，因此，这时重新连接数据源来执行操作是不经济的。ADO.NET 为程序员完成了这类任务提供了数据视图 DataView 类。DataView 类一般用于从 DataSet 类中排序、过滤、查找、编辑和导航数据，以满足程序应用的不同需要。最典型的应用是作为数据绑定的资源。数据视图 DataView 最常用的操作就是对数据进行过滤。默认情况下 DataView 对象中的数据与关联的 DataTable 中数据一样。通过指定过滤条件，可以根据不同的数据使用要求对表中的数据进行过滤。执行过滤的方式有两种：行状态方式(RowState)和行过滤器方式(RowFilter)。

与 DataSet 一样其内部数据使用的是 DataTable 对象。DataView 类是 DataTable 对象的一个自定义视图，同时 DataView 中的数据又独立于 DataSet 中 DataTable 包含的数据，所以可以对数据进行操作而又不会影响 DataSet 中的数据。其主要方法与属性如下：

(1) Sort 方法：对 DataView 包含的数据进行排序，代码如下：

```
objDataView.Sort = "排序条件"
```

(2) Find 方法：在 DataView 搜索指定的数据行，代码如下：

```
rec=objDataView.Find("指定条件")
```

注意：Find 方法查找不区分大小写，如果找到一个匹配数据，Find 方法将返回其在 DataView 中记录位置，否则返回-1。

4.3.5 ADO.NET 访问数据库步骤

使用 ADO.NET 访问数据库一般分为以下几个步骤：

(1) 根据使用的数据源，确定使用的.NET 数据提供程序。

(2) 建立与数据源的连接，创建 Connection 对象来连接数据库。

(3) 创建 Command 对象，执行 SQL 命令。

(4) 创建 DataAdapter 对象，提供数据源与记录集之间的数据交换，数据库与内存中数据交换。

(5) 创建 DataSet 对象，将从数据源中得到的数据保存在内存中，并对数据进行各种操作。

使用 ADO.NET 开发数据库应用程序时，可以使用 ADO.NET 代码访问数据库，也可以使用 ADO.NET 控件访问数据库，还可以使用数据窗体向导来访问。

具体地，利用 ADO.NET 访问 SQL Server 2012 数据库，步骤如下：

(1) 在使用 ADO.NET 时，必须在相应程序文件开始处引用命名空间 System.Data 和 System.Data.SqlClient，引用代码为

```
Using System.Data;
Using System.Data.SqlClient;
```

(2) 建立 SqlConnection 连接对象

建立 SqlConnection 连接对象，首先需要设置连接字符串。所谓连接字符串是指连接到数据库的方式，其格式为：

“Data Source=服务器名;initial catalog=数据库名; user id=用户名; pwd=口令”;

例如，使用 sa(密码为 123456)连接 XK 数据库的连接字符串可以写为：

```
string connectionString="Data Source=.\SQLEXPRESS;Initial Catalog=XK;
User ID= sa; password=123456";
```

然后，通过设置 SqlConnection 类的构造函数连接字符串参数，创建一个 SqlConnection 连接对象。例如，建立一个 myConnection 连接对象的代码如下：

```
SqlConnection myConnection=new SqlConnection(connectionString);
```

(3) 建立 SqlCommand 命令对象

建立一个 SqlCommand 命令对象的方法有两种，使用连接对象的 CreateCommand() 方法和调用 SqlCommand 类的构造函数。例如，建立一个 myCommand 命令对象代码如下：

```
SqlCommand myCommand=myConnection.CreateCommand();
```

或

```
SqlCommand myCommand=new SqlCommand();
myCommand.Connection=myConnection;
```

创建一个 SqlCommand 命令对象后，需要设置其 CommandText 属性，指定对数据库操作的 SQL 命令。例如，提取 Student 表中的所有数据，代码如下：

```
myCommand.CommandText=" select * from Student";
```

(4) 创建 SqlDataAdapter 对象。

创建一个数据适配器对象是为了从数据源读取数据填充到数据集或将数据集同步到数据源。例如，创建一个 SqlDataAdapter 对象 myDataAdapter，代码如下：

```
SqlDataAdapter myDataAdapter=new SqlDataAdapter();
```

创建了 myDataAdapter 后，由于是查询，设置其 SelectCommand 属性，告诉适配器通过那个 SqlCommand 对象获取数据填充数据集。例如，通过 myCommand 获取数据库 XK 中 Student 数据表的内容来填充数据集。

```
myDataAdapter.SelectCommand=myCommand;
```

(5) 创建数据集对象。

建立一个数据集对象 mySet，通过 myDataAdapter 对象的 Fill 方法将一个数据库装入到数据集中。

```
DataSet mySet=new DataSet();
myDataAdapter.Fill(mySet, "Student");
```

(6) 打开和关闭 SqlConnection 连接。

开发数据库应用系统，必须打开连接才能够对数据库进行相关操作，代码如下：

```
myConnection.Open();
```

当对数据库操作完毕后，关闭数据库连接，释放资源，代码如下：

```
myConnection.Close();
```

4.4　案例实践——网上选课系统主要功能实现

4.4.1　网上选课系统开发环境

本章主要介绍一个数据库应用系统开发实例——网上选课系统。使用 ADO.NET 访问 SQL SERVER，介绍一些系统公共类、登录页面、系统管理等典型功能。读者可参考本章介绍的方法来完善网上选课系统功能，也可新增一些功能。

网上选课系统采用 B/S 结构，系统开发环境如下。

(1) 操作系统：Windows 7 或更高产品。

(2) Web 服务器：IIS (Internet 信息服务器) 6.0 以上版本。

(3) 数据库平台：Microsoft SQL Server 2012 (SQL Express 版本)。

(4) 开发工具：Microsoft Visual Studio 2012。

(5) 编程语言：ASP.NET，C#。

4.4.2　网上选课系统主框架布局设计

在开发应用系统之前，首先规划网站的页面布局，这样方便指导后期页面开发，也便于团队合作开发，使整个系统风格保持一致。网上选课系统的整体布局如图 4-7 所示。

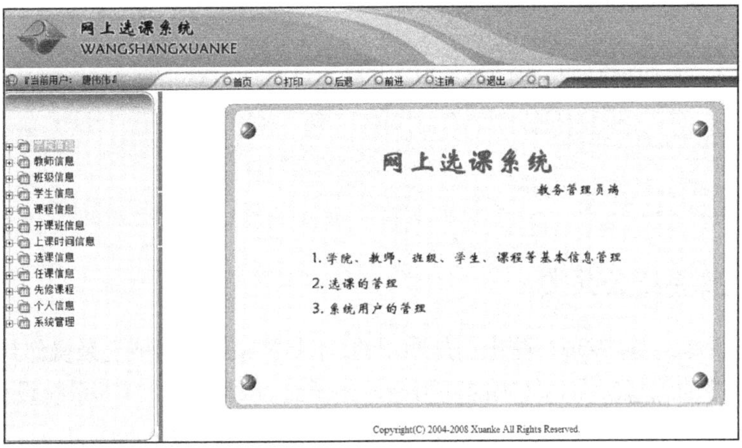

图 4-7　网上选课系统整体布局

网上选课系统的整体布局主要分为如下四个部分：

(1) 页面布局顶部设置菜单导航；

(2) 页面布局左边设置功能菜单；

(3) 页面布局右边显示具体操作界面；

(4) 页面布局底部显示版权页。

4.4.3　网上选课系统数据库连接信息设置

在开发应用程序时，可以在每个网页程序中设置数据库连接字符串，但最好在 web.config 文件中设置数据库连接字符串，这样可以提高应用程序的安全性，便于系统维护。

在 web.config 配置文件中设置数据库连接字符串的方法如下：

```
<configuration>
    <appSettings>
        <!-- 连接字符串是否加密 -->
        <add key="ConStringEncrypt" value="false"/>
        <!-- 数据库连接字符串，如果采用加密方式，上面一项要设置为 true，加密工具，可
            在官方下载；如果使用明文，server=127.0.0.1;database=.....，上面则
            设置为 false。 -->
        <add key="ConnectionString" value="server=.\sqlexpress;database=
                XK;uid=sa;pwd=c1i2s9c0"/>
        <!-- Maticsoft.Accounts 权限角色管理模块连接字符串-->
        <add key="ConnectionStringAccounts" value="server=.\sqlexpress;
                database=XK;uid=sa;pwd=c1i2s9c0"/>
<!--其他模块连接字符串，可以不断增加以便同一个项目支持连接多个数据库。如果没有，可以
    删除该行-->
        <add key="ConnectionString2" value="server= .\sqlexpress; database
                = XK;uid=sa;pwd=c1i2s9c0"/>
        <!--虚拟目录名称(如果是站点，则为空) -->
        <add key="VirtualPath" value=""/>
        <!--登录页地址 -->
        <add key="LoginPage" value="admin/Login.aspx"/>
        <!--默认菜单是否是展开状态-->
        <add key="MenuExpanded" value="false"/>
        <!--实体对象内容缓存的时间(分钟)-->
        <add key="ModelCache" value="30"/>
    </appSettings>
    ......
</configuration>
```

4.4.4 网上选课系统公共类

实现网上选课系统时，发现一些操作是通用的，于是将系统常用或复杂操作封装在公共类中，这样可以简化程序的编写，提高代码的复用性，便于进行系统维护。本系统设计了一个公共类(DbHelperSQL.cs)，封装了常用的一些数据库操作。下面给出 DbHelperSQL.cs 的部分代码。

1. 公共方法

1) ColumnExists 方法

```
/// <summary>
/// 判断是否存在某表的某个字段
/// </summary>
/// <param name="tableName">表名称</param>
/// <param name="columnName">列名称</param>
/// <returns>是否存在</returns>
public static bool ColumnExists(string tableName, string columnName)
{
    string sql = "select count(1) from syscolumns where [id]=object_id
```

```
        ('" + tableName + "') and [name]='" + columnName + "'";
    object res = GetSingle(sql);
    if (res == null)
    {
        return false;
    }
    return Convert.ToInt32(res) > 0;
}
```

2) TabExists 方法

```
/// <summary>
/// 表是否存在
/// </summary>
/// <param name="TableName"></param>
/// <returns></returns>
public static bool TabExists(string TableName)
{
    string strsql = "select count(*) from sysobjects where id = object_id(N'
        [" + TableName + "]') and OBJECTPROPERTY(id, N'IsUserTable') = 1";

    object obj = GetSingle(strsql);
    int cmdresult;
    if ((Object.Equals(obj, null)) || (Object.Equals(obj, System.DBNull.
        Value)))
    {
        cmdresult = 0;
    }
    else
    {
        cmdresult = int.Parse(obj.ToString());
    }
    if (cmdresult == 0)
    {
        return false;
    }
    else
    {
        return true;
    }
}
```

3) ExecuteReader 方法

```
/// <summary>
/// 执行查询语句，返回 SqlDataReader（注意：调用该方法后，一定要对 SqlDataReader
/// 进行 Close ）
/// </summary>
/// <param name="strSQL">查询语句</param>
/// <returns>SqlDataReader</returns>
```

```
public static SqlDataReader ExecuteReader(string strSQL)
{
    SqlConnection connection = new SqlConnection(connectionString);
    SqlCommand cmd = new SqlCommand(strSQL, connection);
    try
    {
        connection.Open();
        SqlDataReader myReader = cmd.ExecuteReader(CommandBehavior.
            CloseConnection);
        return myReader;
    }
    catch (System.Data.SqlClient.SqlException e)
    {
        throw e;
    }

}
```

4) Query 方法

```
/// <summary>
/// 执行查询语句，返回 DataSet
/// </summary>
/// <param name="SQLString">查询语句</param>
/// <returns>DataSet</returns>
public static DataSet Query(string SQLString)
{
    using (SqlConnection connection = new SqlConnection(connectionString))
    {
        DataSet ds = new DataSet();
        try
        {
            connection.Open();
            SqlDataAdapter command = new SqlDataAdapter(SQLString, connection);
            command.Fill(ds, "ds");
        }
        catch (System.Data.SqlClient.SqlException ex)
        {
            throw new Exception(ex.Message);
        }
        return ds;
    }
}
```

2. 执行简单 SQL 语句

1) ExecuteSql 方法

```
/// <summary>
/// 执行 SQL 语句，返回影响的记录数
```

```
/// </summary>
/// <param name="SQLString">SQL 语句</param>
/// <returns>影响的记录数</returns>
public static int ExecuteSql(string SQLString)
{
    using (SqlConnection connection = new SqlConnection (connectionString))
    {
        using (SqlCommand cmd = new SqlCommand(SQLString, connection))
        {
            try
            {
                connection.Open();
                int rows = cmd.ExecuteNonQuery();
                return rows;
            }
            catch (System.Data.SqlClient.SqlException e)
            {
                connection.Close();
                throw e;
            }
        }
    }
}
```

2) ExecuteSqlTran 方法

```
/// <summary>
/// 执行多条 SQL 语句，实现数据库事务。
/// </summary>
/// <param name="SQLStringList">多条 SQL 语句</param>
public static int ExecuteSqlTran(List<String> SQLStringList)
{
    using (SqlConnection conn = new SqlConnection(connectionString))
    {
        conn.Open();
        SqlCommand cmd = new SqlCommand();
        cmd.Connection = conn;
        SqlTransaction tx = conn.BeginTransaction();
        cmd.Transaction = tx;
        try
        {
            int count = 0;
            for (int n = 0; n < SQLStringList.Count; n++)
            {
                string strsql = SQLStringList[n];
                if (strsql.Trim().Length > 1)
                {
                    cmd.CommandText = strsql;
                    count += cmd.ExecuteNonQuery();
```

```
                }
            }
            tx.Commit();
            return count;
        }
        catch
        {
            tx.Rollback();
            return 0;
        }
    }
}
```

3. 执行带参数的 SQL 语句

ExecuteSql 方法

```
/// <summary>
/// 执行带一个存储过程参数的的 SQL 语句。
/// </summary>
/// <param name="SQLString">SQL 语句</param>
/// <param name="content">参数内容,比如一个字段是格式复杂的文章，有特殊符号
/// 可以通过这个方式添加</param>
/// <returns>影响的记录数</returns>
public static int ExecuteSql(string SQLString, string content)
{
    using (SqlConnection connection = new SqlConnection(connectionString))
    {
        SqlCommand cmd = new SqlCommand(SQLString, connection);
        System.Data.SqlClient.SqlParameter myParameter = new System.Data.
            SqlClient.SqlParameter("@content", SqlDbType.NText);
        myParameter.Value = content;
        cmd.Parameters.Add(myParameter);
        try
        {
            connection.Open();
            int rows = cmd.ExecuteNonQuery();
            return rows;
        }
        catch (System.Data.SqlClient.SqlException e)
        {
            throw e;
        }
        finally
        {
            cmd.Dispose();
            connection.Close();
        }
    }
}
```

4. 存储过程操作

执行 RunProcedure 方法，可以返回 SqlDataReader 和 DataSet。返回 DataSet 的 RunProcedure 方法有两种形态。

1) 返回 SqlDataReader

```
/// <summary>
/// 执行存储过程，返回 SqlDataReader（注意：调用该方法后，一定要对 SqlDataReader
/// 进行 Close ）
/// </summary>
/// <param name="storedProcName">存储过程名</param>
/// <param name="parameters">存储过程参数</param>
/// <returns>SqlDataReader</returns>
public static SqlDataReader RunProcedure(string storedProcName,
    IDataParameter[] parameters)
{
    SqlConnection connection = new SqlConnection(connectionString);
    SqlDataReader returnReader;
    connection.Open();
    SqlCommand command = BuildQueryCommand(connection, storedProcName,
        parameters);
    command.CommandType = CommandType.StoredProcedure;
    returnReader = command.ExecuteReader(CommandBehavior.CloseConnection);
    return returnReader;

}
```

2) 返回 DataSet

```
/// <summary>
/// 执行存储过程
/// </summary>
/// <param name="storedProcName">存储过程名</param>
/// <param name="parameters">存储过程参数</param>
/// <param name="tableName">DataSet 结果中的表名</param>
/// <returns>DataSet</returns>
public static DataSet RunProcedure(string storedProcName, IDataParameter[]
    parameters, string tableName)
{
    using (SqlConnection connection = new SqlConnection(connectionString))
    {
        DataSet dataSet = new DataSet();
        connection.Open();
        SqlDataAdapter sqlDA = new SqlDataAdapter();
        sqlDA.SelectCommand = BuildQueryCommand(connection, storedProcName,
            parameters);
        sqlDA.Fill(dataSet, tableName);
        connection.Close();
        return dataSet;
```

```
        }
    }
```

3) 返回 DataSet

```
    public static DataSet RunProcedure(string storedProcName, IDataParameter[]
        parameters, string tableName, int Times)
    {
        using (SqlConnection connection = new SqlConnection(connectionString))
        {
            DataSet dataSet = new DataSet();
            connection.Open();
            SqlDataAdapter sqlDA = new SqlDataAdapter();
            sqlDA.SelectCommand = BuildQueryCommand(connection, storedProcName,
                parameters);
            sqlDA.SelectCommand.CommandTimeout = Times;
            sqlDA.Fill(dataSet, tableName);
            connection.Close();
            return dataSet;
        }
    }
```

4.4.5 网上选课系统部分视图

为了方便网上选课系统显示相关信息，创建了学生在线选课和教师任课时间两个视图。

1. 学生在线选课视图 onlineTakes

```
SELECT Section.sectionNo, Section.year, Section.semester, Course.courseName,
Section.classroomNo, Time_slot.week, Time_slot.start_time,
Time_slot. end_time, Section.courseNo
FROM Course INNER JOIN Section ON Course.courseNo = Section.courseNo
INNER JOIN Time_slot ON Section.time_slotNo = Time_slot.time_slotNo
```

2. 教师任课时间视图 teacherTime

```
SELECT Time_slot.time_slotNo, Time_slot.week, Time_slot.start_time,
Time_slot.end_time, Teaches.teacherNo
FROM Teaches INNER JOIN Section ON Teaches.courseNo = Section.courseNo
INNER JOIN Time_slot ON Section.time_slotNo = Time_slot.time_slotNo
```

4.4.6 网上选课系统部分界面

1. 系统登录界面

系统登录界面(Login.aspx)如图 4-8 所示。

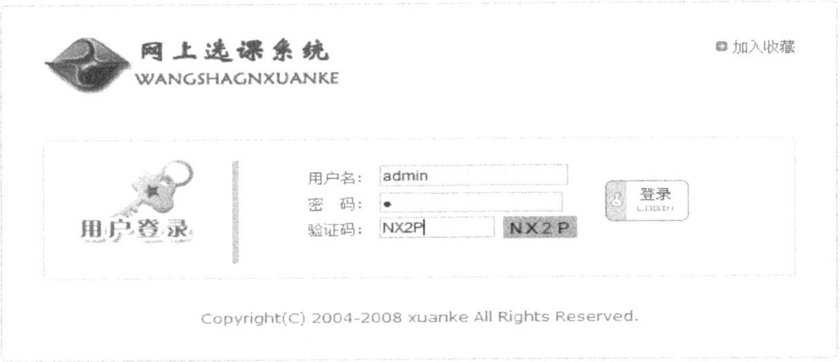

图 4-8 系统登录界面

在登录页面，输入不同的账号(管理员、教师和学生)和对应的密码，网上系统进入相应操作主界面。

系统登录处理，主要后台代码如下：

```
private void btnLogin_Click(object sender, System.Web.UI.ImageClickEventArgs e)
{
    if ((Session["PassErrorCountAdmin"] != null) &&Session ["PassErrorCount-
        Admin"].ToString()  != ""))
    {
        int PassErroeCount = Convert.ToInt32(Session ["PassErrorCountAdmin"]);
        if (PassErroeCount > 3)
        {
            txtUsername.Disabled = true;
            txtPass.Disabled = true;
            btnLogin.Enabled = false;
            this.lblMsg.Text = "对不起，你错误登录了三次，系统登录锁定！";
            return;
        }

    }

#region 检查验证码
if ((Session["CheckCode"] != null) && (Session["CheckCode"].ToString() != ""))
{
    if (Session["CheckCode"].ToString().ToLower() != this.CheckCode.Value.
        ToLower())
    {
        this.lblMsg.Text = "所填写的验证码与所给的不符 !";
        Session["CheckCode"] = null;
        return;
    }
    else
    {
        Session["CheckCode"] = null;
    }
```

```
}
else
{
    Response.Redirect("login.aspx");
}
#endregion

string userName = Maticsoft.Common.PageValidate.InputText(txtUsername.
    Value.Trim(), 30);
string Password = Maticsoft.Common.PageValidate.InputText(txtPass.Value.
    Trim(), 30);

//验证登录信息，如果验证通过则返回当前用户对象的安全上下文信息
AccountsPrincipal newUser = AccountsPrincipal.ValidateLogin(userName,
    Password);
if (newUser == null)//登录信息不对
{
      this.lblMsg.Text = "登陆失败： " + userName;
      if ((Session["PassErrorCountAdmin"] != null) && (Session["PassError-
         CountAdmin"]. ToString() != ""))
      {
         int PassErroeCount = Convert.ToInt32(Session["PassErrorCount-
           Admin"]);
         Session["PassErrorCountAdmin"] = PassErroeCount + 1;
      }
      else
      {
           Session["PassErrorCountAdmin"] = 1;
    }
}
else
{

    //根据用户对象的上下文得到用户对象信息，用于得到其他信息
    User currentUser = new LTP.Accounts.Bus.User(newUser);

    //把当前用户对象实例赋给Context.User，
    //这样做将会把完整的用户信息加载到ASP.NET提供的验证体系中
    Context.User = newUser;
    //验证当前用户密码
    if (((SiteIdentity)User.Identity).TestPassword(Password) == 0)
    {
        this.lblMsg.Text = "你的密码无效！";
        if ((Session["PassErrorCountAdmin"] != null) && (Session["PassError-
            CountAdmin"]. ToString() != ""))
        {
            int PassErroeCount = Convert.ToInt32(Session["PassErrorCount-
                Admin"]);
```

```
                Session["PassErrorCountAdmin"] = PassErroeCount + 1;
            }
            else
            {
                Session["PassErrorCountAdmin"] = 1;
            }
        }
        else
        {
                //保存当前用户对象信息
                FormsAuthentication.SetAuthCookie(userName, false); Session
                    ["User-Info"]= currentUser;
                Session["Style"] = currentUser.Style;
                if (Session["returnPage"] != null)
                {
                    string returnpage = Session["returnPage"].ToString();
                    Session["returnPage"] = null;
                    Response.Redirect(returnpage);
                }
                else
                {
                    Response.Redirect("main.htm");
                }
            }
        }
    }
```

2. 管理员主页面

管理员登录系统后，进入管理员主页面，如图 4-9 所示。主页面左边显示常见的功能操作，可以增加、修改、删除和查询学院信息、教师信息、班级信息、学生信息、课程信息、上课时间信息、开课班信息、任课信息和先修信息等。

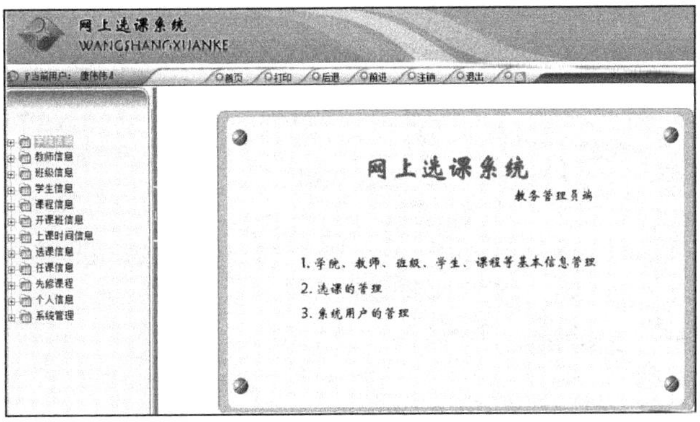

图 4-9　管理员操作主界面

页面主要后台代码如下：

```
<html xmlns="http://www.w3.org/1999/xhtml">
    <head>
```

```
        <META HTTP-EQUIV="Content-Type" CONTENT="text/html; charset=gb2312"/>
        <title>网上选课系统-系统管理</title>
    </head>
    <frameset rows="102,*" frameborder="NO" border="0" framespacing="0" name
        ="topset">
        <frame name="topFrame" scrolling="NO" noresize src="Top.aspx">
        <frameset rows="*" cols="204,*" framespacing="0" frameborder="no"
            border="0" name="middleset">
            <frame name="leftFrame" noresize src="left.aspx">
            <frameset rows="*" cols="5,*" framespacing="0" frameborder
                ="NO" border="0">
                <frame src="spliter.aspx" name="spliterFrame" scrolling
                    ="NO" noresize>
                <frame name="mainFrame" src="Main.aspx">
            </frameset>
        </frameset>
    </frameset>
    <noframes>
        <body bgcolor="#FFFFFF" text="#000000">
        </body>
    </noframes>
</html>
```

主页面中包含 Top.aspx，Left.aspx 和 Main.aspx，分别是菜单导航、功能菜单和具体操作界面。

3. 学院信息

单击“增加学院”，输入学院名称和学院地址，单击“保存”按钮，数据库系统中将新增一条记录，如图 4-10 所示。

页面主要后台代码如下：

```
protected void btnSave_Click(object sender, EventArgs e)
{

    string strErr="";
    if(this.txtinstituteName.Text.Trim().Length==0)
    {
        strErr+="学院名称不能为空！\\n";
    }
    if(this.txtinstituteAddress.Text.Trim().Length==0)
    {
        strErr+="学院地址不能为空！\\n";
    }

    if(strErr!="")
    {
        MessageBox.Show(this,strErr);
        return;
    }
```

```
        string instituteName=this.txtinstituteName.Text;
        string instituteAddress=this.txtinstituteAddress.Text;

        xuanke.Model.Institute model=new xuanke.Model.Institute();
        model.instituteName=instituteName;
        model.instituteAddress=instituteAddress;

        xuanke.BLL.Institute bll=new xuanke.BLL.Institute();
        bll.Add(model);
        Maticsoft.Common.MessageBox.ShowAndRedirect(this,"保存成功! ","add.
            aspx");

    }
```

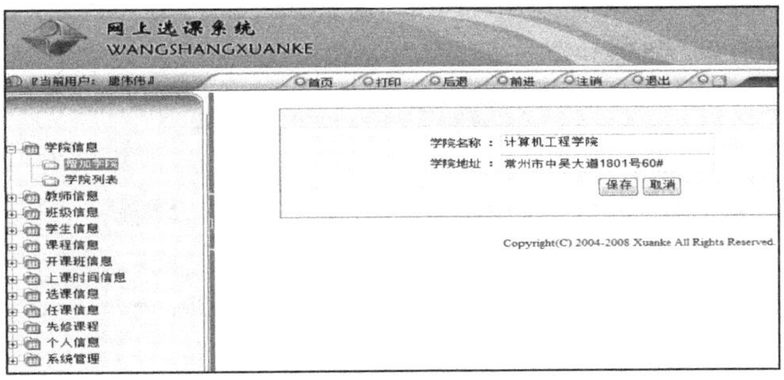

图 4-10　新增学院

单击“学院列表”，可以对学院信息进行编辑、查询和删除，如图 4-11 所示。

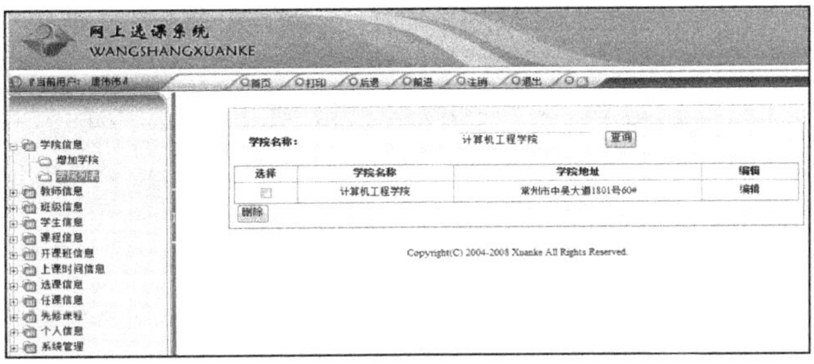

图 4-11　删除、编辑和查询学院信息

页面主要后台代码如下：

1) 数据绑定

```
    public void BindData()
    {

        DataSet ds = new DataSet();
        StringBuilder strWhere = new StringBuilder();
        if (txtKeyword.Text.Trim() != "")
        {
            #warning 代码生成警告：请修改 keywordField 为真实字段名称
          strWhere.AppendFormat("instituteName like '%{0}%'", txtKeyword.Text.
```

```
                Trim());
        }
        ds = bll.GetList(strWhere.ToString());
        gridView.DataSource = ds;
        gridView.DataBind();
    }
```

2) 查询操作

```
    protected void btnSearch_Click(object sender, EventArgs e)
    {
        BindData();
    }
```

3) 删除操作

```
    private string GetSelIDlist()
    {
        string idlist = "";
        bool BxsChkd = false;
        for (int i = 0; i < gridView.Rows.Count; i++)
        {
            CheckBox ChkBxItem = CheckBox)gridView.Rows[i].FindControl("Delete-
                This");
            if (ChkBxItem != null && ChkBxItem.Checked)
            {
                BxsChkd = true;
                //#warning 代码生成警告：请检查确认 Cells 的列索引是否正确
                if (gridView.DataKeys[i].Value != null)
                {
                    idlist += gridView.DataKeys[i].Value.ToString() + ",";
                }
            }
        }
        if (BxsChkd)
        {
            idlist = idlist.Substring(0, idlist.LastIndexOf(","));
        }
        return idlist;
    }

    protected void btnDelete_Click(object sender, EventArgs e)
    {
        string idlist = GetSelIDlist();
        if (idlist.Trim().Length == 0)
            return;
        bll.DeleteList(idlist);
        BindData();
    }

    protected void gridView_PageIndexChanging(object sender, GridViewPage-
```

```
    EventArgs e)
    {
        gridView.PageIndex = e.NewPageIndex;
        BindData();
    }

    protected void gridView_RowDataBound(object sender, GridViewRowEventArgs e)
    {
        e.Row.Attributes.Add("style", "background:#FFF");
        if (e.Row.RowType == DataControlRowType.DataRow)
        {
            LinkButton linkbtnDel = (LinkButton)e.Row.FindControl ("LinkButton1");
            linkbtnDel.Attributes.Add("onclick", "return confirm(\"你确认要删
                除吗\")");

        }
    }
```

对于教师信息、班级信息、学生信息、课程信息、上课时间信息、开课班信息、任课信息、先修信息等的增加、删除、查询和编辑功能类似，不再赘述。

4. *用户管理*

单击“用户管理”，选择对应的用户名(学号或工号)，输入相应的信息，选择对应的界面风格，单击“提交”按钮，则新增一个用户，如图 4-12 所示。

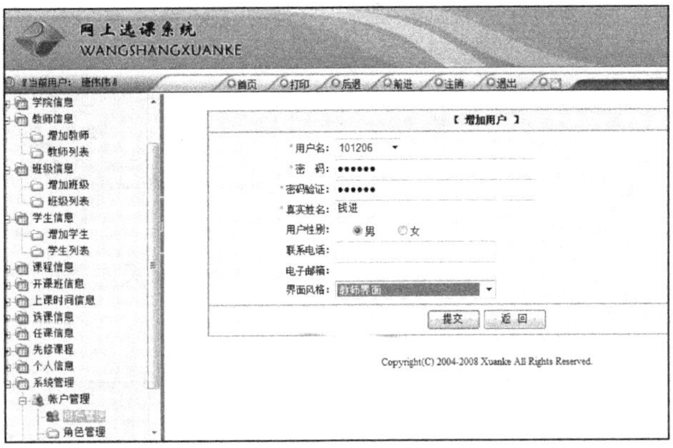

图 4-12　系统管理界面

页面主要代码如下：

```
    protected void btnAdd_Click(object sender, System.EventArgs e)
    {
        User newUser = new User();
        string strErr="";

        if(newUser.HasUser(txtUserName.Text))
        {
            strErr+="该用户名已存在！";
```

```
        }

        if(strErr!="")
        {
            Maticsoft.Common.MessageBox.Show(this,strErr);
            return;
        }

        newUser.UserName=this.dpdUserName.Text;
        newUser.Password=AccountsPrincipal.EncryptPassword(txtPassword.Text);
        newUser.TrueName=txtTrueName.Text;
        if(RadioButton1.Checked)
            newUser.Sex="男";
        else
            newUser.Sex="女";

        newUser.Phone=this.txtPhone.Text.Trim();
        newUser.Email=txtEmail.Text;
        newUser.EmployeeID=0;
        newUser.Activity=true;
        newUser.UserType = "AA";
        newUser.Style=Int32.Parse(this.dropStyle.SelectedValue);
        int userid=newUser.Create();
        if (userid == -100)
        {
            this.lblMsg.Text = "该用户名已存在！";
            this.lblMsg.Visible = true;
        }
        else
        {
            Response.Redirect("Admin/RoleAssignment.aspx?UserID="+userid);
        }

    }
```

增加一个用户后，给用户分配一个角色，如图 4-13 所示。

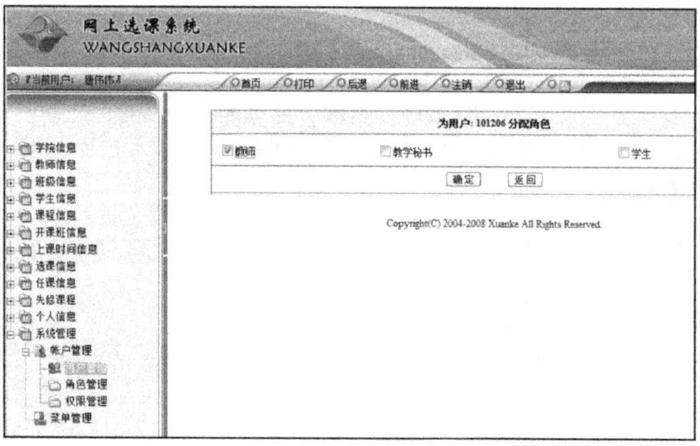

图 4-13　分配角色

页面主要后台代码如下：

```
protected void Page_Load(object sender, System.EventArgs e)
{
    userID=int.Parse(Request.Params["UserID"]);
    currentUser = new User(userID);

    Label1.Text="为用户: "+currentUser.UserName+" 分配角色";
    if(!Page.IsPostBack)
    {
        //获取并显示所有角色
        DataSet dsRole=AccountsTool.GetRoleList();
        CheckBoxList1.DataSource=dsRole.Tables[0].DefaultView;
        CheckBoxList1.DataTextField="Description";
        CheckBoxList1.DataValueField="RoleID";
        CheckBoxList1.DataBind();

        //获取用户已经拥有的角色，遍历 CheckBoxList 控件设置选中状态
        AccountsPrincipal newUser = new AccountsPrincipal(currentUser.
            UserName);
        if (newUser.Roles.Count > 0 )
        {
            ArrayList roles = newUser.Roles;
            for(int i=0; i<roles.Count; i++)
            {
                foreach(ListItem item in CheckBoxList1.Items)
                {
                    if(item.Text==roles[i].ToString())
                    item.Selected=true;
                }
            }
        }

        if (newUser.Permissions.Count > 0)
        {
            RoleList.Visible = true;
            ArrayList Permissions = newUser.Permissions;
            RoleList.Text = "用户拥有的权限列表：<ul>";
            for (int i = 0; i < Permissions.Count; i++)
            {
                RoleList.Text += "<li>" + Permissions[i] + "</li>";
            }
            RoleList.Text += "</ul>";
        }
    }
}

    //确定按钮保存
private void BtnOk_Click(object sender, System.Web.UI.ImageClickEventArgs e)
{
    //遍历 CheckBoxList，保存选中的角色信息，移除未选中的角色
    foreach(ListItem item in CheckBoxList1.Items)
```

```
        {
            if(item.Selected==true)
            {
                currentUser.AddToRole(Convert.ToInt32(item.Value));
            }
            else
            {
                currentUser.RemoveRole(Convert.ToInt32(item.Value));
            }

        }
        Response.Redirect("UserAdmin.aspx?PageIndex="+Request.Params["Page-
                Index"]);
    }
        //返回用户列表
    private void Btnback_Click(object sender, System.Web.UI.ImageClick EventArgs e)
    {
        Response.Redirect("UserAdmin.aspx?PageIndex="+Request.Params["Page-
                Index"]);
    }
```

5. 学生管理界面

输入学号和密码，进入学生选课界面，可以查看先修课程，进行在线选课和退选课程，可以管理个人信息，如图 4-14 所示。

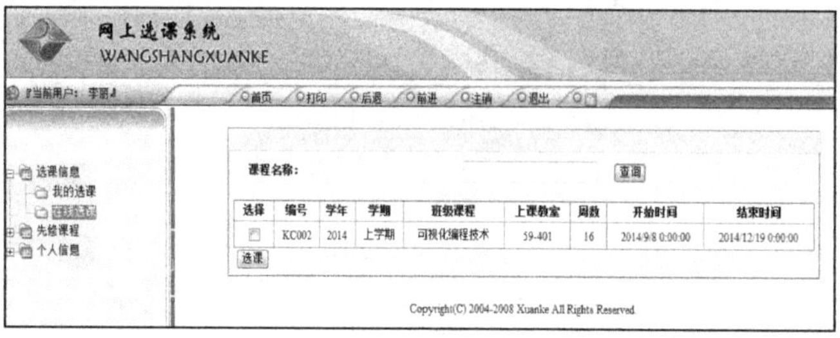

图 4-14　学生选课管理界面

页面主要后台代码如下：

```
    protected void btnSelect_Click(object sender, EventArgs e)
    {
        if (Session["UserInfo"] != null)
        {
            string idlist = GetSelIDlist();
            if (idlist.Trim().Length == 0)
                return;

            //选课
            string[] ids = Regex.Split(idlist, "#");

            for (int i = 0; i < ids.Length; i++)
            {
```

```
                string[] idIn = Regex.Split(ids[i], ",");
                myTakesModel.courseNo = idIn[0];
                myTakesModel.sectionNo = idIn[3];
                myTakesModel.semester = idIn[2];
                myTakesModel.year = Int32.Parse(idIn[1]);
                myTakesModel.score = 0;
                myTakesModel.studentNo = currentUser.UserName.ToString();
                myTakes.Add(myTakesModel);
            }
            //bll.DeleteList(idlist);
            Maticsoft.Common.MessageBox.ShowAndRedirect(this, "选课成功！",
                "myTakes.aspx");
        }
    }
```

6. 教师管理页面

输入教师工号和密码，进入教师管理界面，可以查看上课时间和任教课程、录入成绩和管理个人信息，录入成绩界面如图 4-15 所示。

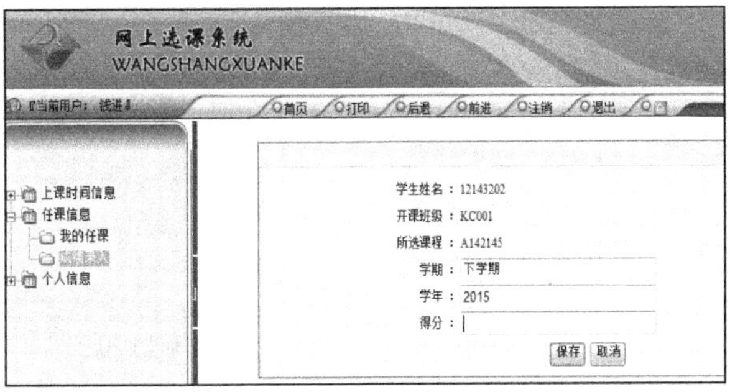

图 4-15　教师录入管理界面

页面主要后台代码如下：

```
public void btnSave_Click(object sender, EventArgs e)
{

    string strErr = "";
    if (this.txtsemester.Text.Trim().Length == 0)
    {
        strErr += "学期不能为空！\\n";
    }
    if (!PageValidate.IsNumber(txtyear.Text))
    {
        strErr += "学年格式错误！\\n";
    }
    if (!PageValidate.IsDecimal(txtscore.Text))
    {
        strErr += "得分格式错误！\\n";
    }
```

```
        if (strErr != "")
        {
            MessageBox.Show(this, strErr);
            return;
        }
        string studentNo = this.lblstudentNo.Text;
        string courseNo = this.lblcourseNo.Text;
        string sectionNo = this.lblsectionNo.Text;
        string semester = this.txtsemester.Text;
        int year = int.Parse(this.txtyear.Text);
        decimal score = decimal.Parse(this.txtscore.Text);

        xuanke.Model.Takes model = new xuanke.Model.Takes();
        model.studentNo = studentNo;
        model.courseNo = courseNo;
        model.sectionNo = sectionNo;
        model.semester = semester;
        model.year = year;
        model.score = score;
        xuanke.BLL.Takes bll = new xuanke.BLL.Takes();
        bll.Update(model);

        //学分计算
        studentModel = studentBll.GetModel(studentNo);
        //按照当前课程号获得课程的学分
        courseModel = courseBll.GetModel(courseNo);
        if (score >= 60) //如果分数大于等于 60 分，则获得学分
        {
            studentModel.totalCredits += courseModel.credits;

        }

        //更新学生的学分
        studentBll.Update(studentModel);
        User currentUser = (User)Session["UserInfo"];
        if (currentUser.UserID != 1)
            Maticsoft.Common.MessageBox.ShowAndRedirect(this, "保存成功！",
                "teacherIn.aspx");
        else
            Maticsoft.Common.MessageBox.ShowAndRedirect(this, "保存成功！",
                "List.aspx");

    }

    public void btnCancle_Click(object sender, EventArgs e)
    {
        User currentUser = (User)Session["UserInfo"];
```

```
        if (currentUser.UserID != 1)
            Response.Redirect("teacherIn.aspx");
        else
            Response.Redirect("List.aspx");
    }
```

4.5　项目实践——图书馆管理系统简单开发

根据图书馆管理系统功能模块结构，模仿网上选课系统案例，开发用户登录模块、图书馆管理系统主页面、图书信息管理、职员信息管理、个人信息管理、图书借阅、图书归还等模块。

4.6　本章小结

数据库应用系统体系结构主要包括集中式数据库应用系统、C/S 结构的数据库应用系统以及 B/S 结构的数据库应用系统三种形式。使用 ADO.NET 来访问数据库的方法是开发数据库应用系统和完成数据库课程设计的基础。因此，本章的教与学要尽可能地结合实际数据库应用系统进行。

4.7　习　　题

1．简述三层 C/S 结构中表示层、业务逻辑层、数据层的功能。

2．.NET Framework 数据提供程序的主要对象有哪几个？它们各自的功能是什么？

3．简述 ADO.NET 访问数据库的方法及步骤。

第 5 章　数据库应用系统高级开发

5.1　教学案例——网上选课系统学分自动更新

5.1.1　问题的引出

逸凡学习完数据库应用系统简单开发这一章，终于开发出网上选课系统，非常得意。他运行网上选课系统时，发现了如下一些问题：

第一，学生通过了《数据库设计与开发》这门课程考试，怎么学分没有增加呢？

第二，当统计学生选课情况时，汇总 2014—2015 学年第一学期各班的班级平均成绩和每位学生的平均成绩和应得学分，如何处理呢？

利用简单的 SQL 语言还不能完成一些复杂功能，必须进一步深入学习存储过程、SQL 程序设计等相关知识。为了完善网上选课系统，逸凡决定深入学习数据库应用系统高级开发这一章。

5.1.2　网上选课系统学分自动更新

学生以自己的学号和密码登录网上选课系统时，可以查看到自己所修读的总学分。任课教师登录网上选课系统时，可以进行成绩录入。学生选修了某门课程，任课老师评定成绩，如果该学生所选课程成绩大于等于 60 分，则自动更新该学生总学分，如图 5-1 所示。这就涉及多张表同时处理的问题。为了加快处理效率，使用存储过程实现学分自动更新。

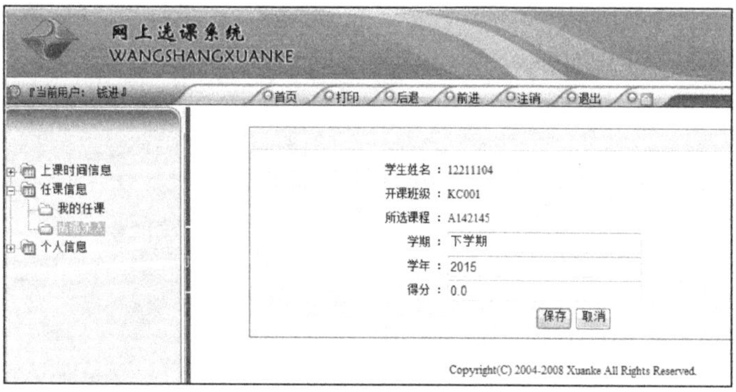

图 5-1　学分自动更新界面

5.2　数据库应用系统高级开发概述

在数据库应用系统开发中，经常会出现一些比较复杂的业务数据处理，例如对一些数据表进行复杂查询和汇总，删除多张表中数据等，仅仅使用本书前面讲述的关系数据库标准语言 SQL 的基础知识往往是不够的，还得编写一些 SQL 程序来完成这些复杂的工作。

存储过程是一组已被编辑在一起的，存储在服务器上的，执行某种功能的预编译 SQL 语句。它是一种封装重复任务操作的方法，支持用户提供的参数变量，具有强大的编程能力。

触发器是一种特殊的存储过程。它是一个能由系统自动执行对数据库修改的语句。触发器有时也称为“主动规则”或“事件——条件——动作规则”。触发器的主要作用就是其能够实现由主键和外键所不能保证的复杂的参照完整性和数据的一致性。

SQL 程序是面向过程的语言与 SQL 语言的结合，可以完成复杂的数据处理。用户自定义函数是由一个或多个 SQL 语句组成的子程序，可用于封装代码以便重复使用，通过接受参数、执行操作、以值的形式返回操作结果来完成复杂功能。

游标是 DBMS 为用户开设的一个数据缓冲区，用于存放 SQL 语句的执行结果。游标实际上是一种能从包括多条数据记录的结果集中每次提取一条记录的机制。

本章将介绍数据库应用系统高级开发编程方面的内容，包括存储过程、触发器、SQL 程序设计等。

5.3　存 储 过 程

5.3.1　存储过程概述

存储过程(stored procedure)是一组事先编译好的 Transact-SQL 代码。存储过程作为一个独立的数据库对象，可以作为一个单元被用户的应用程序反复调用。由于存储过程是已经编译好的代码，所以执行的时候不必再次进行编译，从而提高了程序的运行效率。目前大部分的 RDBMS 都提供了存储过程。

SQL Server 的存储过程类似于其他编程语言里的过程(procedure)，具体体现在：

(1) 存储过程可以接收参数，并以输出参数的形式返回多个参数给调用存储过程的过程或批处理；

(2) 存储过程也可以容纳存储过程，可以在对数据库进行查询、修改的编程语句中调用其他的存储过程；

(3) 可以返回执行存储过程的状态值以反映存储过程的执行情况。

使用存储过程的好处主要表现为：执行速度快、模块化的程序设计、减少网络通信量、保证系统的安全性。

5.3.2　存储过程的相关操作

存储过程的相关操作主要包括创建存储过程、查看存储过程、执行存储过程、修改存储过程、删除存储过程等操作。下面将详细介绍这些内容。

1. 使用 T-SQL 语句创建存储过程

创建存储过程使用 CREATE PROCEDURE 语句。其命令格式如下：

格式：CREATE PROCEDURE <存储过程名>

　　　[WITH RECOMPILE|ENCRYPTION|RECOMPILE, ENCRYPTION]

AS
<SQL 语句组>

说明：

(1) RECOMPILE：在执行完存储过程以后不在高速缓存里保留存储过程的备份，所以每次执行存储过程时都需要对存储过程进行重新编译和优化。

(2) ENCRYPTION：存储过程作为数据库对象将在 Syscomments 表中留下完整的代码等信息。使用了 ENCRYPTION 参数以后，将对访问这些数据的入口进行加密。

【例 5.1】 创建一个存储过程，输入某个学生的学号查询学生的基本情况。可用下列语句来完成：

```
USE XK
GO
IF EXISTS(SELECT NAME FROM SYSOBJECTS
WHERE NAME='StuQuery_Proc' AND TYPE='P')
DROP PROCEDURE StuQuery_Proc
GO
CREATE PROCEDURE StuQuery_Proc
@studentNo VARCHAR(8)=NULL
AS
IF @studentNo IS NULL
    SELECT 'Please Input studentNo!'
ELSE
    SELECT studentNo, studentName, sex, birthday, classNo
FROM Student WHERE studentNo=@studentNo
```

这个例子首先检验 Sysobjects 表中是否存在名字相同的存储过程的记录，如果有，则先删除原有的存储过程，再创建与之同名的存储过程。

2. *使用 T-SQL 语句查看存储过程*

1) sp_helptext

可以使用 sp_helptext 命令查看创建存储过程的文本信息。例如：

```
USE XK
GO
SP_HELPTEXT StuQuery_Proc
GO
```

2) sp_help

可以使用 sp_help 查看存储过程的一般信息。例如：

```
USE XK
GO
SP_HELP StuQuery_Proc
GO
```

说明：如果在创建存储过程时，使用了 WITH ENCRYPTION 关键字，则使用 sp_helptext 将无法看到有关存储过程的信息。

3) sp_depends

可以使用 sp_depends 查看某个表被存储过程引用的情况。

例如：

```
SP_DEPENDS Student
```

如果要知道某个存储过程引用表的情况，则应该调用 sp_depends〈存储过程名〉。

例如：

```
SP_DEPENDS StuQuery_Proc
```

3. 使用 T-SQL 语句执行存储过程

如果对存储过程的调用是批处理的第一条语句，则可以直接使用存储过程的名字调用该存储过程。

【例 5.2】 执行存储过程 StuQuery_Proc(不带参数)。可用下列语句来完成：

```
USE XK
GO
StuQuery_Proc
GO
```

但是，下面的语句将会返回错误的信息。

```
USE XK
StuQuery_Proc
GO
```

因为在这个批处理中对存储过程的调用不是第一个语句。对这种情况的处理，应该使用 EXECUTE 或 EXEC 关键字。

【例 5.3】 执行存储过程 StuQuery_Proc，学号参数为 12143202。

```
USE XK
EXEC StuQuery_Proc '12143202'
GO
```

4. 使用 T-SQL 语句修改存储过程

SQL Server 提供了在不改变存储过程使用许可和名字的情况下，对存储过程进行修改的语句。

格式：ALTER PROCEDURE 〈存储过程名〉
　　[WITH RECOMPILE | ENCRYPTION | RECOMPILE,ENCRYPTION]
　　AS
　　〈SQL 语句组〉

功能：在不改变存储过程使用许可和名字的情况下修改存储过程。

【例 5.4】 将存储过程 StuQuery_Proc 的功能修改为通过输入姓名查询学生的基本信息。可用下列语句来完成：

```
USE XK
GO
```

```
ALTER PROCEDURE StuQuery_Proc
@studentName VARCHAR(8)=NULL
AS
IF @studentName IS NULL
SELECT 'Please Input studentName!'
ELSE
    SELECT studentNo, studentName, sex, birthday, classNo
FROM Student WHERE studentName=@studentName
```

5. 使用 T-SQL 语句删除存储过程

删除存储过程使用 DROP　PROCEDURE 语句。其命令格式如下：

格式：DROP　PROCEDURE　〈存储过程名〉[,…n]

功能：删除存储过程。

【例 5.5】 删除存储过程 StuQuery_Proc。可用下列语句来完成：

```
DROP PROCEDURE StuQuery_Proc
GO
```

6. 复杂的存储过程

存储过程和触发器可以用来维护数据库引用的完整性，也就是在与外键值相对应的主键发生改变以后规范对外键可能执行的操作，约束外键值的改变。

当存在外键引用时，用户不能删除或修改被引用的主键值或 UNIQUE 列的值。但是使用存储过程可以实现受外键约束限制的主键或 UNIQUE 列的属性值的删除和修改。这种操作一般都影响到多个表，所以一般使用级联删除或级联修改来实现。

当使用存储过程进行级联修改时，可以按以下步骤执行操作。

(1) 以新的主键值或 UNIQUE 列值向主表插入新的数据行，重复现存行的所有其他列的值。

(2) 将依赖表中的外键改为新值。

(3) 删除主表中的旧数据行。

当使用存储过程来实现级联删除时，可以按以下步骤进行操作：

(1) 删除外键所在的行，或将外键修改为 NULL 或默认值。

(2) 删除主表中的行。

从上面执行级联删除和级联修改的步骤可以看出，使用存储过程来维护数据的完整性，并不是要替代原有的外键约束，而是作为外键约束的补充，外键约束仍然保留在数据库中并起着主要的作用。

使用存储过程可以提供附加的安全性，可以赋予用户调用某些存储过程的权限，但不允许用户对基本表进行修改。

【例 5.6】 建立了一个存储过程来实现针对 Student 和 Takes 表的级联删除。当用户从 Student 表中删除记录时，也删除 Takes 表中所有的相关数据。可用下列语句来完成：

```
USE XK
GO

IF EXISTS(SELECT NAME FROM SYSOBJECTS
```

```
        WHERE NAME='StuDel_Proc' AND TYPE='P')
    DROP PROCEDURE StuDel_Proc
GO

CREATE PROCEDURE StuDel_Proc
    @studentNo VARCHAR(8)
AS
    BEGIN
        DELETE Takes
        WHERE studentNo=@studentNo

        DELETE Student
        WHERE studentNo=@studentNo
    END

SELECT * FROM Student
SELECT * FROM Takes
GO

EXEC StuDel_Proc '12143202'
GO
```

在上面的 SQL 语句中，要先书写删除 Takes 表中相关的记录，然后删除 Student 表中的记录。否则，删除操作出错。

5.4 触　发　器

5.4.1 触发器概述

触发器(Trigger)是一种特殊类型的存储过程。当有操作影响到触发器保护的数据时，触发器就自动发生。触发器是与表紧密联系在一起的，只要提及某个具体的触发器，那么就是指某个具体表的触发器。因此，触发器是在特定表上定义的，该表也叫触发器表。触发器可用来对表实施复杂的完整性约束，当对触发器所保护的数据进行增加、删除和更新时，如果该表有相应操作类型的触发器，那么触发器就自动触发执行，以防止对数据进行不正确的修改，从而实现数据的完整性约束。触发器基于一个表创建，但可针对多个表进行操作。针对数据更新的三种操作有三种类型的触发器，即：INSERT、DELETE 和 UPDATE。

触发器与存储过程的区别是：存储过程由用户直接调用执行，而触发器不能由用户调用执行，是在对触发器表进行操作时自动触发执行的。

触发器一般有下列用途：

(1) 对数据库中相关的表进行级联修改时提示相关信息；

(2) 在撤销或回滚违反引用完整性操作时给出提示，防止非法修改数据；

(3) 完成比检查约束更为复杂的约束操作；

(4) 比较表修改前后数据之间的差别，并根据这些差别来进行相应的操作；

(5) 对一个表上的不同操作(INSERT、UPDATE 或者 DELETE)可采取不同的触发器，对一个表上的相同操作也可调用不同的触发器进行不同的操作。

5.4.2 触发器的相关操作

触发器的相关操作主要包括创建触发器、查看触发器、修改触发器和删除触发器等操作。下面将详细介绍这些内容。

1. 使用 T-SQL 语句创建触发器

创建触发器使用 CREATE TRIGGER 语句。其命令格式如下：

格式：CREATE TRIGGER <触发器名> ON {表名|视图}
　　[WITH ENCRYPTION]
　　{FOR | AFTER | INSTEAD OF} {[DELETE][,][INSERT][,][UPDATE]}
　　[WITH APPEND] [NOT FOR REPLICATION]
　　AS
　　〈SQL 语句组〉

触发器作为一种数据库对象，在 Syscomment 表中存储完整的文本定义信息。可以使用 WITH ENCRYPTION 对访问 Syscomment 表的入口进行加密。

NOT FOR REPLICATION：定义在复制过程中不执行触发器操作。

【例 5.7】 创建一个针对 Student 表的插入触发器。可用下列语句来完成：

```
USE XK
IF EXISTS(SELECT NAME FROM SYSOBJECTS
          WHERE NAME='StuInsert_Tr' AND TYPE='TR')
    DROP TRIGGER StuInsert_Tr
GO

CREATE TRIGGER StuInsert_Tr ON Student
FOR INSERT
AS
    SELECT 'Please Check Student INSERT!'
    SELECT * FROM Student
GO
```

在 CREATE TRIGGER 语句中不能使用 SELECT 语句返回对表格查询的数据，因为触发器不接受用户应用程序传递的参数，从而也无法向用户应用程序返回查询表格数据所得到的结果。

由于系统表所存储数据的特殊性和重要性，建议用户不要自己在系统表上建立触发器。在创建触发器时，不允许 RETURN 返回运行状态的数据。

【例 5.8】 创建一个当 Student 表执行 INSERT、UPDATE 操作时触发的触发器。可用下列语句来完成：

```
USE XK
IF EXISTS(SELECT NAME FROM SYSOBJECTS
WHERE NAME='StuInsertUpdate_Tr' AND TYPE='TR')
    DROP TRIGGER StuInsertUpdate_Tr
GO
CREATE TRIGGER StuInsertUpdate_Tr
```

```
ON Student
FOR INSERT, UPDATE
AS
SELECT 'Please check record after insert or update!'
```

由于 SQL Server 支持在同一个表的同一种操作类型上建立多个触发器，所以当创建了 StuInsertUpdate_Tr 触发器后，在 Student 表执行 INSERT 操作时将触发 StuInsert_Tr 和 StuInsertUpdate_Tr 触发器，它们都是有效的触发器。

2. 使用 T-SQL 语句查看触发器

触发器是特殊的存储过程，适用于存储过程的管理方式都适用于触发器，所以用户完全可以使用 sp_helptext，sp_help，sp_depends 等系统存储过程和使用企业管理器来浏览触发器的有关信息。也可以使用 sp_rename 系统存储过程来为触发器改名。

可以使用系统存储过程 sp_helptrigger 来浏览指定表格上指定类型的触发器的信息。

格式：sp_helptrigger　表名，[[type]]

说明：type 是触发器的类型取值范围，分别是 INSERT、UPDATE、DELETE。

例如：

```
USE XK
GO
SP_HELPTRIGGER Student, [INSERT]
```

如果不设置 type 的值，则返回定义在该表上的所有触发器的信息。

3. 使用 T-SQL 语句修改触发器

修改触发器使用 ALTER TRIGGER 语句。其命令格式如下：

格式：ALTER TRIGGER〈触发器名〉ON {表名|视图}
　　[WITH ENCRYPTION]
　　{FOR | AFTER | INSTEAD OF} {[DELETE][,][INSERT][,][UPDATE]}
　　[WITH APPEND] [NOT FOR REPLICATION]
　　AS
　　〈SQL 语句组〉

功能：修改触发器。

4. 使用 T-SQL 语句删除触发器

删除触发器使用 DROP TRIGGER 语句。当用户删除某个表时，所有建立在该表上的触发器都将被删除。删除触发器命令格式如下：

格式：DROP TRIGGER　触发器名[,…n]

功能：删除触发器。

【例 5.9】 删除触发器 StuInsertUpdate_Tr，可用下列语句来完成：

```
USE XK
GO
DROP TRIGGER StuInsertUpdate_Tr
```

5.5 SQL 程序设计

5.5.1 SQL 程序基本成分

1. 变量

Transact-SQL 中可以使用两种变量：局部变量和全局变量。

1) 局部变量

局部变量是用户可自定义的变量，它的作用范围仅在程序内部。在程序中通常用来存储从表中查询到的数据，或当做程序执行过程中暂存变量使用。局部变量必须以@开头，而且必须先用 DECLARE 命令声明后才可使用。其格式如下：

格式：DECLARE @变量名变量类型[，@变量名变量类型…]

说明：在使用 DECLARE 命令声明以后，所有的变量都被赋予初值 NULL。

在 Transact-SQL 中不能像在一般的程序语言中一样使用“变量=变量值”来给变量赋值，必须使用 SELECT 或 SET 命令来设定变量的值。其格式如下：

格式：SELECT @变量名= 变量值

SET @变量名= 变量值

说明：SET 与 SELECT 的区别，如表 5-1 所示。

表 5-1　SET 与 SELECT 的区别

	SET	SELECT
对多个变量同时赋值	不支持	支持
表达式返回多个值时	出错	将返回的最后一个值赋给变量
表达式未返回值	变量被赋 null 值	变量保持原值

2) 全局变量

全局变量是 SQL Server 系统内部使用的变量，其作用范围并不局限于某一程序，而是任何程序均可随时调用。系统全局变量是 SQL Server 系统提供并赋值的变量。用户不能建立全局变量，也不能用 SET 语句改变全局变量的值。

说明：(1) 全局变量不是由用户的程序定义的，它们是在服务器级定义的。

(2) 用户只能使用预先说明及定义的全局变量。

(3) 引用全局变量时必须以“@@”开头。

(4) 局部变量的名称不能与全局变量的名称相同，否则会在应用中出错。

常见的全局变量如表 5-2 所示。

表 5-2　常见的全局变量

全局变量名称	说明
@@ERROR	最后一个 T-SQL 错误的错误号
@@IDENTITY	最后一个插入的标识值
@@LANGUAGE	当前使用语言的名称
@@MAX_CONNECTIONS	可以创建的同时链接的最大数目

续表

全局变量名称	说明
@@ROWCOUNT	受上一个 SQL 语言影响的行数
@@SERVERNAME	本地服务器的名称
@@SERVICENAME	该计算机上的 SQL 服务的名称
@@TIMETICKS	当前计算机上每刻度的微秒数
@@TRANSCOUNT	当前连接打开的事务数
@@VERSION	SQL Server 的版本信息

2. 注释符

SQL SERVER 支持两种类型的注释字符。

--(双连字符)：用于单行注释，与要执行的代码处在同一行，也可另起一行。从双连字符到行尾均为注释。

/*……*/(正斜杠-星号对)："/*" 用于注释文字的开头，"*/" 用于注释文字的结尾，中间的全部内容均视为注释部分，用于标识多行文字为注释。

3. 运算符

SQL SERVER 提供赋值运算符、算术运算符、位运算符、比较运算符、逻辑运算符等。

赋值运算符只有一个，即=(等号)，用于为字段或变量赋值。

算术运算符在两个表达式上执行数学运算，包括加法+、减法-、乘法*、除法/、取模%等运算。

位运算符用于在两个数之间执行位操作，包括位与&、位或|、位异或^。

比较运算符用于测试两个表达式是否相等，除了 text，ntext 或 image 数据类型的表达式外，比较运算符还可用于其他所有类型的表达式。

逻辑运算符用于对某个条件进行测试，与比较运算符一样，逻辑运算的运算结果为布尔数据(TRUE 或 FALSE)。

字符串连接运算是指使用加号(+)将两个字符串连接成一个字符串，加号作为字符串连接符。例如：'abc' +'123'结果为'abc123'。

如果一个表达式中使用了多种运算符，则运算符的优先顺序决定计算的先后次序。计算时，从左向右计算，先计算优先级高的运算，再计算优先级低的运算。

4. 函数

1)标量函数

SQL SERVER 在标准 SQL 的基础上，提供了大量的函数，包括日期和时间函数、字符串函数、数学函数、聚合函数、转换函数以及系统函数等。下面介绍前面 4 种函数。

(1)日期和时间函数

日期和时间函数用于对日期和时间进行各种不同的处理和运算，并返回一个字符串、一个数字值或一个日期和时间值。常见的日期和时间函数如表 5-3 所示。

表 5-3　日期和时间函数

函数	说明
DATEADD（datepart,number,date）	在向指定日期加上一段时间的基础上，返回新的 datetime 值
DATEDIFF（datepart,date1,date2）	以 datepart 指定的方式，给出 date1 与 date2 之差。

续表

函数	说明
DATEPART(datepart , date)	返回代表指定日期的指定日期部分的整数
GETDATE()	返回当前系统日期和时间
DAY(date)	返回代表指定日期的天的日期部分的整数
MONTH(date)	返回代表指定日期月份的整数
YEAR(date)	返回表示指定日期中的年份的整数

(2)字符串函数

字符串函数实现字符串的查找、转换、截取等操作。常见的字符串函数如表 5-4 所示。

表 5-4　常见的字符串函数

函数	说明
ASCII (character_expression)	返回字符表达式最左端字符的 ASCII 代码值
CHAR (integer_expression)	将 int ASCII 代码转换为字符的字符串函数
CHARINDEX (expression1 , expression2 [, start_location])	返回字符串中指定表达式的起始位置
DIFFERENCE (character_expression , character_expression)	以整数返回两个字符表达式的 SOUNDEX 值之差
LEFT (character_expression , integer_expression)	返回从字符串左边开始指定个数的字符
LEN (string_expression)	返回给定字符串表达式的字符个数
LOWER (character_expression)	将大写字符数据转换为小写字符数据后返回字符表达式
LTRIM (character_expression)	删除起始空格后返回字符表达式
NCHAR (integer_expression)	根据 Unicode 标准所进行的定义，用给定整数代码返回 Unicode 字符
PATINDEX ('%pattern%' , expression)	返回指定表达式中某模式第一次出现的起始位置
REPLACE ('string_expression1' , 'string_expression2' , 'string_expression3')	用第三个表达式替换第一个字符串表达式中出现的所有第二个给定字符串表达式
REVERSE (character_expression)	返回字符表达式的反转
RIGHT (character_expression , integer_expression)	返回字符串中从右边开始指定个数的 integer_expression 字符
RTRIM (character_expression)	截断所有尾随空格后返回一个字符串
SOUNDEX (character_expression)	返回由四个字符组成的代码(SOUNDEX)以评估两个字符串的相似性

(3)数学函数

数学函数实现各种运算，包括三角函数、指数运算、对数运算等。常见的数学函数如表 5-5 所示。

表 5-5　常见的字符串函数

函数	说明
ABS (numeric_expression)	返回给定数字表达式的绝对值
RAND ([seed])	返回 0 到 1 之间的随机 float 值
ROUND (numeric_expression , length [, function])	返回数字表达式并四舍五入为指定的长度或精度
FLOOR (numeric_expression)	返回小于或等于所给数字表达式的最大整数
SIGN (numeric_expression)	返回给定表达式的正(+1)、零(0)或负(-1)号
SQUARE (float_expression)	返回给定表达式的平方

(4) 聚合函数

聚合函数对一组值进行汇总产生单一的值。除 COUNT 函数之外，聚合函数忽略空值。聚合函数经常与 SELECT 语句的 GROUP BY 子句一同使用。常见的聚合函数如表 5-6 所示。

表 5-6　常见的字符串函数

函数	说明
AVG ([ALL | DISTINCT] expression)	返回组中值的平均值
MAX ([ALL | DISTINCT] expression)	返回表达式的最大值
MIN ([ALL | DISTINCT] expression)	返回表达式的最小值
SUM ([ALL | DISTINCT] expression)	返回表达式中所有值的和
COUNT ({ [ALL | DISTINCT] expression] | * })	返回组中项目的数量

2) 用户自定义函数

SQL SERVER 不仅提供了系统内置函数，还允许用户创建自己的函数。用户定义的函数由一条或多条 T-SQL 语句组成，一般是为了方便重用而创建的，以提高应用程序的开发效率，保证程序的质量。

用户自定义函数可以有输入参数并返回值，但没有输出参数。当函数的参数有默认值时，调用该参数时必须明确指定 DEFAULT 关键字才能获取默认值。使用 CREATE FUNCTION 语句创建用户定义函数，使用 ALTER FUNCTION 语句修改用户自定义函数，使用 DROP FUNCTION 语句删除用户自定义函数。

(1) 自定义函数的创建

格式：CREATE　FUNCTION　[所有者名称.]函数名
```
        [ ( {@参数名称 [AS] 数据类型 [=默认值] } [, …n ]) ]
        RETURNS 返回值类型
        [AS]
        BEGIN
        函数体 SQL 语句
            RETURN 数值表达式
        END
```

说明：自定义函数必须在当前数据库中定义，函数名必须符合标识符构成规则并且唯一，省略所有者名称则默认为系统管理员 dbo，@参数名称是用局部变量定义的形式参数，用于接收调用函数时传递过来的参数。默认值必须是常量，如果设定了默认值则调用函数时若不提供参数，形式参数自动取默认值。RETURNS 指定返回值类型，RETURN 指定返回值，注意这两个关键字的区别。

(2) 自定义函数的调用

自定义函数的调用与系统标准函数的调用相同，但必须写出“所有者名称.函数名”并在圆括号内给出参数。在调用时，实际参数的类型必须与形式参数的数据类型一致；否则，系统不能执行，返回错误信息。

5.5.2　SQL 程序流程控制语句

T-SQL 语言支持基本的流程控制逻辑，它允许按照给定的某种条件执行程序流程和分支，T-SQL 提供的流程控制语句如表 5-7 所示。

表 5-7 SQL 程序流程控制语句

关键字	说明
BEGIN…END	定义语句块
IF…ELSE	定义条件以及当一个条件为 FALSE 时的操作
CASE	多条件选择
WHILE	当特定条件为 TRUE 时重复语句
BREAK	退出最内层的 WHILE 循环
CONTINUE	新一轮 WHILE 循环
GOTO label	执行 label 之后的语句
RETURN	用于无条件地终止一个查询、存储过程或批处理
WAITFOR	为语句的执行设置延迟

1. BEGIN…END 语句

为了可以一次执行一组 SQL 语句，这时就需要使用 BEGIN…END 语句将多条语句封装起来。其语法格式为：

```
BEGIN
    SQL 语句 1          /* 语句块 1 */
    SQL 语句 2          /* 语句块 2*/
    ……                /* 其他语句块 */
END
```

说明：BEGIN...END 语句块允许嵌套。

2. IF…ELSE 语句

IF…ELSE 语句先判断某个条件，若条件满足，则执行条件之后的 SQL 语句，否则执行 ELSE 关键字之后的 SQL 语句。其中 ELSE 关键字与其后的语句块是可选的。其语法格式为：

```
IF 布尔表达式                /* 条件表达式 */
{ SQL 语句| SQL 语句块 }           /* 条件表达式为 TRUE 时执行 */
[ ELSE
{ SQL 语句| SQL 语句块} ]      /* 条件表达式为 FALSE 时执行 */
```

在实际程序中，IF…ELSE 语句中不止包含一条语句，而是一组 SQL 语句。

3. CASE 表达式

CASE 表达式用于多条件分支选择，CASE 具有两种格式，都支持可选的 ELSE 参数。

1) 简单 CASE 表达式

格式：CASE 表达式

```
        WHEN 表达式的值 1  THEN 返回表达式 1
        WHEN 表达式的值 2  THEN 返回表达式 2
        ……
        [ELSE 返回表达式 n ]
    END
```

功能：将某个表达式与一组简单表达式进行比较以确定结果。

2) 搜索 CASE 表达式

格式：CASE

```
        WHEN 逻辑表达式 1 THEN 返回表达式 1
        WHEN 逻辑表达式 2 THEN 返回表达式 2
        ……
            [ELSE 返回表达式 n]
        END
```

功能：计算一组逻辑表达式以确定结果。

4. WHILE 语句

WHILE 语句根据条件重复执行一个 SQL 语句或语句块。若条件成立，就重复执行语句或语句块。可以使用 BREAK 和 CONTINUE 关键字在循环内部控制 WHILE 循环中语句的执行。

其语法格式为：

```
WHILE 布尔表达式
BEGIN
    SQL 语句|SQL 语句块
    [BREAK]                    /*终止整个语句的执行*/
    SQL 语句|SQL 语句块
    [CONTINUE]                 /*结束一次循环体的执行*/
END
```

说明：WHILE 语句允许嵌套，BREAK 语句使程序从最内层的 WHILE 循环中退出，CONTINUE 语句使 WHILE 循环重新开始执行，忽略 CONTINUE 关键字之后的语句。

5. GOTO 语句

GOTO 语句将执行语句无条件跳转到标签处，并从标签位置继续处理。GOTO 语句和标签可在过程、批处理或语句块中的任何位置使用。其语法格式为：

GOTO label

说明：GOTO 语句可嵌套使用，但结构化编程中不推荐使用 GOTO 语句。

6. RETURN 语句

RETURN 语句用于无条件地终止一个查询、存储过程或者批处理，此时位于 RETURN 语句之后的程序将不会被执行。RETURN 语句可以返回一个数值，可以将 RETURN 语句作为程序执行是否成功的一个判断标志。其语法格式为：

RETURN [整型返回值]

说明：如果不提供整型返回值，则退出程序并返回一个空值；如果用于存储过程中，则可以返回整型值。

7. WAITFOR 语句

WAITFOR 语句指定触发语句块、存储过程或事务执行的时间、时间间隔或事件。其语法格式为：

```
WAITFOR
{ DELAY 'time_to_pass'        /*设定等待时间*/
| TIME 'time_to_execute'      /*设定等待到某一时刻*/
}
```

说明：执行 WAITFOR 语句时，事务正在运行，并且其他请求不能在同一事务下运行。WAITFOR 不更改查询的语义。如果查询不能返回任何行，WAITFOR 将一直等待，或等到满足 TIMEOUT 条件(如果已指定)。

'time'：要等待的时间。可以按 datetime 数据可接受的格式指定 time，也可用局部变量指定此参数，它不能指定日期，只能指定时间。

5.5.3 游标

SQL 语言是面向集合的，一条 SQL 语句原则上可以产生或处理多条记录。而主语言是面向记录的，一组主变量一次只能存放一条记录。所以，仅使用主变量并不能完全满足 SQL 语句向应用程序输出数据的要求，为此嵌入式 SQL 引入了游标的概念，用游标来协调这两种不同的处理方式。

游标是系统为用户开设的一个数据缓冲区，存放 SQL 的执行结果。可将其理解为一个指示器，指向数据库中满足条件的元组。游标包括结果集和游标位置两部分，其中结果集是指游标内 SELECT 语句执行后产生的集合，游标位置是指游标指针的当前位置。每个游标区都有一个名字。用户可以用 SQL 语句逐一从游标中获取记录，并赋给主变量，交由主语言进一步处理。

游标的定义和使用分为下面几步。

1. 定义游标

格式：EXEC SQL DECLARE <游标名>CURSOR FOR
　　<SELECT 语句>
　　END_EXEC；

功能：定义游标并将其与 SELECT 查询结果相联系。

说明：游标定义时，SELECT 语句没有执行；在利用游标删除和修改数据的语句中，WHERE 子句应为：WHERE CURSOR OF <游标名>。

2. 打开游标

格式：EXEC SQL OPEN <游标名> END_EXEC；

功能：执行游标对应的查询语句，并将游标指向结果集的第一个元组前。

说明：被打开的游标处于活动状态，可以被推进；游标是一个指针，指向结果集的第一个元组前，不能读出数据。

3. 推进游标

格式：EXEC SQL FETCH FROM <游标名> INTO <共享变量组> END_EXEC；

功能：将游标推进一行，取出当前的元组送到共享变量组中。

说明：共享变量组中的变量用逗号分隔；语句常置于宿主语言程序的循环结果中，并借助于宿主语言的处理语句逐一处理查询结果集中一个个元组。

4. 关闭游标

格式：EXEC SQL CLOSE <游标名> END_EXEC；

功能：关闭指定的游标。

说明：游标关闭后，不再与原来的查询结果相联系，关闭的游标可以再次打开，与新的查询结果相联系。当数据处理完后要及时关闭不使用的游标，释放所占用的资源。

5.5.4 SQL 程序实例

【例 5.10】 统计学生选课情况，显示学生选课的数量，可用下列语句来完成：

```
USE XK
GO
select studentNo,'课程数量'=
case count(*)
     when 1 then '选修了一门课'
     when 2 then '选修了两门课'
     when 3 then '选修了三门课'
end
from Takes
group by studentNo
```

【例 5.11】 自定义一个函数，其功能是将学生选修课程的成绩转换成学分。如果考试通过，则获得该课程的学分，否则学分为 0。输入参数为成绩和课程学分；输出参数为应得学分。可用下列语句来完成：

(1) 定义 CreditConvert 函数。

```
USE [XK]
GO
CREATE FUNCTION CreditConvert
(@score NUMERIC(4,1),@credits NUMERIC(3,1))
RETURNS NUMERIC(3,1)
AS
BEGIN
    RETURN
    CASE SIGN(@score - 60)
        WHEN 1 THEN @credits
        WHEN 0 THEN @credits
        WHEN -1 THEN 0
    END
END
```

(2) 调用 CreditConvert 函数。

查询学号为 12211103 的选修学分情况，代码如下：

```
SELECT 姓名=studentName, 课程名称=courseName, 学分=dbo.CreditConvert(score,
    credits)
FROM Takes, Course, Student
```

```
WHERE Takes.studentNo=Student.studentNo and Takes.courseNo=Course.
    courseNo and Student.studentNo='12211103'
```

5.6 案例实践——网上选课系统学分自动更新代码实现

5.6.1 网上选课系统存储过程设计

为了提高网上选课系统运行效率，创建了以下一些存储过程。

1. 增加选课记录

--用途：增加一条记录
--项目名称：
--说明：
--时间：2014/10/8 11:13:27

```
CREATE PROCEDURE [dbo].[Takes_ADD]
    @studentNo nvarchar(10),
    @courseNo nvarchar(10),
    @sectionNo nvarchar(10),
    @semester nvarchar(20),
    @year int,
    @score numeric(4,1)
AS
    INSERT INTO [Takes](
    [studentNo],[courseNo],[sectionNo],[semester],[year],[score]
    )VALUES(
    @studentNo,@courseNo,@sectionNo,@semester,@year,@score
    )
```

2. 删除选课记录

```
ALTER PROCEDURE [dbo].[Takes_Delete]
    @studentNo nvarchar(10),
    @courseNo nvarchar(10),
    @sectionNo nvarchar(10)
AS
    DELETE [Takes]
    WHERE studentNo=@studentNo and courseNo=@courseNo and sectionNo=@sectionNo
```

3. 更新选课记录

--用途：修改一条记录

--项目名称：
--说明：
--时间：2014/10/8 11:13:27

```
CEATE PROCEDURE [dbo].[Takes_Update]
    @studentNo nvarchar(10),
    @courseNo nvarchar(10),
    @sectionNo nvarchar(10),
    @semester nvarchar(20),
    @year int,
    @score numeric(4,1)
AS
    UPDATE [Takes] SET
    [semester] = @semester,[year] = @year,[score] = @score
    WHERE studentNo=@studentNo and courseNo=@courseNo and sectionNo =@sectionNo
```

4. 获取实体对象详细信息

--用途：得到实体对象的详细信息
--项目名称：
--说明：
--时间：2014/10/8 11:13:27

```
CREATE PROCEDURE [dbo].[Takes_GetModel]
@studentNo nvarchar(10),
@courseNo nvarchar(10),
@sectionNo nvarchar(10)
AS
    SELECT  studentNo,courseNo,sectionNo,semester,year,score
    FROM [Takes]
    WHERE studentNo=@studentNo and courseNo=@courseNo and sectionNo=@sectionNo
```

5.6.2 网上选课系统学分自动更新代码实现

为了更快地进行学分自动更新，网上选课系统采用存储过程来实现。当学生通过某门选修课程时，首先获取该门课程的学分，然后将该学分更新到该生所修读的总学分中。

后台代码如下：

```
public void btnSave_Click(object sender, EventArgs e)
{

    string strErr = "";
    if (this.txtsemester.Text.Trim().Length == 0)
    {
        strErr += "学期不能为空！\\n";
```

```
}
if (!PageValidate.IsNumber(txtyear.Text))
{
    strErr += "学年格式错误! \\n";
}
if (!PageValidate.IsDecimal(txtscore.Text))
{
    strErr += "得分格式错误! \\n";
}

if (strErr != "")
{
    MessageBox.Show(this, strErr);
    return;
}
string studentNo = this.lblstudentNo.Text;
string courseNo = this.lblcourseNo.Text;
string sectionNo = this.lblsectionNo.Text;
string semester = this.txtsemester.Text;
int year = int.Parse(this.txtyear.Text);
decimal score = decimal.Parse(this.txtscore.Text);

xuanke.Model.Takes model = new xuanke.Model.Takes();
model.studentNo = studentNo;
model.courseNo = courseNo;
model.sectionNo = sectionNo;
model.semester = semester;
model.year = year;
model.score = score;
xuanke.BLL.Takes bll = new xuanke.BLL.Takes();
bll.Update(model);

//学分计算
studentModel = studentBll.GetModel(studentNo);
//按照当前课程号获得课程的学分
courseModel = courseBll.GetModel(courseNo);
if (score >= 60) //如果分数大于等于 60 分且学分没加过，则加学生的学分
{
    studentModel.totalCredits += courseModel.credits;

}

//更新学生的学分
studentBll.Update(studentModel);
User currentUser = (User)Session["UserInfo"];
if (currentUser.UserID != 1)
    Maticsoft.Common.MessageBox.ShowAndRedirect(this, "保存成功! ",
```

```
                "teacherIn.aspx");
        else
            Maticsoft.Common.MessageBox.ShowAndRedirect(this, "保存成功！",
                "List.aspx");
    }
```

在更新学生的学分时，执行 studentBll.Update(studentModel)，实际是调用下面的 Update 中存储过程：

```
public bool Update(xuanke.Model.Takes model)
{
    int rowsAffected=0;
    SqlParameter[] parameters = {
        new SqlParameter("@studentNo", SqlDbType.NVarChar,10),
        new SqlParameter("@courseNo", SqlDbType.NVarChar,10),
        new SqlParameter("@sectionNo", SqlDbType.NVarChar,10),
        new SqlParameter("@semester", SqlDbType.NVarChar,20),
        new SqlParameter("@year", SqlDbType.Int,4),
        new SqlParameter("@score", SqlDbType.Decimal,5)};
    parameters[0].Value = model.studentNo;
    parameters[1].Value = model.courseNo;
    parameters[2].Value = model.sectionNo;
    parameters[3].Value = model.semester;
    parameters[4].Value = model.year;
    parameters[5].Value = model.score;

    DbHelperSQL.RunProcedure("Takes_Update",parameters,out rowsAffected);
    if (rowsAffected > 0)
    {
        return true;
    }
    else
    {
        return false;
    }
}
```

5.7　项目实践——图书馆管理系统高级开发

根据图书馆管理系统功能模块结构，模仿网上选课系统案例，使用存储过程开发图书续借、超时罚款等模块。

5.8 本章小结

存储过程作为一种独立的数据库对象，类似于编程语言中的过程，用于完成访问权限管理、数据库审计追踪以及一些具有特定功能的复杂工作。触发器主要是为保持数据库中数据的完整性而提供的一种动态执行机制，是对表实施的更复杂的完整性约束，对于防止数据库的各数据表中数据的不正确修改和数据业务的完整性具有重要作用。Transact-SQL 是对 SQL 的扩展，主要用于在交互式方式下的系统管理和数据库应用系统设计中的各种数据库对象的创建，属于数据库的高级应用功能。本章内容可根据不同学生群体的基础和课程应用要求，灵活授课。

5.9 习题

根据某一应用领域用户组织的信息管理需求，设计并实现一个用于信息管理的小型数据库应用系统，功能模块包括用户登录、系统主页面、一个数据表录入、一个单数据表查询、一个多数据表查询。要求完成各页面设计、应用程序代码设计，并完成相关实验报告的撰写。

第6章　数据库管理

数据集中存放和共享使得数据库的利用率和使用效率大大提高，但容易引发数据不安全，而且共享又使得不同用户可以在同一时刻并发查询和修改数据库中数据，容易引起并发冲突，破坏数据的一致性和正确性。为了保证数据库中数据安全可靠和正确有效，数据库管理系统必须统一管理和控制数据库系统中的数据，提供一套有效的数据库安全性、完整性、数据恢复和并发控制等多方面的数据库保护功能。

6.1　教学案例——网上选课系统用户登录

6.1.1　问题的引出

学了两个月的数据库技术，逸凡终于设计和开发出简单的网上选课系统，洋洋自得起来，原来数据库技术不是很难呀。在设计和开发数据库应用系统过程中，他还有如下一些问题没有得到很好解决：

第一，不同用户访问网上选课系统时，用户应该拥有不同的权限，如何设计这些权限？

第二，当管理员删除一门课，而学生同时选修该门课程时，网上选课系统会不会出错？

第三，当网上选课系统数据库出现故障时，如何快速恢复数据库？

这些问题看似与数据库设计和开发联系并不紧密，实际上却非常重要。逸凡决定再坚持一下，学习数据库管理技术。

6.1.2　网上选课系统用户登录

当不同的用户使用网上选课系统时，用户应该拥有不同的权限。学生拥有选课，查看选修成绩等权限；任课教师可以查看任教课程，评定成绩等；系统管理员可以对各种信息进行增删改，修改用户权限等。网上选课系统用户登录界面风格统一，不同用户用自己的账号和密码登录后，进入到不同的界面。用户登录界面如图6-1所示。

如何管理不同的用户权限，如何保障数据库中数据安全性和正确性，这就涉及数据库管理。

图6-1　用户登录界面

6.2　数据库管理概述

数据库管理是有关建立、存储、修改和存取数据库中信息的技术，是指为保证数据库系统的正常运行和服务质量，有关人员须进行的技术管理工作。负责这些技术管理工作的人员称为数据库管理员(DBA)，主要负责管理数据库的建立、数据库的调优、数据库的重组、数据库的重构、数据库的安全控制、数据库的完整性控制和数据库数据的日常备份和还原。

在数据库系统正确有效运行的过程中，如何保障数据库的一致性非常重要。这就需要数据库管理系统对数据库各种操作进行监控。在各种操作中，最小的操作单位是事务。这样，对数据库操作的监控就变成了对数据库事务的管理。事务的并发操作可能会引起修改丢失、读“脏”数据和不可重复读等基本问题，因此需要进行事务并发控制。

数据库安全性是保护数据库以防止非法用户恶意造成的破坏，而数据库完整性则是保护数据库以防止合法用户无意中造成数据库的破坏。数据库管理系统必须确保合法用户做正确的事情和只能执行合法的操作，确保非法用户无法访问数据库。因此，数据库的安全性和完整性属于数据库管理的范畴。

最后，任何一个数据库系统都不可避免会发生故障，如何让数据库尽可能不发生故障以及当发生了数据库故障后如何恢复数据库，也成了数据库管理员的主要工作。

本章主要讨论数据库的安全性、完整性、并发控制和数据恢复问题。

6.3 数据库的安全性管理

6.3.1 安全性概述

数据库安全性是指防止不合法用户对数据进行访问和使用，以免数据的泄露、更改或破坏。目前，国际上和我国均颁布了有关数据库安全的等级标准。最早的标准是美国国防部(DOD)1985 年颁布的《可信计算机系统评估标准》(Trusted Computer System Evaluation Criteria，TCSEC)。1991 年美国国家计算机安全中心(NCSC)颁布了《可信计算机系统评估标准关于可信数据库系统的解释》(Trusted Datebase Interpreation，TDI)，将 TCSEC 扩展到数据库管理系统。1996 年国际标准化组织 ISO 又颁布了《信息技术安全技术——信息技术安全性评估准则》(Information Technology Security Techniques——Evaluation Criteria For It Secruity)。我国政府于 1999 年颁布了《计算机信息系统评估准则》。目前国际上广泛采用的是美国标准 TCSEC(TDI)，在此标准中将数据库安全划分为 4 大类，由低到高依次为 D、C、B、A。其中 C 级由低到高分为 C1 和 C2，B 级由低到高分为 B1、B2 和 B3。每级都包括其下级的所有特性，各级指标如下：

(1)D 级标准：提供最小保护，将不符合更高标准的系统归于 D 级。

(2)C1 级标准：只提供非常初级的自主安全保护。能实现对用户和数据的分离，进行自主存取控制(DAC)，保护或限制用户权限的传播。

(3)C2 级标准：提供受控的存取保护，即将 C1 级的 DAC 进一步细化，以个人身份注册负责，并实施审计和资源隔离。很多商业产品已得到该级别的认证。

(4)B1 级标准：标记安全保护。对系统的数据加以标记，并对标记的主体和客体实施强制存取控制(MAC)以及审计等安全机制。

一个数据库系统若符合 B1 级标准，则称它为安全数据库系统或可信数据库系统。

(5)B2 级标准：结构化保护。建立形式化的安全策略模型并对系统内的所有主体和客体实施 DAC 和 MAC。

(6)B3 级标准：安全域。满足访问监控器的要求，审计跟踪能力更强，并提供系统恢复过程。

(7) A 级标准：验证设计，即提供 B3 级保护的同时给出系统的形式化设计说明和验证，以确信各安全保护真正实现。

我国的国家标准的基本结构与 TCSEC 相似。我国标准分为五级，从第一级到第五级依次与 TCSEC 标准的 C 级(C1、C2)及 B 级(B1B2B3)一致。

数据库安全由数据库管理员负责，但是数据库安全不仅仅与数据库相关。为了保护数据库，防止恶意的破坏，可以在从低到高的五个级别上设置如下各种安全措施：

(1) 环境级：计算机系统的机房和设备应加以保护，防止有人进行物理破坏。

(2) 职员级：工作人员应清正廉洁，正确授予用户访问数据库的权限。

(3) 操作系统级：应防止未经授权的用户从操作系统层着手访问数据库。

(4) 网络级：由于大多数数据库系统都允许用户通过网络进行远程访问，因此网络安全为数据库的安全提供了一个保障。

(5) 数据库系统级：检查用户的身份是否合法，检查用户使用数据库的权限是否正确，确保这些权限不冲突。

低一级的安全漏洞(操作系统或网络上的安全漏洞)将直接危害高一级(数据库)安全措施的实施。例如，入侵者利用操作系统上的漏洞以 DBA 身份登录，可以对数据库进行任何操作。本章只讨论与数据库系统中的数据保护密切相关的常用安全性措施，主要包括自主存取控制、强制存取控制、视图、审计和数据加密机制等方法。

6.3.2 自主存取控制

一个数据库通常包含了大量的信息和几组用户。大多数用户只能访问数据库中某一小部分的数据。用户对于不同的对象有不同的存取权限；不同的用户对同一对象的存取权限也各不相同；用户可将自己拥有的存取权限转授给其他用户。因此，数据库管理系统应提供一种机制来控制数据的访问。

自主存取控制(DAC)是对用户访问数据库中表、视图等各种资源的创建、查询、更新和执行等权限的控制。大型数据库管理系统几乎都支持自主存取控制，目前的 SQL 标准也对自主存取控制提供支持，这主要通过 SQL 的 GRANT 语句和 REVOKE 语句来实现。

用户权限由数据对象和操作类型两个要素组成。定义一个用户的存取权限就是要定义这个用户可以在哪些数据对象上进行哪些类型的操作。在数据库管理系统中，定义存取权限称为授权(Authorization)。

1. 权限

用户使用数据库的方式称为“权限”。权限有下列几种：

(1) 读权限：允许用户读数据，但不能改数据。

(2) 插入权限：允许用户插入新数据，但不能改数据。

(3) 修改权限：允许用户改数据，但不能删除数据。

(4) 删除权限：允许用户删除数据。

根据需要，可以授权用户上述权限中的一个或多个，也可以不授权上述任何一个权限。除了访问数据权限，系统还提供给用户修改数据库模式的如下权限：

(1) 索引(Index)权限：允许用户创建和删除索引。

(2) 资源(Resourse)权限：允许用户创建新的关系。

(3) 修改 (Alteration) 权限：允许用户在关系结构中加入或删除属性。

(4) 撤销 (Drop) 权限：允许用户撤销关系。

2. 授予权限

DBMS 大多数都采用自主存取控制保证数据库中数据的安全性。通过授权 (authority) 使不同的用户对不同的数据对象有不同的存取权限。SQL Server 中权限分为系统权限和对象权限。系统权限由数据库管理员授予其他用户，是指数据库用户能够对数据库系统进行某种特定操作的权力，如创建一个基本表 (CREATE TABLE)。对象权限由创建基本表、视图等数据库对象的用户授予其他用户，是指数据库用户在指定的数据库对象上进行某种特定操作的权力，如查询、插入、修改和删除等操作。

授予权限 (GRANT) 是指允许具有特定权限的用户有选择地、动态地把某些权限授予其他用户，必要时还可以收回这些权限。

授予用户权限的语句格式如下：

格式：GRANT <权限>[,…n]
　　　[ON <对象类型><对象名>]
　　　TO　<用户>[,…n]|PUBLIC
　　　[WITH GRANT OPTION]

功能：将对特定操作对象的指定操作权限授予指定的用户。

说明：

(1) 对不同操作对象的不同操作权限如表 6-1 所示，ALL PRIVILEGES 是指各个对象类型所能获得的权限的总和。

表 6-1　不同对象类型允许的操作权限

对象	对象类型	操作权限
属性列	TABLE	SELECT、INSERT、UPDATE、DELETE、ALL PRIVILEGES (四种权限之和)
视图	TABLE	SELECT、INSERT、UPDATE、DELETE、ALL PRIVILEGES (四种权限之和)
基本表	TABLE	SELECT、INSERT、UPDATE、ALTER、INDEX、DELETE、ALL PRIVILEGES (六种权限之和)
数据库	DATABASE	CREATETAB 建立表的权限，可由 DBA 授予普通用户

(2) PUBLIC：将指定的权限授予所有用户。

(3) 授予关于属性列的权限时，必须明确指出相应的属性列名。

(4) WITH GRANT OPTION：它使得被授权的用户具有授权权限，即被授权的用户有权力将得到的指定权限再授予其他用户。

1) 系统权限的授予

系统权限也称数据库级权限，主要是系统特权或 DBA 的权限。DBA 或数据库的拥有者可以把某些 SQL 语句的执行命令授予其他用户，这种权限称为系统权限。系统权限包括：CREATE DATABASE，CREATE DEFAULT，CREATE FUNCTION，CREATE PROCEDURE，CREATE RULE，CREATE TABLE，CREATE VIEW，BACKUP DATABASE 和 BACKUP LOG。

授予系统权限的命令格式如下：

格式：GRANT { ALL | 系统权限[,... n] }
　　　TO <用户> [,...n] |PUBLIC

[WITH ADMIN OPTION]

功能：将系统权限授予已有的用户。

【例 6.1】 给用户 Mary 和 John 授予产生数据库和表的系统权限，可用下列语句来完成：

```
GRANT CREATE DATABASE, CREATE TABLE
TO Mary, John
```

2) 对象权限的授予

数据库管理员拥有系统权限，而作为数据库的普通用户，只对自己创建的基本表、视图等数据库对象拥有对象权限。如果要共享其他的数据库对象，则必须授予他一定的对象权限。

同系统权限的授予类似，SQL 语言使用 GRANT 语句为用户授予对象权限，其命令格式为：

格式：GRANT ALL|<对象权限>[(列名[,…n])]

ON <对象名>

TO <用户名>|PUBLIC[,…n]

[WITH GRANT OPTION]

功能：将指定的操作对象的对象权限授予指定的用户。

【例 6.2】 将对 Student 表和 Takes 表的所有对象权限授予 USER1。可用下列语句来完成：

```
GRANT ALL
ON Student, Takes
TO USER1
```

【例 6.3】 将查询 Course 表的权限授予所有用户。可用下列语句来完成：

```
GRANT SELECT
ON Course
TO PUBLIC
```

【例 6.4】 将修改学生表中学号的权限授予用户 USER2，并允许将此权限再授予其他用户。可用下列语句来完成：

```
GRANT UPDATE (studentNo)
ON Student
TO USER2
WITH ADMIN OPTION
```

USER2 具有此对象权限，可使用 GRANT 命令给其他用户授权。USER2 将此权限授予 USER3，可用下列语句来完成。

```
GRANT UPDATE (studentNo)
ON Student
TO USER3
```

3. 收回权限

1) 系统权限的收回

数据库管理员可以使用 REVOKE 语句收回系统权限，其命令格式为：

格式：REVOKE <系统权限> [,…n]

FROM <用户> [,…n]

功能：收回用户具有的系统权限。

【例 6.5】 收回用户 Mary 所拥有的 CREATE TABLE 的系统权限，其命令格式为：

```
REVOKE CREATE TABLE
FROM Mary
```

2) 对象权限的收回

所有授予出去的权力在必要时都可以由数据库管理员和授权者收回，收回对象权限仍然使用 REVOKE 语句，其命令格式为：

格式：REVOKE <对象权限> [,…n]

FROM <用户名>|PUBLIC[,…n]

功能：收回用户具有的对象权限

【例 6.6】 收回用户 USER1 对 Student 表的查询权限。可用下列语句来完成：

```
REVOKE SELECT
ON Student
FROM USER1
```

【例 6.7】 收回用户 USER2 修改学生表中学号的权限。可用下列语句来完成：

```
REVOKE UPDATE(studentNo)
ON TABLE Student
FROM USER2
```

在例 6.4 中，USER2 将对 Student 表的权限授予了 USER3，在收回 USER2 对 Student 表的权限的同时，系统会自动收回 USER3 对 Student 表的权限。

4. 角色

在 SQL92 中，通过指定用户的标识符将权限授予给用户。在实际生活中，权限是和用户的工作或用户在组织机构中的角色相关的，因此许多 DBMS 支持角色概念，并允许将权限授予角色。

格式：CREATE ROLE role_name [AUTHORIZATION owner_name]

功能：创建一个角色

对角色的授权同用户授权是一样的，可以将角色授予用户或其他的角色。

【例 6.8】 创建一个 teacher_Admin 角色，并指定由用户 User1 管理。授予角色具有更新 Student 的权限，并将该角色赋予角色 stu_Admin。可用下列语句来完成：

```
CREATE ROLE teacher_Admin AUTHORIZATION User1
GRANT UPDATE on Student to teacher_Admin
CREATE ROLE stu_Admin
GRANT teacher_Admin to stu_Admin
```

6.3.3 强制存取控制

自主存取控制能够通过授权机制有效地控制其他用户对敏感数据的存取。由于用户对数据的存取权限是“自主”的，用户可以自由地决定将数据的存取权限授予何人、决定是否也将“授权”的权限授予别人，而系统对此无法控制。在这种授权机制下，仍可能存在数据的“无意泄露”。例如，甲将自己权限范围内对某些数据存取授权给乙，甲的意图是只允许乙本人操纵这些数据。但甲的这种安全性要求并不能得到保证，因为乙一旦获得了对数据的权限，就可以将数据备份，获得自身权限内的副本，并在不征得甲同意的前提下传播副本。造成这一问题的根本原因就在于，这种机制仅仅通过对数据的存取权限来进行安全控制，而数据本身并无安全性标记。要解决这一问题，就需要对系统控制下的所有主客体实施强制存取控制策略。

强制存取控制的主要特征是对所有主体(系统中的活动实体)及其所控制的客体实施强制访问控制。每一个数据对象被标以一定的密级；每一个用户也被授予某一个级别的许可证；对于任意一个对象，只有具有合法许可证的用户才可以存取。因此强制存取控制相对比较严格。

强制存取控制系统主要通过对主体和客体的已分配的安全属性进行匹配判断，决定主体是否有权对客体进行进一步的访问操作。对于主体和客体，DBMS 为它们的每个实例指派一个敏感度标记(Label)。敏感度标记被分成若干级别，如绝密、机密、可信、公开等。主体的敏感度标记称为许可证级别，客体的敏感度标记称为密级。在强制存取控制下，每一个数据对象被标以一定的密级，每一个用户也被授予某一个级别的许可证。对于任意一个对象，只有具有合法许可证的用户才可以存取。而且，该授权状态一般情况下不能被改变，这是强制存取控制模型与自主存取控制模型实质性的区别。一般用户或程序不能修改系统安全授权状态，只有特定的系统权限管理员才能根据系统实际的需要来有效地修改系统的授权状态，以保证数据库系统的安全性能。

强制存取控制策略基于以下两个规则：

(1) 仅当主体的许可证级别大于或等于客体的密级时，主体对客体具有读权限。

(2) 仅当客体的密级大于或等于主体的许可证级别时，主体对客体具有写权限。

这两种规则的共同点在于它们均禁止了拥有高许可证级别的主体更新低密级的数据对象，从而防止了敏感数据的泄漏。

强制安全存取控制模型的不足之处是可能给用户使用自己的数据时带来诸多的不便，其原因是这些限制过于严格，但是对于任何一个严肃的安全系统而言，强制安全存取控制是必要的，可以避免和防止大多数有意无意对数据库的侵害。

较高安全性级别提供的安全保护要包含较低级别的所有保护，因此在实现强制存取控制时要首先实现自主存取控制，即自主存取控制与强制存取控制共同构成 DBMS 的安全机制。系统首先进行自主存取控制检查，对通过检查的允许存取的主体与客体再由系统进行强制存取控制的检查，只有通过检查的数据对象方可进行存取。

6.3.4　安全性的其他技术

1. 视图机制

视图是数据库系统提供给用户以多种角度观察数据库中数据的重要机制，是从一个或几个基表(或视图)导出的表，它与基表不同，是一个虚表。数据库中只存放视图的定义，而不存放视图对应的数据，这些数据仍存放在原来的基本表中。

从某种意义上讲，视图就像一个窗口，透过它可以看到数据库中自己感兴趣的数据及其变化。在进行存取权限控制时，可以为不同的用户定义不同的视图，把数据对象限制在一定的范围内，也就是说，通过视图机制把要保密的数据对无权存取的用户隐藏起来，从而自动地对数据提供一定程度的安全保护。

需要指出的是，视图机制最主要的功能在于提供数据独立性，在实际应用中，常常将视图机制与存取控制机制结合起来使用，首先用视图机制屏蔽一部分保密数据，再在视图上进一步定义存取权限。通过定义不同的视图及有选择地授予视图上的权限，可以将用户、组或角色限制在不同的数据子集内。

2. 审计

任何系统的安全保护措施都不是完美无缺的，蓄意盗窃、破坏数据的人总是想方设法打破控制。审计功能就是把用户对数据库的所有操作自动记录下来放入审计日志中，一旦发生数据被非法存取，DBA 可以利用审计跟踪的信息，重现导致数据库现有状况的一系列事件，找出非法存取数据的人、时间、地点以及所有访问数据库的对象和所执行的动作。

审计通常有两种方式：用户审计和系统审计。

(1)用户审计：DBMS 的审计系统记下所有对表或视图进行访问的企图(包括成功的和不成功的)及每次操作的用户名、时间、操作代码等信息。这些信息一般都被记录在数据字典(系统表)之中，利用这些信息用户可以进行审计分析。

(2)系统审计：由系统管理员进行，其审计内容主要是系统一级命令以及数据库客体的使用情况。

审计通常是很费时间和空间的，所以 DBMS 往往都将其作为可选特征，允许 DBA 根据应用对安全性的要求，灵活地打开或关闭审计功能。审计功能一般主要用于安全性要求较高的部门。审计功能是 DBMS 达到 C2 级以上安全级别必不可少的指标。这是数据库系统的最后一道安全防线。

3. 加密

前面介绍的几种数据库安全措施，都是防止从数据库系统中窃取保密数据。但数据存储在存盘、磁带等介质上，还常常通过通信线路进行传输，为了防止数据在这些过程中被窃取，较好的方法是对数据进行加密。对于高度敏感性数据，例如财务数据、军事数据、国家机密，除了上述安全措施外，还可以采用数据加密技术。

加密的基本思想是根据一定的算法将原始数据(术语为明文)变换为不可直接识别的格式(术语为密文)，从而使得不知道解密算法的人无法获知数据的内容。数据解密是加密的逆过程，即将密文数据转变成可见的明文数据。

一个密码系统包含明文集合、密文集合、密钥集合和算法，其中密钥和算法构成了密码系统的基本单元。算法是一些公式、法则或程序，它规定明文与密文之间的变换方法，密钥可以看作算法中的参数。一个加密系统如图 6-2 所示。

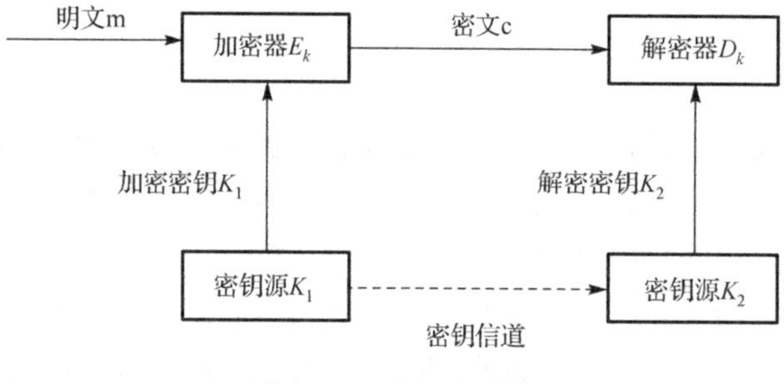

图 6-2　一个加密系统

加密方法可分为对称加密与非对称加密两种。对称加密是指其加密所用的密钥与解密所用的密钥相同，典型的代表是 DES(Data Encryption Standard，数据加密标准)。非对称加密是指其加密所用的密钥与解密所用的密钥不相同，其中加密的密钥可以公开，而解密的密钥不可以公开。

数据加密和解密是相当费时的操作，其运行程序会占用大量系统资源，因此数据加密功能通常是可选特征，允许用户自由选择，一般只对机密数据加密。

6.3.5　SQL Server 安全认证模式

安全认证是指对用户访问数据库系统时所输入的账号和口令进行确认的过程。SQL Server 可以识别 SQL Server 用户与 Windows 用户，提供 Windows 身份验证模式、SQL Server 和 Windows 身份验证模式(也称混合身份验证模式)两种安全认证方式。

1. Windows 身份验证模式

Windows 身份验证模式是指用户通过 Windows 用户账户连接到 SQL Server，即用户身份由 Windows 系统来验证。SQL Server 使用 Windows 操作系统中的信息验证账户名和密码。这是默认的身份验证模式，比混合验证模式安全得多。Windows 身份验证使用 Kerberos 安全协议，通过强密码的复杂性验证提供密码策略强制，提供账户锁定支持，并且支持密码过期。

用户和组是由 Windows 维护的，因此当用户进行连接时，SQL Server 将读取有关该用户在组中的成员资格信息。一般情况下，客户机都支持信任连接，建议使用 Windows 身份验证方式。

2. 混合身份验证模式

混合身份验证模式允许用户使用 Windows 身份和 SQL Server 身份进行连接。通过 Windows 登录账户连接的用户可以使用 Windows 验证的受信任连接。当用户使用指定的登录名称和密码进行非信任连接时，SQL Server 检测输入的登录名和密码是否与系统 Syslogins 表中记录的情况相同，据此进行身份验证。如果不存在该用户的登录账户，则身份验证失败。用户只有提供正确的登录名和密码，才能通过 SQL Server 的验证。

3. SQL Server 的安全认证模式设置

使用 SQL Server 的 Microsoft SQL Server Management Studio 安全认证模式的操作步骤如下：

在 Microsoft SQL Server Management Studio 界面，选择所需要设置的 SQL 服务器，右击鼠标，在弹出菜单中选择“属性”，打开“服务器属性”对话框，如图 6-3 所示。其中的“安全性”区域有 2 个单选框：“Windows 身份验证模式(W)”和“SQL Server 和 Windows 身份验证模式(S)”。

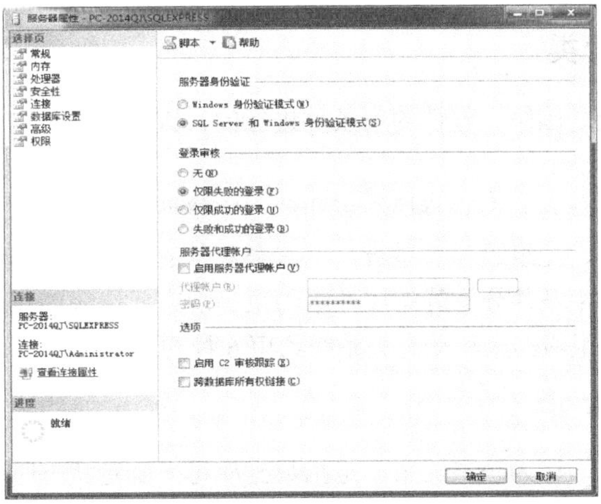

图 6-3　安全认证模式设置

6.4 数据库的完整性管理

6.4.1 完整性概述

数据库的完整性是指数据库中数据的正确性、有效性和相容性，其主要目的是确保数据库中存储的数据的正确性，防止错误的数据进入数据库。正确性是指数据的合法性，例如学生年龄由数字组成，不能含有字母。有效性是指数据是否属于所定义域的有效范围，如月份只能取 1—12。相容性是指表示同一事实的两个数据应当一致，如一个人的性别只有一个。

数据库系统是对现实系统的模拟，现实系统中存在各种各样的约束条件，以保证系统正常、有序地运行。许多约束条件可转化为对数据的约束，例如，学生的选修成绩范围为 0～100 等。数据库完整性设计就是数据库完整性约束的设计，即对数据库中数据设置一些必须满足的语义约束条件，作为模式的一部分存入数据库中。数据库系统必须提供一种机制来检查数据库中数据的完整性，看其是否满足语义规定的条件，这种机制称为完整性检查。一般来说，数据库管理系统的完整性控制机制应具有三个方面的功能，来防止合法用户在使用数据库时向数据库输入不合法或不合语义的数据。

1. 完整性控制机制组成

(1) 定义完整性功能：提供定义完整性约束条件的机制。

(2) 检查完整性功能：检查用户发出的操作请求，看其是否违背了完整性约束条件。

(3) 控制完整性功能：监视数据操作的整个过程，如果发现有违背了完整性约束条件的情况，则采取一定的动作来保证数据的完整性。

2. 执行约束

执行约束分为立即执行约束和延迟执行约束。有关数据操作语句执行完后立即进行完整性检查为立即执行约束，而在整个事务执行结束后再进行完整性检查为延迟执行约束。

下面讨论数据库完整性约束的分类、完整性约束的定义、完整性约束的验证以及 SQL Server 中的完整性约束机制。

6.4.2 完整性约束分类

数据库完整性检查是围绕完整性约束条件进行的，因此完整性约束条件是完整性控制机制的核心。

数据库完整性约束分为静态完整性约束和动态完整性约束两种。完整性约束条件涉及三类作用对象，即属性级、元组级和关系级。这三类对象的状态可以是静态的，也可以是动态的。因此，可将这些约束条件分为静态属性级约束、静态元组级约束、静态关系级约束、动态属性级约束、动态元组级约束和动态关系级约束 6 种约束。

1. 静态完整性约束

静态完整性约束，简称为静态约束，是指数据库每一确定状态时的数据对象所应满足的约束条件，它是反映数据库状态合理性的约束，是最重要的一类完整性约束，也称状态约束。

在某一时刻，数据库中的所有数据实例构成了数据库的一个状态，数据库的任何一个状态都必须满足静态约束。每当数据库被修改时，DBMS 都要进行静态约束的检查，以保证静态约束始终被满足。

静态约束又分为如下三种类型。

1) 隐式约束

隐式约束是指隐含于数据模型中的完整性约束，由数据模型上的完整性约束完成约束的定义和验证。隐式约束一般由数据库的数据定义语言(DDL)语句说明，并存于数据目录中，例如实体完整性约束、参照完整性约束和用户自定义完整性约束，其具体内容已在前面作了详细介绍。

2) 固有约束

固有约束是指数据模型固有的约束。例如，关系的属性是原子的，满足第一范式的约束。固有约束在 DBMS 实现时已经考虑，不必特别说明。

3) 显式约束

隐式约束和固有约束是最基本的约束，但概括不了所有的约束。数据完整性约束是多种多样的，且依赖于数据的语义和应用，需要根据应用需求显式地定义或说明，这种约束称为数据库完整性的显式约束。

隐式约束、固有约束和显式约束这三种静态约束作用于关系数据模型中的属性、元组和关系，相应有静态属性级约束、静态元组级约束和静态关系级约束。

1) 静态属性级约束

静态属性级约束是对属性值域的说明，是最常用也是最容易实现的一类完整性约束，包括以下几个方面：

(1) 对数据类型的约束(包括数据的类型、长度、单位、精度等)。例如，学号必须为字符型，长度为 8。

(2) 对数据格式的约束。例如，规定学号的前两位表示入学年份，中间 3—4 两位表示学院的编号，中间 5—6 位表示专业编号，最后两位表示顺序编号。出生日期的格式为 YY.MM.DD。

(3) 对取值范围或取值集合的约束。例如，规定学生的成绩取值范围为 0～100，性别的取值集合为[男，女]，大学本科学生年龄的取值范围为 18～35。

(4) 对空值的约束。空值表示未定义或未知的值，它与零值和空格不同。有的属性允许取空值，有的不允许取空值。例如学生学号不能取空值，成绩可以取空值。

(5) 其他约束。例如关于列的排序说明，组合列等。

2) 静态元组级约束

一个元组是由若干个列值组成的。静态元组级约束是对元组中各个属性值之间关系的约束。例如，教师关系中包含工龄和工龄工资等属性，规定教师的工龄工资为工龄×10 元；又如课程表中包含课程号、课程名称等属性，规定一个课程号对应一门课程。

3) 静态关系级约束

静态关系级约束是指一个关系中各个元组之间或者若干个关系之间常常存在的各种联系的约束。常见的静态关系级约束有如下几种。

(1) 实体完整性约束：指出主键的属性列必须唯一，其值不能为空。

(2) 参照完整性约束：说明了不同表中属性之间的约束关系，即外部键的值必须在参照关系的主键值中出现。

(3) 函数依赖约束：大部分函数依赖约束都在关系模式中定义。

(4) 统计依赖约束：统计依赖约束指的是字段值与关系中多个元组的统计值之间的约束关系。例如，规定院长的岗位津贴不得高于本部门教师的平均岗位津贴的 3 倍，不得低于本部门教师平均岗位津贴的 1.5 倍，其中，本部门教师的平均岗位津贴是一个统计值。

说明：实体完整性约束和参照完整性约束是关系模型的两个极其重要的约束，称为关系的两个不变性。

2. 动态完整性约束

动态完整性约束，简称为动态约束，是指数据库从一个正确状态向另一个正确状态的转化过程中新、旧值之间所应满足的约束条件，反映数据库状态变迁的约束，故也称变迁约束。例如在更新教师表时，工资、工龄这些属性值一般只会增加，不会减少，该约束表示任何修改工资、工龄的操作只有新值大于旧值时才被接受，该约束既不作用于修改前的状态，也不作用于修改后的状态，而是规定了状态变迁时必须遵循的约束。动态约束一般也是显式说明的。

动态约束作用于关系数据模型的属性、元组和关系，相应地有动态属性级约束、动态元组级约束和动态关系级约束。

1) 动态属性级约束

动态属性级约束是修改定义或属性值时应该满足的约束条件。其中包括如下几种。

(1) 修改定义时的约束。例如，将原来允许取空值的属性修改为不允许取空值时，如果该属性当前已经存在空值，则规定拒绝修改。

(2) 修改属性值时的约束。修改属性值有时需要参考该属性的原有值，并且新值和原有值之间需要满足某种约束条件。例如，教师工资调整不得低于其原有工资，学生修读学分只能增加等。

2) 动态元组级约束

动态元组级约束是指修改某个元组的值时要参照该元组的原有值，并且新值和原有值间应当满足某种约束条件。例如，教师绩效工资调整不得低于其原有工资＋工龄×1.5 等。

3) 动态关系级约束

动态关系级约束就是加在关系变化前后状态上的限制条件。例如，事务的一致性，原子性等约束。动态关系级约束实现起来开销较大。表 6-2 给出了 DBMS 支持的完整性约束和对应的约束类型。

表 6-2　DBMS 中提供的完整性约束

完整性约束	对应的完整性约束类型	说明
非空值约束 (Not Null)	静态列级约束	默认情况下，一个表中的所有列值都允许为空，非空值约束禁止在该属性上插入一个空值
唯一性约束 (Unique)	静态列级约束 静态元组级约束	键值唯一性约束规定一列中的每个值或列的组合值必须是唯一的
主键约束 (Primary Key)	静态表级约束	主键约束所属的一列值或者一组列值构成了一行的唯一标识
参照完整性约束 (Reference)	静态表级约束	标识表之间的关系
检查约束 (Check)	静态列级约束 静态元组级约束	保证属性值满足指定的条件
通过触发器来实现约束	全部六类完整性约束	动态关系级约束可以通过调用包含事务的存储过程来实现

6.4.3 完整性的定义与验证

要实现由现实系统转换而来的数据库的完整性约束，需先定义约束，并存储于 DBMS 的约束库中，一旦数据库中的数据要发生变化，则 DBMS 将根据约束库中的约束条件，对数据库的完整性进行验证。

1. 固有约束与隐式约束

固有约束是数据模型所固有的，只需要在数据库设计时遵从这一约束，不必在 DBMS 中作额外说明和定义。固有约束的验证由 DBMS 自动完成。例如，对关系模型来说，数据库设计时要使关系的属性不可再分，满足原子性。

隐式约束需利用数据库的数据定义语言(DDL)显式定义说明，将约束存储在约束库中，当数据库被更新时，由数据库管理系统进行完整性约束验证。例如，对关系模型来说，利用 SQL 定义语言，定义相应的实体完整性约束、参照完整性约束、CHECK 约束、唯一约束等。

2. 显式约束

显式约束的定义方法有过程化定义、断言定义方法、触发器定义方法等，下面作一简单介绍。

过程化定义方法利用过程(或函数)来定义和验证约束。由程序员将约束编写成过程，加入到每个更新数据库的事务中，用以检验数据库更新是否违反规定的约束，如果违反约束条件，则相应的数据更新事务将被异常中止。例如，要定义和验证完整性约束“教师的工资不能高于其部门院长的工资”，可以在每个有关的数据库更新事务(如修改教师工资、任命部门院长、修改部门院长的工资)中，增加验证“教师工资不能高于其部门院长工资”的过程，用该过程判断数据库的更新是否违反该约束条件，如果违反约束条件，则相应的数据库更新事务将被退回。

对于过程化定义的约束，DBMS 只提供定义途径，不负责约束的验证，过程的定义和验证由程序员在一个过程中由通用程序设计语言编制。这种方法既为程序员编制高效率的完整性验证程序提供了有利的条件，同时也给程序员带来了很大的负担。

断言定义方法使用一种约束定义语言来定义显式约束，是一种形式化方法。一个断言就是一个谓词，表达了数据库在任何时候都应该满足的一个条件。约束递归语言通常是关系演算语言的变种。显式约束的断言定义方法把约束集合和完整性验证子系统严格分开。约束集合存储在约束库中，完整性验证子系统存取约束库中的约束，将其应用到相应的数据库更新事务中，验证该事务是否违背完整性约束。若发现更新事务违反约束，即退回该事务，否则，允许执行更新事务。

创建断言的语法格式为：

CREATE　ASSERTION　<约束名>　CHECK (<条件表达式>)

要删除断言，用 DROP　ASSERTION 语句来实现，语法如下：

DROP　ASSERTION　<约束名>

触发器是当特定的事件(如对一个表的插入、删除、修改)发生时，对规则的条件进行检查，如果条件成立，执行规则中的动作，否则不执行该动作。其验证由数据库管理系统负责。

3. 动态约束的定义

动态约束的定义可以利用 DBMS 为显式约束定义提供过程化定义方法和触发器定义方法，开发人员通过比较变化前后的数据，决定是否允许数据状态的改变。动态约束的验证过程遵循显式约束的验证过程。

例如，对于“教师的工资只能增加”这类约束，开发人员通过比较变化前后的工资额，来验证是否违反了该动态约束。

6.4.4 SQL Server 数据库完整性

上面介绍了完整性控制的一般方法，不同的数据库产品对完整性的实现方法和支持程度不同，在实际的数据库应用开发时，参阅相应的数据库管理系统在关于数据库完整性方面的支持情况。本节主要介绍 SQL Server 的完整性控制策略，如表 6-3 所示。

表 6-3　SQL Server 对数据库完整性的支持情况

完整性约束		定义方式		SQL Server 支持情况
静态约束	固有约束	数据模型固有		属性原子性
	隐式约束	数据库定义语言（DDL）	表本身的完整性约束	实体完整性约束、唯一约束、CHECK 约束、非空约束、默认约束
			表间的约束	参照完整性约束、触发器
	显式约束	过程化定义		存储过程、函数
		断言		不支持
		触发器		支持
动态约束		过程化定义		存储过程、函数
		触发器		支持

6.5　数据库的并发控制

6.5.1 事务及并发控制概述

事务是多用户系统的一个数据操作基本单元。由于多用户数据库的事务非常多，如果事务串行执行，即每个时刻只有一个用户程序运行，而其他用户程序必须等到这个用户程序结束以后才能运行，必然会浪费大量的系统资源。虽然一个事务在执行过程中可能需要许多不同的资源，但是它不可能同时占有系统的全部资源。当事务串行执行时，总会有一些系统资源处于空闲状态。数据库是一个可以供多个用户使用的共享资源，允许多个用户同时使用数据库的系统称为多用户数据库系统。因此，应该允许多个事务在数据库上并发地执行相关操作。然而，当多个用户并发地更新数据库时就会产生多个事务同时存取同一数据的情况。若对并发操作不加控制，就可能导致脏读、幻读和不可重复读等问题，破坏了数据库的一致性。因此数据库管理系统必须提供并发控制机制，防止多个用户并发使用数据库时造成数据错误和程序运行错误，保证一个用户的工作不会对另一个用户的工作产生不合理的影响。

1. 事务的基本概念

所谓事务(transaction)是指用户定义的一个数据库操作序列，这些操作要么全做要么全不做，是一个不可分割的工作单位。数据库事务是指作为单个逻辑工作单元执行的一系列操作。

在 SQL 语言中，定义事务的语句有三条：

BEGIN TRANSACTION

COMMIT

ROLLBACK

事务以 BEGIN TRANSACTION 语句开始，以 COMMIT 或 ROLLBACK 语句结束。其中，COMMIT 语句表示事务执行成功地结束(提交)，此时告诉系统，数据库要进入一个新的正确状态，该事务对数据库的所有更新都已交付实施，而 ROLLBACK 语句表示事务执行不成功地结束(回滚)，此时告诉系统，已发生错误，数据库可能处在不正确的状态，该事务对数据库的所有更新必须被撤销，数据库应恢复到初始状态。

2. 事务的 ACID 性质

为了保证数据库中数据总是正确的，要求事务具有下列四个性质：

1) 原子性(Atomicity)

系统必须保证事务要么完全执行要么没有执行，如果事务没有执行完，则不能产生任何效果(就如它根本没有执行一样)。保证原子性是数据库系统本身的职责，由 DBMS 的事务管理子系统来实现。

2) 一致性(Consistency)

事务设计者可以假设当事务开始执行的时候，数据库状态满足所有完整性约束。设计者有责任保证当执行完成后数据库状态再一次满足完整性约束，并且新状态反映事务规格说明中所描述的变化。确保单个事务的一致性是编写事务的应用程序员的职责。在系统运行时，由 DBMS 的完整性子系统执行测试任务。

3) 隔离性(Isolation)

若事务并发执行，调度的整体效果必须等同于在某一次序下事务顺序执行的效果。隔离性是由 DBMS 的并发控制子系统实现的。

4) 持久性(Durability)

系统必须保证一旦事务提交，事务执行后的效果应永久保存在数据库中，即使计算机或数据库的存储介质发生故障甚至崩溃，也不能丢失执行效果。事务的持久性由 DBMS 的恢复管理子系统实现。

【例 6.9】 设银行数据库中有一转账事务 T，从账号 A 转一笔款($50)到账号 B，其操作如下：

```
T: read(A);
    A:=A-50;
    write(A);
    read(B);
    B:=B + 50;
    write(B)。
```

(1) (原子性)从事务的一致性可以看出，事务中所有操作应作为一个整体，不可分割，要么全做，要么全不做。假设由于硬件故障，造成事务 T 执行的结果只修改了 A 值而未修改 B 值，那么就违反了事务的原子性。

事务的原子性保证了事务的一致性。但是在事务 T 执行过程中，例如某时刻数据库中 A 值减了 50，而 B 值尚未增加，显然这是一个不一致的状态。但是这个不一致状态很快由于 B 值增加 50 而又改变成一致的状态。事务执行结果应保证数据库仍然处于一致的状态。事务执行中出现的暂时不一致状态，是不能让用户知道的，用户也不必为此担忧。

(2)(一致性)在事务 T 执行结束后，要求数据库中 A 的值减 50，B 的值增加 50，也就是 A 与 B 的和不变，此时称数据库处于一致状态。如果 A 的值减了 50，而 B 的值未变，那么称数据库处于不一致状态。事务的执行结果应保证数据库仍然处于一致的状态。

(3)(隔离性)多个事务并发执行时，相互之间应该互不干扰。例如，事务 T 在 A 的值减 50 后，系统暂时处于不一致状态。此时若第二个事务插进来计算 A 与 B 的和，则得到错误的数据；甚至于第三个事务插进来修改 A，B 的值，势必造成数据库中数据有错。DBMS 的并发控制子系统尽可能提高事务的并发程度，而又不让错误发生。

(4)(持久性)一旦事务成功地完成执行，并且告知用户转账已经发生，系统就必须保证以后任何故障都不会再引起与这次转账相关的数据的丢失。

持久性保证一旦事务成功完成，该事务对数据库施加的所有更新都是永久的。DBMS 的事务管理子系统和恢复管理子系统的密切配合，保证了事务持久性的实现。

在编写程序时，应把事务 T 用事务开始语句和结束语句加以限定：

```
T: BEGIN TRANSACTION;
    read(A);
    A:=A-50;
    write(A);
    if(A<0) ROLLBACK;
else
    {
        read(B);
        B:=B + 50;
        write(B);
        COMMIT;
    }
```

ROLLBACK 语句表示账号 A 无法提款时，就拒绝这个转账操作，执行回滚操作，数据库的值恢复到这个事务的初始状态。COMMIT 语句表示转账操作顺利结束，数据库处于新的一致性状态。

对数据库的访问是建立在读和写两个操作的基础上的，即 read(X)把数据 X 从磁盘的数据库中读到内存的缓冲区中，而 write(X)把数据 X 从内存缓冲区中写回磁盘的数据库中。

3. 并发引起的问题

事务是并发控制的基本单元，保证事务 ACID 特性是事务处理的重要任务，而事务 ACID 特性可能遭到破坏的原因之一是多个事务对数据库的并发操作造成的。为了保证事务的隔离性和数据库的一致性，DBMS 需要对并发操作进行正确调度。

下面用例子来说明并发操作带来的数据库不一致性问题。

【例 6.10】 考虑飞机订票系统中的一个活动序列：

(1) 售票点(甲事务)读出某航班的机票余额 A，设 A=16。

(2) 售票点(乙事务)读出同一航班的机票余额 A，也为 16。

(3) 售票点卖出一张机票，修改余额 A←A−1。所以 A 为 15，把 A 写回数据库。

(4) 售票点也卖出一张机票，修改余额 A←A−1，所以 A 为 15，把 A 写回数据库。

结果明明卖出两张机票，数据库中机票余额只减少 1。

这种情况称为数据库的不一致性，而这种不一致性是由并发操作引起的。在并发操作情况下，对甲、乙两个事务的操作序列的调度是随机的。若按照上面的调度序列执行，甲事务的修改就被丢失。这是由于第(4)步中乙事务修改了 A 并写回数据库后覆盖了甲事务的修改。

并发操作带来的数据库不一致性包括丢失更新问题、不可重复读问题和读脏数据问题。

1) 丢失更新

两个事务 T_1 和 T_2 读入同一数据并修改，T_2 提交的结果破坏了 T_1 提交的结果，丢失了 T_1 的修改结果，如图 6-4(a)所示，例 6-10 就属于此类。

2) 不可重复读(Non-Repeatable read)

不可重复读是指事务 T_1 读取数据后，事务 T_2 执行更新操作，使 T_1 无法再现前一次读取结果。具体地讲，不可重复读包括三种情况：

事务 T_1 读取某一数据后，

(1) 事务 T_2 对其做了修改，当事务 T_1 再次读该数据时，得到与前一次不同的值，如图 6-4(b)所示；

(2) 事务 T_2 删除了其中部分记录，当事务 T_1 再次读取数据时，发现某些记录神秘地消失了；

(3) 事务 T_2 插入了一些记录，当事务 T_1 再次按相同条件读取数据时，发现多了一些记录。

后两种不可重复读，有时也称为幻影现象。

3) 读“脏”数据

事务 T_1 修改某一数据，并将其写回磁盘；事务 T_2 读取该数据后而事务 T_1 由于某种原因被撤销，这时事务 T_1 已修改过的数据恢复成原值，这样事务 T_2 原先读到的数据就与数据库中的数据不一致了，是不正确的数据，又称为“脏”数据。

事务 T_1 读取某一数据后，事务 T_2 对其做了修改，当事务 T_1 再次读该数据时，得到与前一次不同的值。例如在图 6-4(c)中，T_1 读取 B=100 进行运算，T_2 读取同一数据 B，对其进行修改后将 B=200 写回数据库。T_1 为了校对重读 B，B 已为 200，与第一次读取的值不一致。

T_1	T_2
①读A=16	
②	读A=16
③ A←A-1 写回 A=15	
④	A←A-1 写回A=15

(a) 丢失更新

T_1	T_2
① 读A=50 读B=100 求和=150	
②	读B=100 B←B*2 写回B=200
③ 读A=50 读B=200 求和=250 (验算不对)	

(b) 不可重复读

T_1	T_2
① 读C=100 C←C*2 写回C	
②	读C=200
③ ROLLBACK C恢复为100	

(c) 读“脏”数据

图 6-4　三种数据不一致性

产生上述三类数据不一致性的主要原因是并发操作破坏了事务的隔离性。并发控制就是要用正确的方式调度并发操作，使一个用户事务的执行不受其他事务的干扰，从而避免造成数据的不一致性。另一方面，对数据库的应用有时允许某些不一致性，例如有些统计工作涉及数据量很大，读到一些"脏"数据对统计精度没什么影响，这时可以降低对一致性的要求以减少系统开销。并发控制的主要技术是封锁。例如在飞机订票例子中，甲事务要修改 A，若在读取 A 前先锁住 A，其他事务就不能再读取和修改 A 了，直到甲修改并写回 A 后解除了对 A 的封锁为止。这样，就不会丢失甲的修改。

6.5.2 封锁协议

封锁是控制并发执行的主要技术。所谓封锁就是事务 T 在对某个数据对象(例如表、记录等)操作之前，先向系统发出请求，对其加锁。加锁后事务 T 就对该数据对象有了一定的控制，在事务 T 释放它的锁之前，其他的事务不能更新此数据对象。锁(Lock)是一个与数据项相关的变量，对可能应用于该数据项上的操作而言，锁描述了该数据项的状态。通常在数据库中每个数据项都有一个锁。锁的作用是使并发事务对数据库数据项的访问能够同步。

1. 封锁

封锁技术中主要有两种封锁——排他锁(eXclusive lock，简记为 X 锁)和共享锁(Share lock，简记为 S 锁)。

1)排他锁

如果事务 T 对某个数据 R(可以是数据项、记录、数据集)实现了 X 锁，那么在 T 对数据 R 解除封锁之前，不允许其他事务 T 再对该数据加任何类型的锁。

2)共享锁

若事务 T 对数据对象 A 加上 S 锁，则其他事务只能再对 A 加 S 锁，而不能加 X 锁，直到 T 释放 A 上的 S 锁。

排他锁与共享锁的控制方式可以用图 6-5 所示的相容矩阵来表示。

T_1 \ T_2	X	S	–
X	N	N	Y
S	N	Y	Y
–	Y	Y	Y

Y=Yes，相容的请求
N=No，不相容的请求

图 6-5 封锁类型的相容矩阵

图 6-5 中事务 T_1 先对数据作出某种封锁或不加封锁，然后事务 T_2 再对同一数据请求某种封锁或不需封锁。图 6-5 中的 Y 和 N 分别表示它们之间是相容的还是不相容的。如果两个封锁是不相容的，那么后提出封锁的事务要等待。

2. 封锁协议

在运用 X 锁和 S 锁对数据对象加锁时，需要约定一些规则。例如，何时申请 X 锁或 S 锁、持锁时间、何时释放等，这些规则称为封锁协议(Locking Protocol)。对封锁方式规定不同的规则，就形成了各种不同的封锁协议。不同级别的封锁协议达到的系统一致性级别是不同的。最典型的封锁协议是三级封锁协议，它能够在不同程度上解决因并发操作的不正确调度可能会带来的丢失修改、不可重复读和读“脏”数据等不一致性问题，为并发操作的正确调度提供一定的保证。

1) 一级封锁协议

一级封锁协议规定事务 T 在修改数据 R 之前必须先对其加 X 锁，直到事务结束才释放。事务结束包括正常结束(COMMIT)和非正常结束(ROLLBACK)。一级封锁协议可防止丢失修改，并保证事务 T 是可恢复的。例如，使用一级封锁协议解决了图 6-6(a)中的丢失修改问题。

在图 6-6(a)中，事务 T_1 在读 A 进行修改之前先对 A 加 X 锁，当 T_2 再请求对 A 加 X 锁时被拒绝，T_2 只能等待 T_1 释放 A 上的锁后才能对 A 加 X 锁，这时它读到的 A 已经是 T_1 更新过的值 15，再按此新的 A 值进行运算，并将结果值 A=14 送回到磁盘。这样就避免了丢失 T_1 的更新。

在一级封锁协议中，如果仅仅读数据不对其进行修改，是不需要加锁的，所以它不能保证可重复读和不读“脏”数据。

2) 二级封锁协议

二级封锁协议规定事务 T 在更新数据对象之前必须对数据对象加 X 锁，且直到事务 T 结束时才可以释放该锁，同时还规定事务 T 在读取数据对象前必须先加 S 锁，读完后即可释放 S 锁。

二级封锁协议除可以防止丢失修改，还可以进一步防止读“脏”数据。例如，使用在二级封锁协议解决了图 6-6(b)中的读“脏”数据问题。

在图 6-6(b)中，事务 T_1 在对 C 进行修改之前，先对 C 加 X 锁，修改其值后写回磁盘。这时 T_2 请求对 C 加 S 锁，因 T_1 已在 C 上加了 X 锁，T_2 只能等待。T_1 因某种原因被撤销，C 恢复为原值 100，T_1 释放 C 上的 X 锁后，这时 T_2 获得 C 上的 S 锁，读 C=100。这就避免了 T_2 读“脏”数据。在二级封锁协议中，由于读完数据后即可释放 S 锁，所以它不能保证可重复读。

T_1	T_2
① Xlock A	
获得	
② 读A=16	
	Xlock A
③ A←A-1	等待
写回A=15	等待
Commit	等待
Unlock A	等待
④	获得Xlock A
	读A=15
	A←A-1
⑤	写回A=14
	Commit
	Unlock A

(a)没有丢失修改

T_1	T_2
① Xlock C	
读C= 100	
C←C*2	
写回C=200	
②	
	Slock C
	等待
③ ROLLBACK	等待
(C恢复为100)	等待
Unlock C	等待
④	获得Slock C
	读C=100
⑤	Commit C
	Unlock C

(b)不读“脏”数据

T_1	T_2
① Slock A	
读A=50	
Slock B	
读B=100	
求和=150	
②	Xlock B
	等待
③ 读A=50	等待
读B=100	等待
求和=150	等待
Commit	等待
Unlock A	等待
Unlock B	等待
④	等待
	获得Xlock B
	读B=100
⑤	B←B*2
	写回B=200
	Commit
	Unlock B

(c)不可重复读

图 6-6　使用三级封锁协议防止丢失修改、防止读“脏”数据以及防止不可重复读

3) 三级封锁协议

三级封锁协议规定事务 T 在更新数据对象之前必须对数据对象加 X 锁，且等到事务 T 结束后才能释放该锁，同时还规定事务 T 在读取数据对象之前必须先对其加 S 锁，也必须等到事务 T 结束时才释放。

三级封锁协议除防止了丢失修改和不读“脏”数据外，还进一步防止了不可重复读。例如，使用三级封锁协议解决了图 6-6(c) 不可重复读问题。

在图 6-6(c) 中，事务 T_1 在读 A，B 之前，先对 A，B 加 S 锁，这样其他事务只能再对 A，B 加 S 锁，而不能加 X 锁，即其他事务只能读 A，B，而不能够修改它们。所以当 T_2 为修改 B 而申请对 B 加 X 锁时被拒绝，只能等待 T_1 释放 B 上的锁。T_1 为验算再读 A，B，这时读出的 B 仍是 100，求和结果仍为 150，即可重复读。T_1 结束才释放 A，B 上的 S 锁，此时 T_2 才获得对 B 的 X 锁。

三个级别的封锁协议的主要区别在于何种操作需要申请封锁，以及何时释放锁(即持锁时间)。三个级别的封锁协议可以总结如表 6-4 所示。

表 6-4　不同级别的封锁协议

	X 锁		S 锁		能解决的不一致性问题		
	操作结束释放	事务结束释放	操作结束释放	事务结束释放	不丢失修改	不读“脏”数据	可重复读
一级封锁协议		√			√		
二级封锁协议		√	√		√	√	
三级封锁协议		√		√	√	√	√

3. 封锁的粒度

X 锁和 S 锁都是加在某一个数据对象上的。封锁的对象可以是逻辑单元，也可以是物理单元。例如，在关系数据库中，封锁对象可以是属性值、属性值集合、元组、关系、索引项、整个索引、整个数据库等逻辑单元；也可以是页(数据页或索引页)、物理记录等物理单元。封锁对象可以很大，比如对整个数据库加锁，也可以很小，比如对某个属性值加锁。

1) 封锁对象的大小称为封锁的粒度(Granularity)

封锁粒度与系统的并发度和并发控制的开销密切相关。直观地看，封锁的粒度越大，数据库所能够封锁的数据单元就越少，并发度就越小，系统开销也越小；反之，封锁的粒度越小，并发度较高，但系统开销也就越大。

2) 多粒度封锁

选择封锁粒度时应该同时考虑封锁开销和并发度两个因素，适当选择封锁粒度以求得最优的效果。一般来说，需要处理大量元组的事务可以把一个关系作为封锁粒度；需要处理多个关系的大量元组的事务可以以整个数据库作为封锁粒度；而对于一个处理少量元组的用户事务，以元组为封锁粒度就比较合适了。

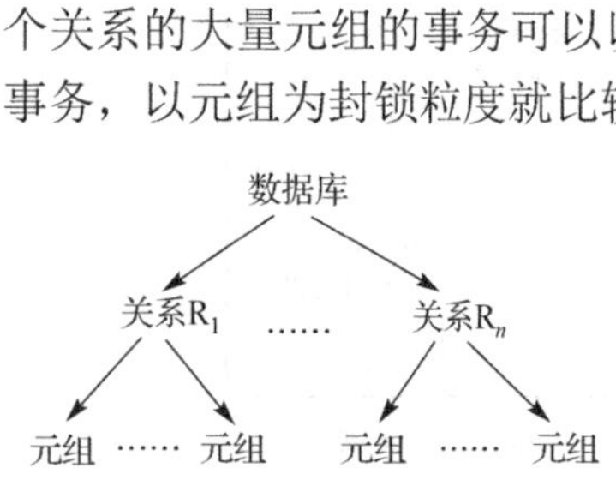

图 6-7　三级粒度树

通常用树形结构来表示多级封锁粒度，根结点是整个数据库，表示最大的数据粒度，而叶结点表示最小的数据粒度。图 6-7 给出了一个三级粒度树，根结点为数据库，数据库的子结点为关系，关系的子结点为元组。

多粒度封锁协议允许多粒度树中的每个结点被独立地加锁。对一个结点加锁意味着这个结点的所有后裔结点也被加上同样类型的锁。因此，在多粒度封锁中一个数据对象可能以两种方式封锁——显式封锁和隐式封锁。

显式封锁是指直接加到数据对象上的封锁，而隐式封锁是指由于其上级结点加锁而使该数据对象加上了锁。在多粒度封锁协议方法中，显式封锁和隐式封锁的效果是一样的，因此系统检查封锁冲突时不仅要检查显式封锁还要检查隐式封锁。一般地，对某个数据对象加锁时，系统要进行三种检查：要检查数据对象上有无显式封锁与之冲突；要检查所有上级结点，检查本事务的显式封锁是否与该数据对象上的隐式封锁（由上级结点封锁造成的）冲突；要检查所有下级结点，看上面的显式封锁是否与本事务的隐式封锁(将加到下级结点的封锁)冲突。当通过这三种检查后，事务才能获得数据的封锁。

6.5.3　封锁带来的问题

利用封锁技术，可以避免并发操作引起的各种错误，但有可能产生其他三个问题：活锁、饿死和死锁。下面分别讨论这三个问题的解决方法。

1. “活锁”问题

系统可能使某个事务永远处于等待状态，得不到封锁的机会，这种现象称为“活锁”。

解决活锁问题的一种简单方法是采用先来先服务的策略。当多个事务请求封锁同一数据对象时，按请求封锁的先后次序对这些事务排队，该数据对象上的锁一旦释放，队列中第一个事务先获得数据的封锁权。

2. “饿死”问题

可能存在这样的一个事务序列，每个事务都申请对某个数据项加 S 锁，且每个事务在授权加锁后一小段时间内释放封锁，此时若另有一个事务 T_1 欲在该数据项上加 X 锁，则将永远轮不上封锁的机会。这种现象称为“饿死”。

可以用写列方式授权加锁来避免事务饿死。

当事务 T_2 申请对数据项 W 加 S 锁时，授权加锁的条件是：

(1) 不存在在数据项 W 上持有 X 锁的其他事务；

(2) 不存在等待数据项 W 加锁且先于 T_2 申请加锁的事务。

3. “死锁”问题

系统中若有两个或两个以上的事务都处于等待状态，并且每个事务都在等待其中另一个事务释放封锁，它才能继续执行下去，结果造成任何一个事务都无法继续执行下去。这种现象称为“死锁”。

解决死锁的方法主要有如下两类。

1) 预防死锁

产生死锁的原因是两个或多个事务都已封锁了一些数据对象，然后又都请求对已为其他事务封锁的数据对象加锁，从而出现死等待。预防死锁的发生就是要破坏产生死锁的条件。

常用的预防死锁的方法如下。

(1) 一次封锁法。要求每个事务必须一次将所有要使用的数据全部加锁，否则就不能继续执行。一次封锁法要求将以后要用到的全部数据加锁，势必扩大了封锁的范围，从而降低了系统的并发度，难于事先精确确定封锁对象。因为数据库中数据是不断变化的，原来不要求封锁的数据，在执行过程中可能会变成封锁对象，所以很难事先精确地确定每个事务所要封锁的数据对象。

(2) 顺序封锁法。要求预先对数据对象规定一个封锁顺序，所有事务都按这个顺序实行封锁。顺序封锁法维护成本高，因为数据库系统中可封锁的数据对象很多，并且随数据的插入、删除等操作而不断地变化，要维护这样很多而且变化的资源的封锁顺序非常困难，难于实现。另外，事务的封锁请求可能随着事务的执行而动态地决定，很难事先确定每一个事务要封锁哪些对象，因此也就很难按规定的顺序去施加封锁。

例如，规定数据对象的封锁顺序为 A，B，C，D，E。事务 T_3 起初要求封锁数据对象 B，C，E，但当它封锁了 B，C 后，才发现还需要封锁 A，这样就破坏了封锁顺序。所以，在操作系统中广为采用的预防死锁的策略并不很适合数据库的特点，DBMS 在解决死锁的问题上更普遍采用的是诊断并解除死锁的方法。

2) 死锁的诊断与解除

DBMS 允许死锁发生，由 DBMS 的并发控制子系统定期检测系统中是否存在死锁，一旦检测到死锁，就要设法解除。

检测死锁有两类方法。

(1) 超时法。如果一个事务的等待时间超过了规定的时限，就认为发生了死锁。该方法实现简单，但有可能误判死锁。若时限设置得太长，死锁发生后又不能及时发现。

(2) 等待图法。用事务等待图动态反映所有事务的等待情况。事务等待图是一个有向图 G=(T，U)，T 为结点的集合，每个结点表示正运行的事务，U 为边的集合，每条边表示事务等待的情况，若 T_1 等待 T_2，则 T_1，T_2 之间画一条有向边，从 T_1 指向 T_2，并发控制子系统周期性地(比如每隔 1 min)检测事务等待图，如果发现图中存在回路，则表示系统中出现了死锁。通常选择一个处理死锁代价最小的事务，将其撤销，释放此事务持有的所有的锁，使其他事务能继续运行下去。需要说明的是，对撤销的事务所执行的数据修改操作必须加以恢复。

6.5.4　并发调度的可串行性

1. 什么样的并发操作调度是正确的

计算机系统对并行事务中并行操作的调度是随机的，而不同的调度可能会产生不同的结果。将所有事务串行起来的调度策略一定是正确的调度策略。如果一个事务运行过程中没有其他事务在同时运行，也就是说它没有受到其他事务的干扰，那么就可以认为该事务的运行结果是正常的或者预想的。因此以不同的顺序串行执行事务也有可能会产生不同的结果，但由于不会使数据库处于不一致状态，所以都可以认为是正确的。

并行调度的可串行性是指几个事务的并行执行是正确的，当且仅当其结果与按某一次序串行地执行它们时的结果相同。我们称这种并行调度策略为可串行化(Serializable)的调度。可串行性是并行事务正确性的唯一准则。根据这个准则，一个给定的并发调度，当且仅当它是可串行化的，才认为是正确调度。

2. 如何保证并发操作的调度是正确的

为了保证并行操作的正确性，DBMS 的并行控制机制必须提供一定的手段来保证调度是可串行化的。从理论上讲，在某一事务执行时禁止其他事务执行的调度策略一定是可串行化的调度，这也是最简单的调度策略，但这种方法实际上是不可行的，因为它使用户不能充分共享数据库资源。目前 DBMS 普遍采用封锁方法实现并发操作调度的可串行性，从而保证调度的正确性。

两段锁(Two-Phase Locking，2PL)协议就是保证并发调度可串行性的封锁协议。

除此之外还有其他一些方法，如时标方法，乐观方法等保证并发调度正确性。

3. 两段锁协议

所谓两段锁协议是指所有事务必须分两个阶段对数据项加锁和解锁。

(1)在对任何数据进行读、写操作之前，事务首先要获得对该数据的封锁；

(2)在释放一个封锁之后，事务不再获得任何其他封锁。在此阶段，事务可以释放任何数据项上的任何类型的锁，但是不能再申请任何锁。

所谓“两段”锁的含义是指事务分为两个阶段，第一阶段是获得封锁，也称为扩展阶段；第二阶段是释放封锁，也称为收缩阶段。

【例 6.11】 判断事务 T_1 和事务 T_2 是否遵守两段锁协议？

事务 T_1 的封锁序列：

Slock A ... Slock B ... Xlock C ... Unlock B ... Unlock A ... Unlock C；

事务 T_2 的封锁序列：

Slock A ... Unlock A ... Slock B ... Xlock C ... Unlock C ... Unlock B；

解：事务 T_1 遵守两段锁协议，而事务 T_2 不遵守两段协议。

并行执行的所有事务均遵守两段锁协议，则对这些事务的所有并行调度策略都是可串行化的，其并行执行的结果也一定是正确的。但是，事务遵守两段锁协议是可串行化调度的充分条件，而不是必要条件，即在可串行化的调度中，不一定所有事务都必须符合两段锁协议。

在图 6-8 中，(a)和(b)都是可串行化的调度，但是(a)中的 T_1 和 T_2 都遵守两段锁协议，(b)中的 T_1 和 T_2 不遵守两段锁协议，(c)中的 T_1 和 T_2 不遵守两段锁协议。

T_1	T_2
Slock B	
读B=2	
Y=B	
Xlock A	Slock A
	等待
	等待
A=Y+1	等待
写回A=3	等待
Unlock B	等待
Unlock A	Slock A
	读A=3
	Y=A
	Xlock B
	B=Y+1
	写回B=4
	Unlock B
	Unlock A

(a) 遵守两段锁协议

T_1	T_2
Slock B	
读B=2	
Y=B	
Unlock B	
Xlock A	
	Slock A
	等待
A=Y+1	等待
写回A=3	等待
Unlock A	等待
	Slock A
	读A=3
	X=A
	Unlock A
	Xlock B
	B=X+1
	写回B=4
	Unlock B

(b) 不遵守两段锁协议

T_1	T_2
	Slock A
	读A=2
	X=A
	Unlock A
Slock B	
读B=2	
Y=B	Xlock B
Unlock B	等待
	Xlock B
	B=X+1
	写回B=3
	Unlock B
Xlock A	
A=Y+1	
写回A=3	
Unlock A	

(c) 不遵守两段锁协议

图 6-8　可串行性化调度

4. 两段锁协议与防止死锁的一次封锁法

一次封锁法要求每个事务必须一次将所有要使用的数据全部加锁，否则就不能继续执行，因此一次封锁法遵守两段锁协议，但是两段锁协议并不要求事务必须一次将所有要使用的数据全部加锁，因此遵守两段锁协议的事务可能发生死锁。

6.5.5 SQL Server 的并发控制

1. SQL Server 锁的类型

1) 共享锁

共享(S)锁允许并发事务读取(SELECT)一个资源。资源上存在共享(S)锁时，任何其他事务都不能修改数据。一旦已经读取数据，便立即释放资源上的共享(S)锁，除非将事务隔离级别设置为可重复读或更高级别，或者在事务生存周期内用锁定提示保留共享(S)锁。共享锁锁定的资源可以被其他用户读取，但其他用户无法修改它，在执行 Select 时，SQL Server 会对对象加共享锁。

2) 更新锁

更新(U)锁可以防止通常形式的死锁。一般更新模式由一个事务组成，此事务读取记录，获取资源(页或行)的共享(S)锁，然后修改行，此操作要求锁转换为排他(X)锁。如果两个事务获得了资源上的共享模式锁，然后试图同时更新数据，则一个事务尝试将锁转换为排他(X)锁。共享模式到排他锁的转换必须等待一段时间，因为一个事务的排他锁与其他事务的共享模式锁不兼容；发生锁等待。第二个事务试图获取排他(X)锁以进行更新。由于两个事务都要转换为排他(X)锁，并且每个事务都等待另一个事务释放共享模式锁，因此发生死锁。若要避免这种潜在的死锁问题，请使用更新(U)锁。一次只有一个事务可以获得资源的更新(U)锁。如果事务修改资源，则更新(U)锁转换为排他(X)锁。否则，锁转换为共享锁。当 SQL Server 准备更新数据时，它首先对数据对象作更新锁锁定，这样数据将不能被修改，但可以读取。等到 SQL Server 确定要进行更新数据操作时，它会自动将更新锁换为排他锁，当对象上有其他锁存在时，无法对其加更新锁。

3) 排他锁

排他(X)锁可以防止并发事务对资源进行访问。其他事务不能读取或修改排他(X)锁锁定的数据。只允许进行锁定操作的程序使用，其他任何对他的操作均不会被接受。执行数据更新命令时，SQL Server 会自动使用排他锁。当对象上有其他锁存在时，无法对其加排他锁。

4) 意向锁

意向锁表示 SQL Server 需要在层次结构中的某些底层资源上获取共享(S)锁或排他(X)锁。例如，放置在表级的共享意向锁表示事务打算在表中的页或行上放置共享(S)锁。在表级设置意向锁可防止另一个事务随后在包含那一页的表上获取排他(X)锁。意向锁可以提高性能，因为 SQL Server 仅在表级检查意向锁来确定事务是否可以安全地获取该表上的锁。而无须检查表中的每行或每页上的锁以确定事务是否可以锁定整个表。意向锁包括意向共享(IS)、意向排他(IX)以及与意向排他共享(SIX)。

2. SQL Server 锁模式

(1) 意向共享(IS)通过在各资源上放置 S 锁，表明事务的意向是读取层次结构中的部分(而不是全部)底层资源。

(2) 意向排他(IX)通过在各资源上放置 X 锁，表明事务的意向是修改层次结构中的部分(而不是全部)底层资源。IX 是 IS 的超集。

(3) 与意向排他共享(SIX)通过在各资源上放置 IX 锁，表明事务的意向是读取层次结构中的全部底层资源并修改部分(而不是全部)底层资源。允许顶层资源上的并发 IS 锁。例如，表的 SIX 锁在表上放置一个 SIX 锁(允许并发 IS 锁)，在当前所修改页上放置 IX 锁(在已修改行上放置 X 锁)。虽然每个资源在一段时间内只能有一个 SIX 锁，以防止其他事务对资源进行更新，但是其他事务可以通过获取表级的 IS 锁来读取层次结构中的底层资源。

3. SQL Server 的锁的分类

(1) 乐观锁：完全依靠数据库来管理锁的工作。

(2) 悲观锁：程序员自己管理数据或对象上的锁处理。

SQL Server 使用锁在多个同时在数据库内执行修改的用户间实现悲观并发控制。

4. 锁的粒度

锁粒度是被封锁目标的大小，封锁粒度小则并发性高，但开销大，封锁粒度大则并发性低但开销小。SQL Server 支持的锁粒度可以分为行、页、键、键范围、索引、表或数据库获取锁，其中 RID 行标识符用于单独锁定表中的一行；键索引中的行锁用于保护可串行事务中的键范围；页 8 千字节(KB)的数据页或索引页；扩展盘区相邻的八个数据页或索引页构成的一组；表包括所有数据和索引在内的整个表；DB 数据库。

5. 锁定时间的长短

锁保持的时间长度为保护所请求级别上的资源所需的时间长度。

用于保护读取操作的共享锁的保持时间取决于事务隔离级别。采用 READ COMMITTED 的默认事务隔离级别时，只在读取页的期间内控制共享锁。在扫描中，直到在扫描内的下一页上获取锁时才释放锁。如果指定 HOLDLOCK 提示或者将事务隔离级别设置为 REPEATABLE READ 或 SERIALIZABLE，则直到事务结束才释放锁。根据为游标设置的并发选项，游标可以获取共享模式的滚动锁以保护提取。当需要滚动锁时，直到下一次提取或关闭游标(以先发生者为准)时才释放滚动锁。但是，如果指定 HOLDLOCK，则直到事务结束才释放滚动锁。用于保护更新的排他锁将直到事务结束才释放。如果一个连接试图获取一个锁，而该锁与另一个连接所控制的锁冲突，则试图获取锁的连接将一直阻塞到：将冲突锁释放而且连接获取了所请求的锁或连接的超时间隔已到期。默认情况下没有超时间隔，但是一些应用程序设置超时间隔以防止无限期等待。

6. SQL Server 中锁的自定义

1) 处理死锁和设置死锁优先级

死锁就是多个用户申请不同封锁，由于申请者均拥有一部分封锁权而又等待其他用户拥有的部分封锁而引起的无休止的等待，可以使用 SET DEADLOCK_PRIORITY 控制在发生死锁情况时会话的反应方式。如果两个进程都锁定数据，并且直到其他进程释放自己的锁时，每个进程才能释放自己的锁，即发生死锁情况。

2) 处理超时和设置锁超时持续时间

@@LOCK_TIMEOUT 返回当前会话的当前锁超时设置，单位为毫秒，SET LOCK_TIMEOUT

设置允许应用程序设置语句等待阻塞资源的最长时间。当语句等待的时间大于 LOCK_TIMEOUT 设置时，系统将自动取消阻塞的语句，并给应用程序返回"已超过了锁请求超时时段"的 1222 号错误信息。

【例 6.12】 将锁超时期限设置为 1 800 毫秒：

```
SET LOCK_TIMEOUT 1800
```

3) 设置事务隔离级别

对 SELECT，INSERT，UPDATE 和 DELETE 语句使用表级锁定提示。

4) 配置索引的锁定粒度

可以使用 sp_indexoption 系统存储过程来设置用于索引的锁定粒度。

7. 查看锁的信息

(1) 执行 EXEC SP_LOCK 报告有关锁的信息。

(2) 查询分析器中按 Ctrl+2 可以看到锁的信息。

8. 避免死锁的方法

避免死锁的方法主要有以下几种：

(1) 使用事务时，尽量缩短事务的逻辑处理过程，及早提交或回滚事务；

(2) 设置死锁超时参数为合理范围，如：3～10 分钟；超过时间，自动放弃本次操作，避免进程悬挂；

(3) 优化程序，检查并避免死锁现象出现；

(4) 对所有的脚本和 SP 都要仔细测试；

(5) 所有的 SP 都要有错误处理(通过@error)；

(6) 一般不要修改 SQL Server 事务的默认级别，不推荐强行加锁。需要解决的问题：如何对行、表、数据库加锁。

下面，举例说明如何来解决锁的问题。

(1) 锁一个表的某一行：

```
SET TRANSACTION ISOLATION LEVEL READ UNCOMMITTED
SELECT * FROM table ROWLOCK WHERE id = 1
```

(2) 锁定数据库的一个表：

```
SELECT * FROM table WITH (HOLDLOCK)
```

(3) 加锁语句：

```
select * from 表 (tablockx) where 1=0 ;
```

加锁后其他人不可操作，直到加锁用户解锁，用 commit 或 rollback 解锁。

【例 6.13】 设 table1(A，B，C) 如表 6-5 所示。

表 6-5 table1

A	B	C
a1	b1	c1
a2	b2	c2
a3	b3	c3

(1) 排他锁

新建两个连接，在第一个连接中执行以下语句：

```
begin tran
update table1
set A='aa'
where B='b2'
waitfor delay '00:00:30' --等待 30 秒
commit tran
```

在第二个连接中执行以下语句：

```
begin tran
select * from table1
where B='b2'
commit tran
```

若同时执行上述两个语句，则 select 查询必须等待 update 执行完毕才能执行，即要等待 30 秒。

(2) 共享锁

在第一个连接中执行以下语句：

```
begin tran
select * from table1 holdlock --holdlock 人为加锁
where B='b2'
waitfor delay '00:00:30' --等待 30 秒
commit tran
```

在第二个连接中执行以下语句：

```
begin tran
select A,C from table1
where B='b2'
update table1
set A='aa'
where B='b2'
commit tran
```

若同时执行上述两个语句，则第二个连接中的 select 查询可以执行，而 update 必须等待第一个事务释放共享锁转为排他锁后才能执行，即要等待 30 秒。

(3) 死锁

在例 6.13 中增设 table2 (D，E) 如表 6-6 所示。

表 6-6　table2

D	E
d1	e1
d2	e2

在第一个连接中执行以下语句：

```
begin tran
update table1
```

```
set A='aa'
where B='b2'
waitfor delay '00:00:30'
update table2
set D='d5'
where E='e1'
commit tran
```

在第二个连接中执行以下语句：

```
begin tran
update table2
set D='d5'
where E='e1'
waitfor delay '00:00:10'
update table1
set A='aa'
where B='b2'
commit tran
```

若同时执行上面两个事务，系统会检测出死锁，并中止进程。

6.6　数据库的恢复

6.6.1　数据库恢复概述

数据对于一个数据库应用系统来说至关重要。在数据库应用系统运行时，可能会出现各式各样的故障，例如磁盘故障、电源故障、软件错误等。在发生故障时，很可能会丢失数据库中数据。为了确保数据不丢失，数据库系统无非采取两种措施：一是尽可能提高系统的可靠性；二是在系统发生故障后，能够将数据库尽量恢复到发生故障前的某一个状态，最大限度地减少数据丢失。当发生故障后，如何将数据库恢复到一致状态的技术称之为恢复技术。

对于恢复，数据冗余是必需的。系统发生故障后，利用数据的后备副本将数据库恢复到发生故障前的某一个状态，然后再利用日志记录对数据库进行相关操作。因此，恢复机制必须考虑两个关键问题：第一，如何建立冗余数据；第二，如何利用冗余数据进行数据库的恢复。

6.6.2　恢复的实现技术

恢复机制常用的技术是进行数据备份和记录日志文件。一般来说，这两种方法在一个数据库系统中经常一起使用。

1. 备份

备份是 DBA 定期地将整个数据库复制到磁带或另一个磁盘上保存起来的过程。这些设备的数据文本称为后备副本。当数据库遭到破坏后就可以利用后备副本进行数据库恢复。这时，数据库只能恢复到备份时的状态，从那以后的所有更新事务必须利用日志文件进行重新处理才能恢复到故障时的状态。

1) 静态备份和动态备份

静态备份是指备份期间不允许对数据库进行任何存取或修改活动。动态备份是指备份期间允许对数据库进行存取或修改，即备份和用户事务可以并发执行。静态备份简单，但是备份必须等待用户事务结束才能进行，同样，新的事务必须等待备份结束才能执行。显然，这会降低数据库的可用性。动态备份可克服静态备份的缺点。但是，备份结束后，后备副本上的数据并不能保证正确有效。例如，在备份期间的某个时刻，系统把数据备份到了磁带上，而在下一个时刻，某一事务对该数据又进行了修改。

2) 海量备份和增量备份

海量备份是指每次备份全部数据库，而增量备份则指每次只备份上一次备份后更新过的数据。从恢复角度看，使用海量备份得到的后备副本进行恢复一般来说会更方便些。但如果数据库很大，事务处理又十分频繁，则增量转储方式更实用更有效。

根据数据备份的状态和方式，可以分为动态海量备份、动态增量备份、静态海量备份和静态增量备份。

2. 记录日志文件

1) 日志文件的格式和内容

日志文件是用来记录事务对数据库的更新操作的文件。不同数据库系统采用的日志文件格式并不完全一样。日志文件主要有两种格式：以记录为单位的日志文件和以数据块为单位的日志文件。

2) 日志文件的作用

日志文件在数据库恢复中起着非常重要的作用，可以用来进行事务故障恢复和系统故障恢复，并协助后备副本进行介质故障恢复。

在动态转储方式中必须建立日志文件，后援副本和日志文件综合起来才能有效地恢复数据库。而在静态转储方式中，也可以建立日志文件。当数据库毁坏后可重新装入后备副本把数据库恢复到转储结束时刻的正确状态，然后利用日志文件，把已完成的事务进行重做处理，对故障发生时尚未完成的事务进行撤销处理。这样不必重新执行那些已完成的事务就可把数据库恢复到故障前某一时刻的正确状态。

3) 登记日志文件(logging)

为保证数据库是可恢复的，登记日志文件时必须遵循两条原则：

(1) 登记的次序严格按并发事务执行的时间次序。

(2) 必须先写日志文件，后写数据库。

把对数据的修改写到数据库中和把修改数据的日志记录写到日志文件中是两个不同的操作。有可能在这两个操作之间发生故障，即这两个写操作只完成了一个。如果先写了数据库修改，而在运行记录中没有登记下这个修改，则以后就无法恢复这个修改了。如果先写日志，但没有修改数据库，按日志文件恢复时只不过是多执行一次不必要的 UNDO 操作，并不会影响数据库的正确性。所以为了安全，一定要先写日志文件，即首先把日志记录写到日志文件中，然后写数据库的修改。这就是“先写日志文件”的原则。

6.6.3 故障的种类及恢复策略

1. 故障的种类

数据库系统中可能发生各种各样的故障，大致可分成下面五类。

1) 事务内部的故障

事务内部的故障有的是可以通过事务程序本身发现的，但是更多的则是非预期的，它们不能由事务处理程序处理。例如，运算溢出、并发事务发生死锁而被选中撤消该事务、违反了某些完整性限制等。

例如：银行转账事务，这个事务把一笔金额从一个账户甲转给另一个账户乙。

```
BEGIN TRANSACTION
读账户甲的余额 BALANCE;
BALANCE = BALANCE-AMOUNT; (AMOUNT 为转账金额)
IF(BALANCE<0 ) THEN
{
        打印'金额不足，不能转账'；
        ROLLBACK;
----撤销刚才的修改，恢复事务
}
ELSE
{
        读账户乙的余额 BALANCE1;
        BALANCE1 = BALANCE1+AMOUNT;
        写回 BALANCE1;
        COMMIT;
}
```

这个例子中所包括的两个更新操作，要么全部完成，要么全部不做；否则就会使数据库处于不一致状态，例如只把账户甲的余额减少了而没有把账户乙的余额增加。若账户甲余额不足，则应用程序发现后回滚事务，撤销已作的修改，恢复数据库到正确状态。

事务故障意味着事务没有达到预期的终点(COMMIT 或者显式的 ROLLBACK)，因此数据库处于不正确状态。恢复程序要在不影响其他事务运行的情况下，强行回滚(ROLLBACK)该事务，即撤销该事务已经作出的任何对数据库的修改，使得该事务好像根本没有执行一样。这类恢复操作称为事务撤销。

2) 系统故障

系统故障是指造成系统停止运转的任何事件，使得系统要重新启动。例如，特定类型的硬件错误(CPU 故障)、操作系统故障、DBMS 代码错误、突然停电等。这类故障影响正在运行的所有事务，但不破坏数据库。这时主存内容，尤其是数据库缓冲区(在内存)中的内容都被丢失，所有运行事务都非正常终止。发生系统故障时，一些尚未完成的事务的结果可能已送入物理数据库，有些已完成的事务可能有一部分甚至全部留在缓冲区，尚未写回到磁盘上物理数据库中，从而造成数据库可能处于不正确的状态。为保证数据一致性，恢复子系统必须在系统重新启动时让所有非正常终止的事务回滚，强行撤销所有未完成事务。重做所有已提交的事务，使数据库真正恢复到一致状态。

3) 介质故障

介质故障指外存故障，例如磁盘损坏、磁头碰撞，瞬时磁场干扰等。这类故障将破坏数据库或部分数据库，并影响正在存取这部分数据的所有事务。这类故障比前两类故障发生的可能性小得多，但破坏性最大。

4) 计算机病毒

计算机病毒是一种人为的故障或破坏。计算机病毒是具有破坏性、可以自我复制的计算机程序，已成为计算机系统的主要威胁，自然也是数据库系统的主要威胁。因此数据库一旦被破坏仍要用恢复技术进行数据库恢复。

5) 用户操作错误

由于用户有意或无意的操作也可能删除数据库中的有用的数据或加入错误的数据，这同样会造成一些潜在的故障。

2. 不同故障的恢复策略

1) 事务故障的恢复

事务故障是指事务在运行至正常终止点前被中止，这时恢复子系统应利用日志文件撤销此事务已对数据库进行的修改。事务故障的恢复是由系统自动完成的，对用户是透明的。事务故障的恢复步骤如下：

(1) 反向扫描文件日志(即从最后向前扫描日志文件)，查找该事务的更新操作。

(2) 对该事务的更新操作执行逆操作，即将日志记录中“更新前的值”写入数据库。在日志记录中，如果是插入操作，则执行删除操作(因此时“更新前的值”为空)；若记录中是删除操作，则做插入操作；若是修改操作，则相当于用修改前的值代替修改后的值。

(3) 继续反向扫描日志文件，查找该事务的其他更新操作，并做同样处理。

(4) 如此处理下去，直至读到此事务的开始标记，事务故障恢复就完成了。

2) 系统故障的恢复

前面已讲过，系统故障造成数据库不一致状态的原因有两个：是未完成的事务对数据库的更新可能已写入数据库中，二是已提交的事务对数据库的更新可能还留在缓冲区没来得及写入数据库中。因此，恢复操作就是要撤销故障发生时未完成的事务，重做已提交的事务。

系统故障的恢复是由系统在重新启动时自动完成的，不需要用户干预。系统的恢复步骤如下：

(1) 正向扫描日志文件(即从头扫描日志文件)，找出在故障发生前已经提交的事务(这些事务既有 BEGIN TRANSACTION 记录，也有 COMMIT 记录)，将其事务标识记入重做队列。同时找出故障发生时尚未完成的事务(这些事务只有 BEGIN TRANSACTION 记录，无相应的 COMMIT 记录)，将其事务标识记入撤销队列。

(2) 对撤销队列中的各个事务进行撤销(UNDO)处理。

进行 UNDO 处理的方法是，反向扫描日志文件，对每个 UNDO 事务的更新操作执行逆操作，即将日志记录中“更新前的值”写入数据库。

(3) 对重做队列中的各个事务进行重做(REDO)处理。

进行 REDO 处理的方法是：正向扫描日志文件，对每个 REDO 事务重新执行日志文件登记的操作，即将日志记录中“更新后的值”写入数据库。

3）介质故障的恢复

发生介质故障后，磁盘上的物理数据和日志文件被破坏，这是最严重的一种故障，恢复方法是重装数据库，然后重做已完成的事务。具体地说步骤如下：

（1）装入最新的数据库后备副本（离故障发生时刻最近的转储副本），使数据库恢复到最近一次转储时的一致性状态。

对于动态转储的数据库副本，还需同时装入转储开始时刻的日志文件副本，利用恢复系统故障的方法（即 REDO+UNDO），才能将数据库恢复到一致性状态。

（2）装入相应的日志文件副本（转储结束时刻的日志文件副本），重做已完成的事务。具体来说，首先扫描日志文件，找出故障发生时已提交的事务的标识，将其记入重做队列；然后正向扫描日志文件，对重做队列中的所有事务进行重做处理，即将日志记录中“更新后的值”写入数据库。这样就可以将数据库恢复至故障前某一时刻的一致状态了。

介质故障的恢复需要 DBA 来处理，但 DBA 只需要重装最近转储的数据库副本和有关的各日志文件副本，然后执行系统提供的恢复命令即可，具体的恢复操作仍由 DBMS 来完成。

6.6.4　数据库镜像

我们已经看到，介质故障是对系统影响最为严重的一种故障。系统出现介质故障后，用户应用全部中断，恢复起来也比较费时，而且 DBA 必须周期性地转储数据库，这也加重了 DBA 的负担。如果不及时、正确地转储数据库，一旦发生介质故障，会造成较大的损失。

随着磁盘容量越来越大，价格越来越便宜，为避免磁盘介质出现故障影响数据库的可用性，许多数据库管理系统提供了数据库镜像（Mirror）功能用于数据库恢复，即根据 DBA 的要求，自动把整个数据库或其中的关键数据复制到另一个磁盘上。每当主数据库更新时，DBMS 自动把更新后的数据复制过去，即 DBMS 自动保证镜像数据与主数据的一致性。这样，一旦出现介质故障，可由镜像磁盘继续提供使用，同时 DBMS 自动利用镜像磁盘数据进行数据库的恢复，不需要关闭系统和重装数据库副本。在没有出现故障时，数据库镜像还可以用于并发操作，即当一个用户对数据加排他锁修改数据时，其他用户可以读镜像数据库上的数据，而不必等待该用户释放锁。

由于数据库镜像是通过复制数据实现的，频繁地复制数据自然会降低系统运行效率。因此，在实际应用中用户往往只选择对关键数据和日志文件进行镜像，而不是对整个数据库进行镜像。

6.6.5　SQL Server 数据库的恢复

1. SQL Server 的备份形式

SQL Server 既提供了静态备份功能也提供了动态备份的功能。所谓动态备份是指在用户操作数据的同时对数据库进行备份操作。与其他一些 DBMS 不同的是，它们总是把所有的数据库备份工作一起执行，而 SQL Server 则分别对每个数据库进行备份操作。当遇到需要修复数据库时，这种方法相对比较安全，因为只需要对该数据库进行恢复而不要对所有的数据库进行恢复。

SQL Server 提供三种备份形式，分别为：

（1）完全备份：将数据库完全复制到备份文件中。

（2）事务日志备份：备份发生在数据库上的事务操作。

（3）增量备份：备份最近一次完全备份以后数据库所发生变化的数据。

2. SQL Server 的数据备份或恢复策略

1) 使用完全备份的策略：将最近一次的备份恢复。

2) 在完全备份基础上使用事务日志备份的策略。

(1) 备份步骤是：

① 定期进行完全备份，例如一天一次或两天一次。

② 更频繁地进行事务日志备份，如一小时一次或两小时一次。

(2) 恢复步骤是：

① 用最近一次完全备份恢复数据库。

②用最近一次完全备份之后创建的所有事务日志备份，按顺序恢复完全备份之后发生在数据库上的所有操作。

3) 同时使用三种备份的策略：在同时使用数据库完全备份和事务日志备份的基础上，再以增量备份作为补充。

3. SQL Server 的数据备份方法

在能够进行数据库或者事务日志备份之前，必须指定(或者创建)备份的设备。在“对象资源浏览器”中选择要备份的数据库，右击鼠标，在弹出式菜单中选择“任务”中子菜单“备份”，出现“备份数据库”对话框，设置备份类型，输入备份集名称，设置备份目标位置，单击“确定”按钮，完成备份任务，如图 6-9 所示。

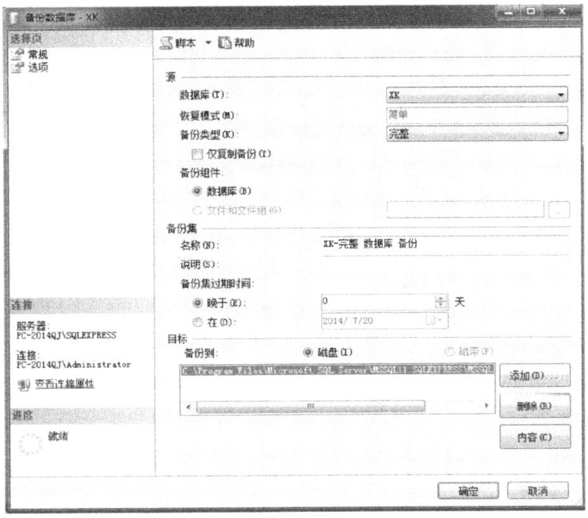

图 6-9　备份设备属性——新建设备对话框

4. SQL Server 的数据恢复方法

不管什么时候，当一个操作被提交去执行时，SQL Server 要么正确地执行该操作并且在数据库里面永久保留这些改动，要么确认该操作对整个数据库根本没有什么影响。这种方案使得能够保证数据库即使在出错的状态下也能适应，因为该错误操作并没有影响到数据库本身，而只是影响了发生错误时刻的进程中的操作。SQL Server 既支持自动恢复也支持手动恢复。

1) 自动恢复

恢复用户的备份之前，首先了解一下 SQL Server 的自动恢复特征，SQL Server 每次启动时都会进行自动恢复，检查并且确认是否有恢复工作需要进行。恢复不是对数据库的所有修改在修改时马上写到硬盘上，而是写在缓冲区中，直到检查点发生，系统才将在缓存中的数据写入磁盘，这个检查点进程大约是每隔 60 秒钟发生一次。如果检查点发生之前系统崩溃或者掉电了，那么自动恢复过程会检查事务日志以决定是否所有的事务都完成并写入硬盘，并将已经完成但尚未写入硬盘的数据写到硬盘上。当一个事务开始的时候(任何实际的数据被修改之前)，一行信息会被写入事务日志表明事务的开始，然后所有的改变都被记录到事务日志中，当事务完成时，一个结束事务行的信息被写入事务日志。开始和结束的记录表明了 SQL Server 是如何描写事务的开始和结束的。

自动恢复过程检查每个数据库的事务日志。这个过程搜索事务的开始和结束记录并与数据库中的数据进行对比。在系统崩溃时没有完成的事务被回滚。当事务日志中存在开始和结束记录时，事务就向前滚动。自动恢复过程以 master 数据库开始然后移动到 model 数据库。

2) 手工恢复

在进行数据库恢复时，必须选择备份的设备。在“对象资源浏览器”中选择要还原的数据库，右击鼠标，在弹出式菜单中选择“任务”中子菜单“还原”，出现“还原数据库”对话框，设置“备份(E)”单选按钮，单击“选择备份”对话框，选择好备份文件，单击“确定”按钮，完成还原任务，如图 6-10 所示。

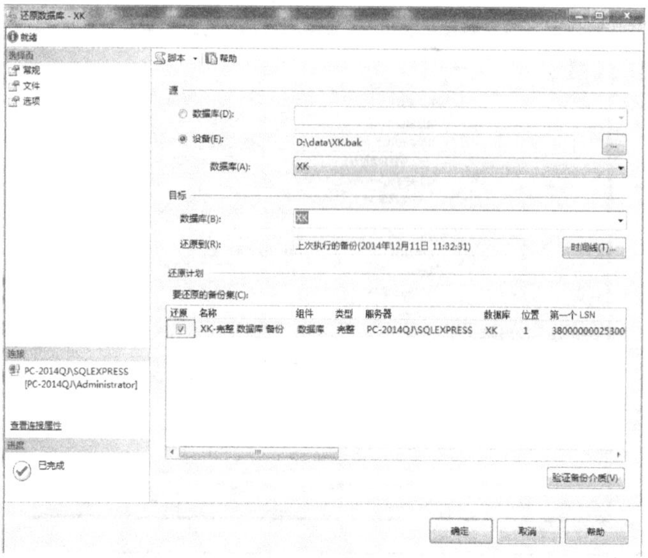

图 6-10　还原数据库对话框

6.7　案例实践——网上选课系统数据库安全性实现

6.7.1　用户权限实现

在网上选课系统中，不同的用户所拥有的权限不同。系统管理员拥有全部权限，学生拥有选课等部分权限，而教师拥有录入成绩等部分权限。因此，合法的用户只能拥有合法的权限。根据实际需求，确定网上选课系统的不同权限，如图 6-11 所示。

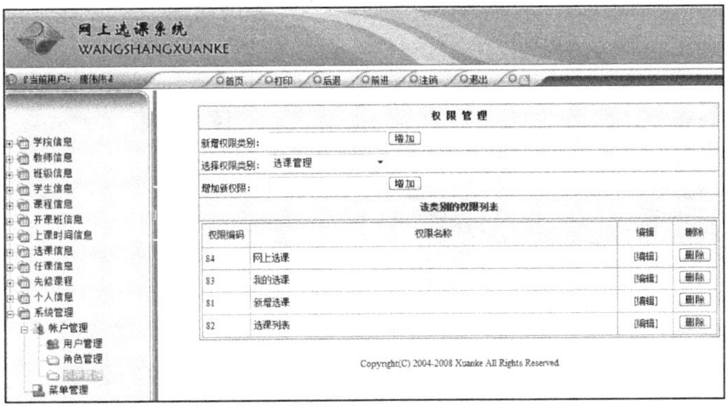

图 6-11　用户权限管理

6.7.2　角色权限实现

为了更方便用户权限管理，将拥有相同权限的用户创建为一个角色。网上选课系统分为教学秘书、教师和学生三种角色，分别如图 6-12、图 6-13 和图 6-14 所示。

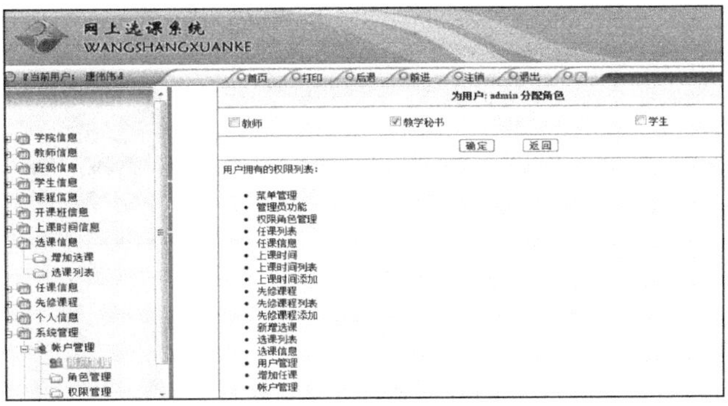

图 6-12　教学秘书角色

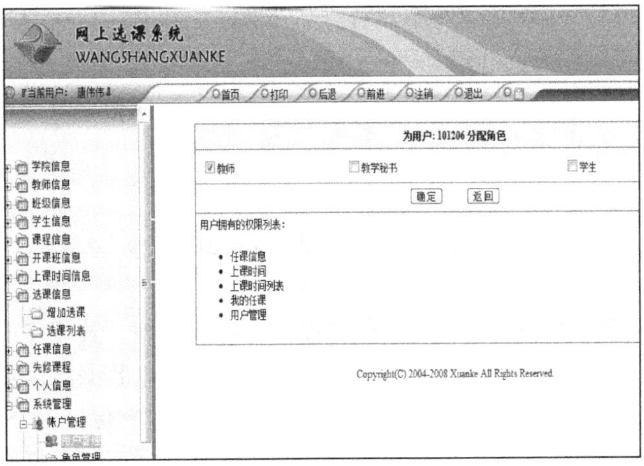

图 6-13　教师角色

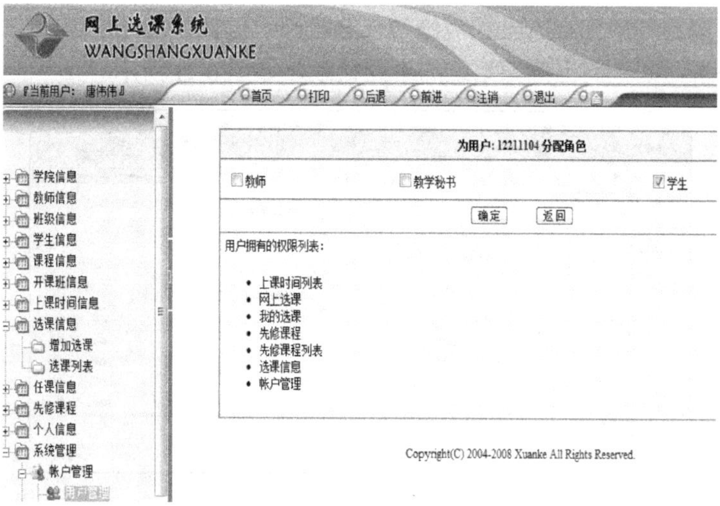

图 6-14　学生角色

为一个用户分配不同的角色后，不同的角色登录进去的主界面是不同的。例如，学生角色登录后的主界面如图 6-15 所示。

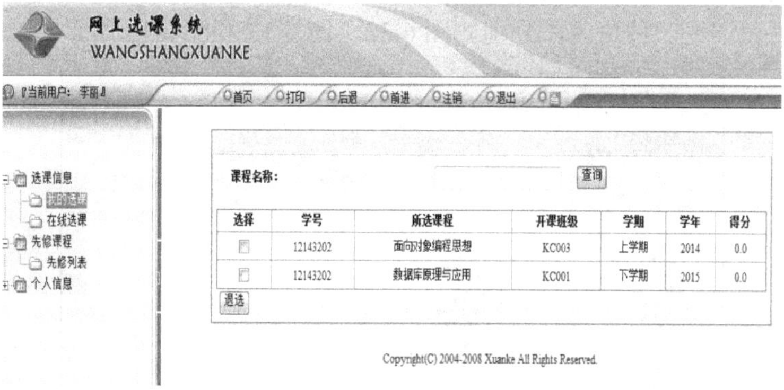

图 6-15　学生角色主界面

6.8　项目实践——图书馆管理系统数据库安全性实现

根据图书馆管理系统功能模块，模仿网上选课系统，设计和开发图书馆管理员和读者相应的用户权限和角色权限。

6.9　本 章 小 结

本章主要讲解数据库的安全性管理、数据库的完整性管理、数据库的并发控制以及数据库的恢复。数据库安全性管理保证合法用户在合法权限内操纵数据库，数据库完整性管理保证了数据库中数据的正确性、有效性和相容性，数据库并发控制保证多个用户可以共享数据，而数据库恢复机制保障当数据库出现故障后能够快速恢复数据库。数据库安全性管理和数据库恢复，这些技术与开发数据库应用系统联系更加紧密。

6.10　习　　题

1．数据库的并发操作会带来哪些问题？如何解决？

2．封锁会带来哪些问题？如何解决？

3．死锁的发生是坏事还是好事？试说明理由。如何解除死锁状态？

4．试叙述“串行调度”与“可串行化调度”的区别。

5．什么是数据库的完整性？DBMS 的完整性子系统的主要功能是什么？

6．完整性规则由哪几个部分组成？SQL 中的完整性约束有哪些？

7．参照完整性规则在 SQL 中可以用哪几种方法实现？删除参照关系的元组时，对依赖关系有哪些影响？修改参照关系的主键值时，对依赖关系有哪些影响？

8．试对 SQL 中检查约束(CHECK 子句)和断言两种完整性约束进行比较，各说明什么对象？何时激活？能保证数据库的一致性吗？

9．什么是数据库的安全性？有哪些级别的安全措施？

10．什么是“权限”？用户访问数据库有哪些权限？对数据库模式有哪些修改权限？

11．数据库的并发控制、恢复、完整性和安全性之间有些什么联系和区别？

12．X 封锁与 S 封锁有什么区别？

第 7 章　数据库新技术

短短三十年期间数据库已从第一代的网状、层次数据库系统，第二代的关系数据库系统，发展到了与其他计算机新技术相结合、面向新应用领域的新一代数据库系统阶段。数据库技术与面向对象程序设计技术、分布处理技术、并行处理技术、人工智能技术等互相渗透，互相结合，成为当前数据库技术发展的主要特征，不断涌现出如面向对象数据库系统、分布式数据库系统、数据仓库等。

本章主要介绍更加实用的数据仓库与数据挖掘、XML 数据库等内容。

7.1　教学案例——网上选课系统课程类关联规则

7.1.1　问题的引出

两个多月以来，逸凡上课认真听讲，课后与老师交流，终于开发了一套网上选课系统。有了网上选课系统，学生就可以自主选课和任意选修学分。随着网上选课系统试运行，数据库中学生选课信息越来越多，他又想到了如下一些问题：

第一，网上选课系统已经产生了海量数据，能否对它进行有效地分析，或许能为学分制体系学生选课提供一些有益的帮助？

第二，网上选课系统使用 XML 进行数据交换和传输，那 XML 到底是什么东西？

在新生入学教育时，他听说过“啤酒搭着尿布卖”的神奇故事，决定深入学习一下数据挖掘，期待从这些数据中挖掘一些信息。

7.1.2　网上选课系统课程类关联规则

随着学分制的全面推广，学生可以自主选课和任意修读学分。这种学生的个性化培养将引发学分制体系下个性化选课的盲目性、片面性，造成了教学过程混乱。通常对这些选修数据的处理只是停留在数据备份、查询及简单统计等方面, 并没有对大量数据进行深入地分析以获得便于教学工作的信息，这势必造成了教学信息资料的浪费。针对网上选课系统形成的海量数据进行有效的知识发现，以辅助高校管理者进行下一步的决策是一个亟待解决的问题。若能将这些规则应用到教学管理中，可为学分制下学生选课提供一些有益的帮助，为现行教学计划的修正提供决策支持。

例如，我们可能会得到如下规则：

【规则 1】如果选修了《面向对象编程思想》，则必选《可视化编程技术》。(支持度为 25.8%，置信度为 60.6%)

【规则 2】如果选修了《离散数学》，则必选《数据结构》。(支持度为 23.2，置信度为 61.4%)

……

如果能够从网上选课系统数据中发现这些规则，则极大地改进学生选课、老师任课等教学管理工作。这将涉及数据库新技术中数据挖掘。

7.2　数据库新技术概述

从 20 世纪 80 年代以来，数据库技术在商业领域的巨大成功刺激了其他领域对数据库技术需求的迅速增长。另一方面在应用中提出的一些新的数据管理的需求也直接推动了新一代数据库技术的研究与发展，尤其是面向对象数据库系统(Object Oriented DataBase System，简称 OODBS)的研究与发展。

可以说新一代数据库技术的研究，新一代数据库系统的发展呈现了百花齐放的局面。其特点如下。

1) 面向对象的方法和技术对数据库发展的影响最为深远

20 世纪 80 年代出现的面向对象的方法和技术对计算机各个领域，包括程序设计语言、软件工程、信息系统设计以及计算机硬件设计等都产生了深远的影响，也给面临新挑战的数据库技术带来了机会和希望。数据库研究人员借鉴和吸收了面向对象的方法和技术，提出了面向对象数据模型(简称对象模型)。该模型克服了传统数据模型的局限性，促进了数据库技术在一个新的技术基础上继续发展。

2) 数据库技术与多学科技术的有机结合

数据库技术与其他学科的内容相结合，是新一代数据库技术的一个显著特征，涌现出各种新型的数据库系统如图 7-1 所示。

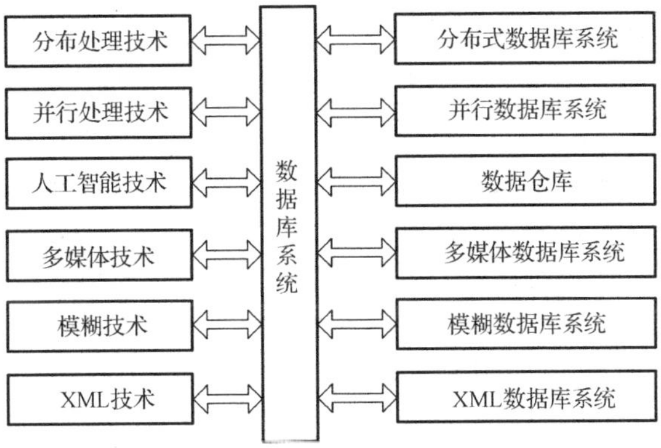

图 7-1　数据库系统与其他相关技术相结合

例如：

数据库系统与分布处理技术相结合，出现了分布式数据库系统；

数据库系统与并行处理技术相结合，出现了并行数据库系统；

数据库系统与人工智能技术相结合，出现了数据仓库；

数据库系统与多媒体技术相结合，出现了多媒体数据库系统；

数据库系统与模糊技术相结合，出现了模糊数据库系统等。

3) 面向应用领域的数据库技术的研究

为了适应数据库应用多元化的要求，在传统数据库基础上，结合各个应用领域的特点，研究适合该应用领域的数据库技术，如数据仓库、工程数据库、统计数据库、科学数据库、空间数据库、地理数据库等，这是当前数据库技术发展的又一大重要特征。

研究和开发面向特定应用领域的数据库系统的基本方法是以传统数据库技术为基础，针对某一领域的数据对象的特点，建立特定的数据模型，它们有的是关系模型的扩展和修改，有的是具有某些面向对象特征的数据模型。

经过多年的研究和讨论，对第三代数据库系统的基本特征已有了如下共识。

1) 第三代数据库系统应支持数据管理、对象管理和知识管理

除提供传统的数据管理服务外，第三代数据库系统将支持更加丰富的对象结构和规则，应该集数据管理、对象管理和知识管理为一体。由此可以推出第三代数据库系统必须支持OO 数据模型。

2) 第三代数据库系统必须保持或继承第二代数据库系统的技术

第三代数据库系统必须保持第二代数据库系统的非过程化数据存取方式和数据独立性，不仅能很好地支持对象管理和规则管理，而且能更好地支持原有的数据管理，支持多数用户需要的即席查询等。

3) 第三代数据库系统必须对其他系统开放

数据库系统的开放性表现在支持数据库语言标准；在网络上支持标准网络协议；系统具有良好的可移植性、可连接性、可扩展性和可操作性等。

7.3　数据仓库与数据挖掘

随着信息技术的发展，数据和数据库的急剧增长，数据库应用的规模、范围和深度不断扩大。一般的事务处理已不能满足应用的需求，企业需要能充分利用已有的数据资源，获得有价值的信息，挖掘企业的竞争优势，提高企业运作效率和指导企业决策。数据仓库(Data Warehouse，DW)技术的兴起满足了这一要求。

数据仓库是在数据库基础上发展而来的，它通常包括三个部分：数据库技术、联机分析处理技术(OnLine Analytical Processing，OLAP)及数据挖掘技术(Data Mining，DM)，它们之间具有极强的互补关系。伴随着神奇的“啤酒搭着尿布卖”的故事，数据挖掘走进了人们的视野。"啤酒搭着尿布卖"是一个利用关联规则挖掘方法进行数据挖掘的经典故事，它告诉人们可以利用手中没有规律的数据，找出事物与购买者之间的规律。

至今为止，数据仓库的实用化已走过了近二十年的历程，应用领域遍及通信、零售业、金融以及制造业。数据仓库的规模越来越大，已广泛应用于更高精度的数据分析中，数据挖掘技术也有了新的进展。

7.3.1　数据仓库的概念与结构

1. 数据仓库的概念

数据仓库技术产生于 20 世纪 90 年代初，其目标是进行决策支持。数据仓库技术完全是在需求的驱动下产生与发展起来的。在过去的几十年中，数据库技术，特别是联机事务处理(On-line Transaction Processing，简称 OLTP)，仅对当前事务所产生的数据记录保存下来，并对这些数据进行各种日常事务处理。随着数据量的增大，查询要求也越来越复杂，数据库逐渐出现了许多难以克服的问题，集中表现为：数据分散、缺乏组织性；数据难以转化为有用信息；不能满足复杂的查询要求；只保存短期数据，分析时不能满足长期预测需要。于是，

人们开始尝试对数据库中的数据进行再加工，形成一个综合的、面向分析的环境，以更好地支持决策分析，数据仓库的思想便逐渐形成了。

对于什么是数据仓库，许多人提出了不同的看法。数据仓库概念的创始人 William H.Inmon 在《建立数据仓库》(*Building the Data Warehouse*)一书中提出数据仓库的概念，并对数据仓库作了如下定义："数据仓库是面向主题的、集成的、稳定的、随时间变化的数据集合，用以支持经营管理中的决策分析过程。"William H.Inmon 还对数据仓库作了进一步的描述：数据仓库提供集成化的和历史化的数据；它集成种类不同的应用系统，并从事物发展和历史的角度来组织和存储数据，以供信息化和分析处理之用。

虽然还没有形成统一的定义，但以上观点都或多或少地指出了数据仓库有以下几个特征：

(1)数据仓库是面向主题的。它是根据最终用户的观点来组织和提供数据，目的是尽量快而全地提供用户需要的信息，很少或几乎不要求做数据更新操作。因此，数据仓库中的数据是按照各种主题的方式来进行组织的，主题在数据仓库中的物理实现是一系列的相关表，这与面向应用环境有很大的区别。这样就决定了数据仓库将焦点集中在数据建模和数据库设计上，而不像面向应用的环境还需要关心过程设计。另外，数据仓库中细节级的数据还摒弃了仅用于操作而对 DSS 没有用处的数据。

(2)数据仓库是集成的。数据进入数据仓库之前，必须经过加工与集成，摒弃分析处理不需要的数据项，增加一些可能涉及的外部数据。对不同的数据来源必须将这些数据转换成全局统一的定义，消除不一致，以保证数据的质量。对源数据进行集成是数据仓库建设中最关键，也是最复杂的一步。

(3)数据仓库是稳定的。数据保存到数据仓库中后，最终用户只能通过分析工具进行查询和分析，而不能修改，即数据仓库的数据对最终用户而言是只读的。因此对数据操作只有数据载入、数据访问及老化数据清除。

(4)数据仓库是随时间变化的。数据仓库数据的不可更新是针对应用而言，即用户分析处理时不更新数据。但不是说，数据从进入数据仓库以后就永远不变，这些数据随时间变化而定期更新。每隔一段固定的时间间隔后，抽取运行数据库系统中产生的数据，转换后集成到数据仓库中。数据仓库的每一个主码必须包含反映时间的属性，并且数据仓库内的数据一旦存在，就不能修改。当数据超过数据仓库的存储期限，或对分析无用时，就从数据仓库中删除这些数据。

2. 数据仓库的结构

数据仓库既是一种结构和富有哲理性的方法，也是一种技术。数据和信息从不同的数据源提取出来，然后把这些数据转换成公共的数据模型并且和仓库中已有的数据集成在一起。当用户向仓库进行查询时，需要的信息已经准备好了，数据冲突、表达不一致等问题已经得到了解决，这使得决策查询更容易、更有效。

数据仓库的结构主要包括数据仓库的体系结构和数据仓库中数据的层次结构。

1)数据仓库的体系结构

作为一个系统，数据仓库至少应包括三个基本的功能部分。

(1)数据获取。这个部分负责从外部数据源获取数据。数据被区分出来，经过提取、清洁、转换、聚集等步骤得到集成和综合的数据，载入数据仓库。

(2)数据存储和管理。这个部分负责数据仓库的内部维护和管理，提供的服务包括数据存储的组织、数据的维护、数据的分发、数据仓库的例行维护等。

(3) 信息访问。信息访问部分属于数据仓库的前端，面向不同种类的最终用户，这里主要由桌面系统的各种工具组成。数据仓库的最终用户在这里提取信息、分析数据集、实施决策，从而可望取得竞争优势。进行数据访问的软件工具，主要是可视化工具、多维分析工具和数据采掘工具等。这里也是工具制造商们竞相争夺的地段。新的发展趋势是把信息访问工具紧密集成到数据仓库系统中。

图 7-2 显示了数据仓库系统的基本体系结构图。三个功能分别对应了三个不同层次。底层是数据源，不仅指那些常见的数据库，也包括文件、HTML 文件、知识库、遗留(Legacy)系统等各种数据源。中间层是数据仓库层和数据仓库工具层。最上层是最终用户。虽然图 7-2 中表示的是单一、集中的仓库，但仓库能够以分布式数据库系统来实现。实际上，为了获得期望的性能，常需要数据的并行和分布处理。

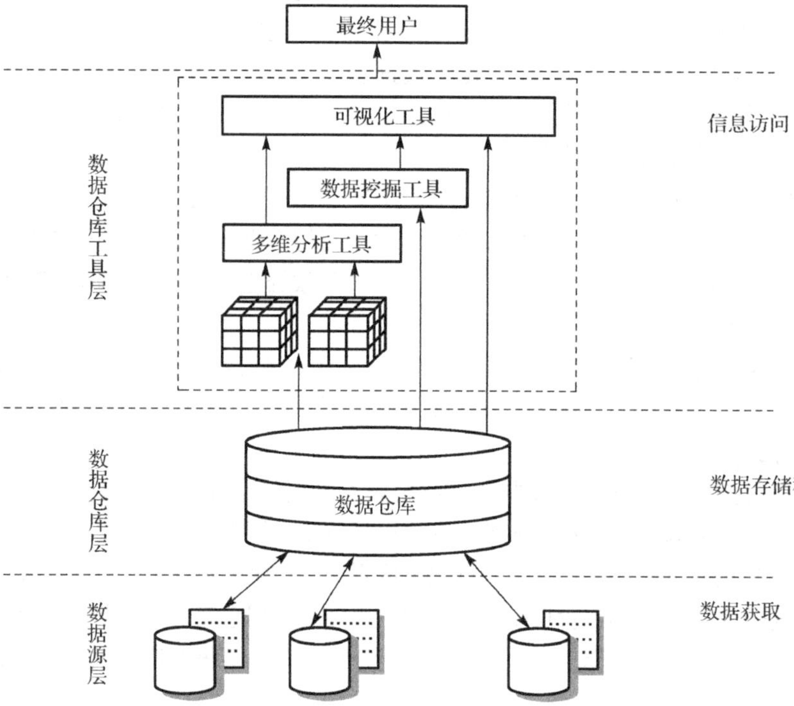

图 7-2　数据仓库系统的基本体系结构

2) 数据仓库数据的层次结构

为更好地支持决策，数据仓库中的数据分为不同的层次，这些层次包括：当前基本数据、历史基本数据、轻度综合数据、高度综合数据和元数据，如图 7-3 所示。其中，当前基本数据是最近时期的测量数据，是数据仓库中数量最大的数据。随着时间的推移，当前基本数据成为历史基本数据，并被转存到转换介质中；对当前基本数据在某些时间、某些数据属性和某些内容上的综合提取形成轻度综合数据；高度综合数据是最高层数据，它是对轻度综合数据的进一步综合，因而最为概括、精炼，是数据仓库中的准决策数据；元数据负责整个数据仓库的组织。数据仓库中存在着不同的层次，一般称之为“粒度”。粒度越大，表示细节程度越低，综合程度越高。级别的划分是根据粒度进行的。在数据仓库中，同时存在多重粒度是必不可少。

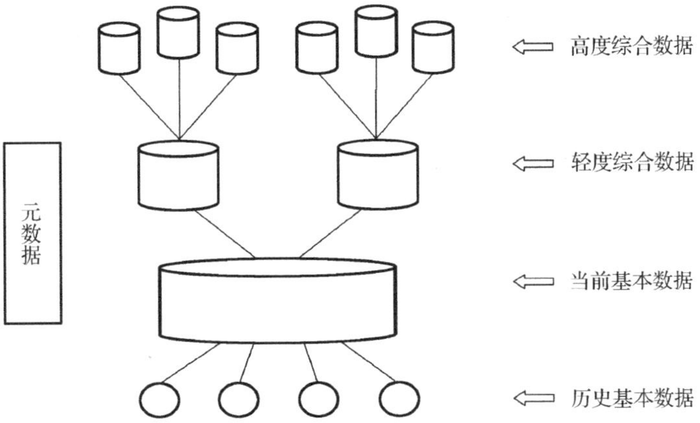

图 7-3　数据仓库中数据的层次结构

元数据是“关于数据的数据”，如传统数据库中的数据字典就是一种元数据。在数据仓库环境中，主要有两种元数据：第一种是为了从操作型环境向数据仓库环境转换而建立的元数据，它包含了所有源数据项名、属性及其在数据仓库中的转换；第二种元数据在数据仓库中是用来与终端用户的多维商业模型/前端工具之间建立映射，此种元数据称为 DSS 元数据，常用来开发更先进的决策支持工具。

分割是数据仓库中的另一重要概念。它是指将数据分散到各自的物理单元中，存在某种相关性的数据组织在一起，以便能分别独立处理，以提高数据处理的效率。分割的标准可以根据实际情况来定，通常可选择按日期、地域或业务领域来进行分割。

常见的数据的组织形式有：简单堆积文件、轮转综合文件、简化直接文件、连续文件等。

数据仓库的数据来自于 OLTP 的数据库。在数据仓库的数据初装完成之后，再向数据仓库输入数据的过程称为数据追加。追加的内容仅限于上次装入后在 OLTP 数据库中变化了的数据。捕捉变化数据的常用途径有：时标方法、DELTA 文件法、前后映像文件法及日志文件法。比较而言，日志文件法是最可行的一种选择。

3. 数据仓库的数据组织

1) 数据仓库的概念模型

数据仓库的数据概念模型是多维数据模型，它直接影响到前端工具、数据存储的设计和 OLAP 的查询引擎。在多维数据模型中，一部分数据是数字测量值，它们是依赖于一组“维”的，这些维提供了测量值的关联关系。例如销售量与城市、产品名称和销售的时间有关，这些相关的维唯一决定了销售量这个测量值。因此，多维数据模型就是把测量的值放在这样一些有层次的维构成的多维空间中。图 7-4 中的小格内存储的数据可以假设为商品的销售量。

下面简单介绍一些相关的基本概念。

变量：变量是数据的实际含义，即描述数据是什么。

维：维是人们观察数据的特定角度，如时间维、地区维。

维的层次：维还可以存在细节程度不同的多个描述方面，即维的层次，如日、月、年是时间维的层次。

维成员：维的一个取值称为该维的一个维成员，如“某年某月某日”是时间维的一个维成员。

多维数组：一个多维数组可以表示为：(维 1，维 2，……，维 n，变量)。如图 7-4 所示商品销售量是按时间、城市和商品组织起来的三维立方体，加上变量“销售量”就组成了一个多维数组(时间，城市，商品，销售量)。

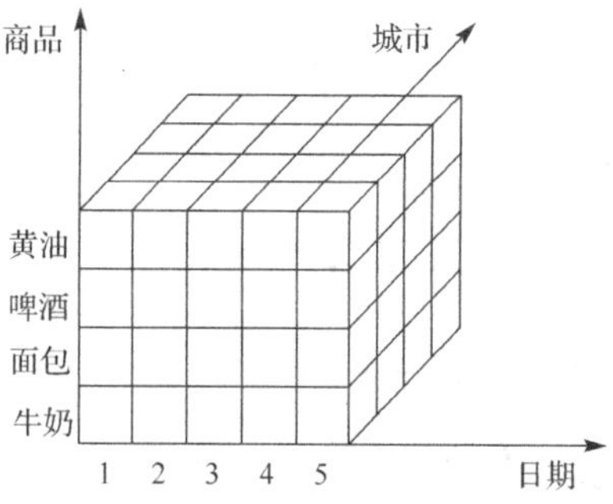

图 7-4　数据仓库的多维数据模型

2) 数据仓库的数据组织

进行关系型数据库设计时，一般采用实体关系 E-R 模型，而数据仓库采用的数据组织方式共有三种：虚拟存储方式、基于关系表的存储方式和多维数据库组织存储方式。

(1) 虚拟存储方式是虚拟数据仓库的数据组织形式。没有专门的数据仓库数据存储机制，数据仓库中的数据仍然在源数据库中，只是根据用户的多维需求，然后在源数据库中找出所需数据，完成多维分析的功能。

(2) 基于关系表的存储方式将数据存储在关系型数据库的二维表结构中，并由元数据进行控制管理，是以多维表型的“维表—事实表”结构形式组织的，共有如下三种形式：

① 星型模型。

大多数的数据仓库都采用“星型模型”。星型模型由“事实表”以及多个“维表”所组成。事实表中的每个记录都包含有指向各个维表的外键和一些相应的测量数据，维表中记录的是有关这一维的属性。

从图 7-5 中可以看出，事实表中的每一记录只是包含了一些指针(即外键)，而对应的主键分别放在不同的表中。如“订单号”放在“订货表”中，每个指针指向一个维表，这就构成了数据库的多维联系。相应的每个记录中多维外键限定数字测量值。在每个维表中除包含每一维的主键外，还有说明该维表的其他一些属性字段。维表记录了维的层次关系。

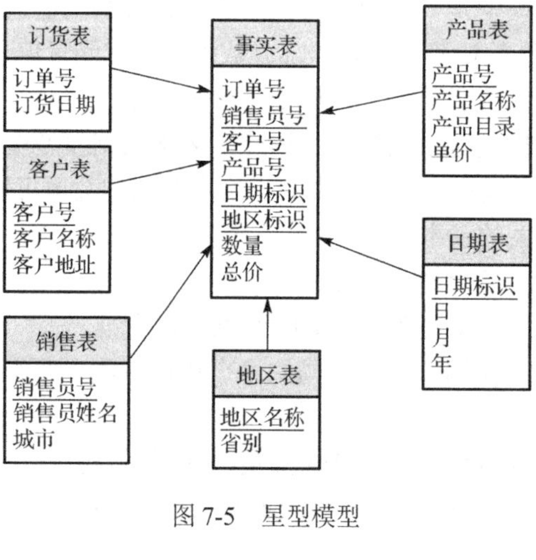

图 7-5　星型模型

② 雪花模型。

雪花模型是对星型模型的扩展，雪花模型对星型模型的维表进一步层次化，原来的各维表可能被扩展为小的事实表，形成一些局部的“层次”区域。雪花模型增加了用户必须处理的表数量，增加了某些查询的复杂性。但这种方式可以使系统进一步专业化和实用化，同时降低了系统的通用程度。前端工具仍然要用户在雪花的逻辑概念模式上操作，然后将操作转换为具体的物理模式，从而完成对数据的查询。

图 7-6 所示的“产品表”与“目录表”维表与事实表的关系区域，是在数据仓库的数据组织上对用户查询需求的扩展。使用数据仓库和 OLAP 查询工具完成一些简单的二维或三维查询，既满足了用户对复杂数据仓库查询的需求，又能够在无须访问过多数据的情况下，完成一些简单查询功能。

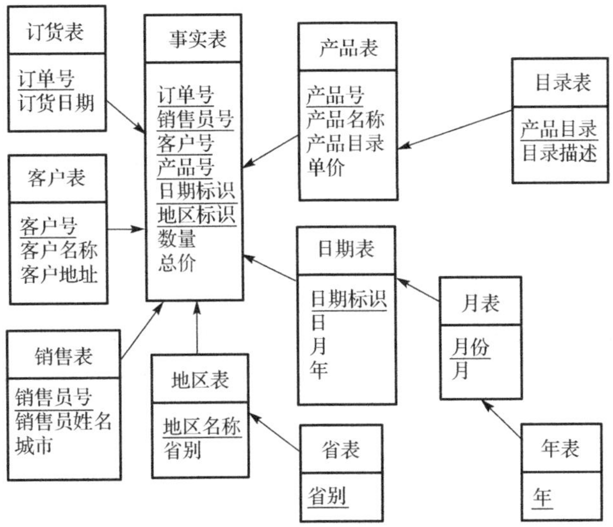

图 7-6　雪花模型

③ 星网模型。

星网模型是将多个星型模型连接起来形成网状结构。多个星型模型通过相同的维，如时间维，连接多个事实表。

(3) 多维数据库数据组织存储方式用于分析的数据从关系数据库或关系数据仓库中抽取出来，被存放到多维数据库的超立方结构中。其数据组织采用多维数据结构文件存储数据，相应有维索引及相应的元数据管理文件与数据相对应。最主要的优点是直接把多维视图映射到数据立方体数组结构，而且能够对预计算的汇总数据快速索引。缺点是在数据集稀疏的情况下，存储利用率低下。

7.3.2　数据仓库的设计与实现

1. 数据仓库设计

人们在早期开发数据仓库时，一般是先建立一个全局的数据仓库结构，然后再在其基础上建立各种应用，称为“自顶向下”的方法。但这种方法存在许多问题，如规模大、投资大、周期长、部门间资源竞争和需求矛盾等。为解决这些问题，提出了数据集市的概念。数据集市是支持某一部分或特定商业需求的 DSS 应用的数据集合。数据集市中的数据仍具有数据仓库中数据的特点，数据组织结构也与数据仓库类似，只不过数据集市中的数据是专门为某一部门或某个特定商业需求定制的。

随着数据仓库技术的发展，如今数据仓库的实现策略已由原来的“自顶向下”模式，发展为“自顶向下”、“自底向上”、“平行开发”三种。

“自顶向下”模式：对分散在企业各处的数据库中的数据集成建立全局性的数据仓库。数据集市中的数据是为某部门 DSS 应用而从数据仓库中抽取的。数据集市中的数据是数据仓库数据的一个子集。数据从数据仓库流向数据集市。

“自底向上”模式：从建立各部门或特定商业问题的数据集市开始，全局性数据仓库建立在数据集市的基础上。即数据从数据集市流向数据仓库。特点是投资少、见效快。

“平行开发”模式：在一个全局性数据仓库的数据模型的指导下，数据集市和全局性数据仓库的建立同时进行。

2. 数据仓库实现

数据仓库的实现主要包括四个部分：数据仓库的设计与建模，数据集成，数据存储和管理，以及数据分析和展现。

1) 数据仓库的设计与建模

数据仓库是一个专门为决策支持而设计的面向主题的信息系统，其设计工作对于决策支持系统起着非常重要的作用。它需要根据决策确定主题，从数据源到数据提交，对数据仓库的数据组织进行逻辑结构的设计，还要按照业务用户最能理解的方式组织和提供信息。

2) 数据集成

数据仓库中的数据来源于联机事务处理系统，这些系统因建立时间不同、系统选型不同、开发人员等原因，使得各个业务系统的硬件环境和软件环境各不相同，数据结构不统一。要将这些系统中的有用数据提取出来，进行净化、整理、综合及概括，然后去掉无用的数据项，转换成统一格式加载到数据仓库中，这就是数据集成所要完成的工作。

3) 数据存储与管理

数据仓库存储可以选用“多维”数据库，也可以选用关系型数据库或其他的特殊存储方式。要保证数据的安全性、完整性及一致性，同时还要具有复杂的分析查询的高效性。

4) 数据分析与展现

OLAP 是一项分析处理技术，它从企业的数据集合中收集信息，并运用数学运算和数据处理技术，灵活、交互式地提供统计、趋势分析和预测报告。通过多种 OLAP 工具对数据仓库中的数据进行多维分析、汇总，形成图表或报表的形式，使企业的决策者可以清晰、直观地看到分析结果，这正是数据仓库系统所要达到的目的。

7.3.3 联机分析处理

作为数据仓库系统三要素之一的信息访问部分，是最终用户赖以从数据仓库中提取信息、分析数据、实施决策的必经途径。虽然目前的研究还集中在数据仓库的创建和维护功能上面，因为这是迈向实用化的第一步的、首要的任务。而当数据仓库创建和维护的理论和方法基本成熟以后，研究的重心将放在数据仓库的有效使用上，即研究如何有效地进行决策支持。

1. 联机分析处理的概念

数据仓库中的工具以分析型为主，但仍然包括对分析结果的可视化查询工具。分析型工具根据从数据仓库中采掘信息的方式大体上分为验证型工具和挖掘型工具两种。验证型工具是用户提出假设，然后利用各种工具通过反复、递归的检索查询以验证假设。多维分析工具(OLAP 工具)属于验证型。挖掘型工具负责从大量数据中发现隐藏的预测性信息，与验证型的区别在于挖掘过程无需或只需很少用户指导。挖掘型工具主要是数据挖掘。

联机分析处理(OLAP)是针对特定问题的联机数据访问和分析的软件技术。它使分析人员、经理、管理人员通过对信息(这些信息从原始数据转换而来，反映了用户所能理解的企业的真实的“维”)的多种可能的观察角度进行快速、一致和交互性的存取以获得对信息的深入理解。

1993 年 E.F.Codd 提出了有关 OLAP 的十二条准则，对 OLAP 系统的功能和特征作了详细的描述，对 OLAP 产品的识别及后来发展方向的确立都有着重要作用。

OLAP 的显著特征是提供数据的多维概念视图。数据的多维视图使最终用户能从多角度、多侧面、多层次考察数据库中的数据，从而深入地理解包含在数据中的信息及其内涵。

OLAP 的第二个特征是快速响应用户的分析请求。OLAP 系统中不仅能进行开放式存取，而且还提供高效的存取策略。

OLAP 的第三个特征是其多维分析功能。OLAP 可以提供给用户强大的统计、分析、报表处理等功能。OLAP 的多维分析是指对多维形式组织起来的数据采取切片(Slice)、切块(Dice)、旋转(Rotate)、下钻(Drill-down)、上钻(Roll-up)等各种分析动作，使最终用户能从多角度、多侧面观察数据。

2. 多维数据分析

多维数据分析是指对以多维形式组织起来的数据采取切片、切块、旋转、钻取等各种分析动作，以求剖析数据，使最终用户能从多个角度、多个侧面观察数据，从而深入地了解包含在数据中的信息与内涵。

1) 切片和切块

在多维数据结构中，按二维进行切片，按三维进行切块，可得到所需要的数据。例如，在“产品、城市、时间”三维立方体中进行切块和切片，可得到如图 7-7 所示的各城市、各产品的销售情况。

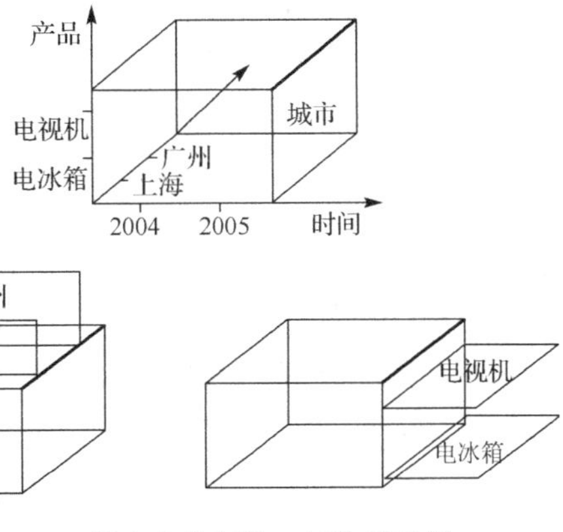

图 7-7 三维立方体切片、切块示意图

2）钻取

钻取包含向下钻取和向上钻取操作。表 7-1 说明了 2005 年某企业各部门销售情况。在时间维进行下钻操作，获得表 7-2。

表 7-1　部门销售数据

部门	销售
1	900
2	650
3	800

表 7-2　部门销售下钻数据

部门	2005 年			
	1 季度	2 季度	3 季度	4 季度
1	200	200	350	150
2	250	100	150	150
3	200	150	180	270

3）旋转

通过旋转可以得到不同视角的数据，如图 7-8 所示。

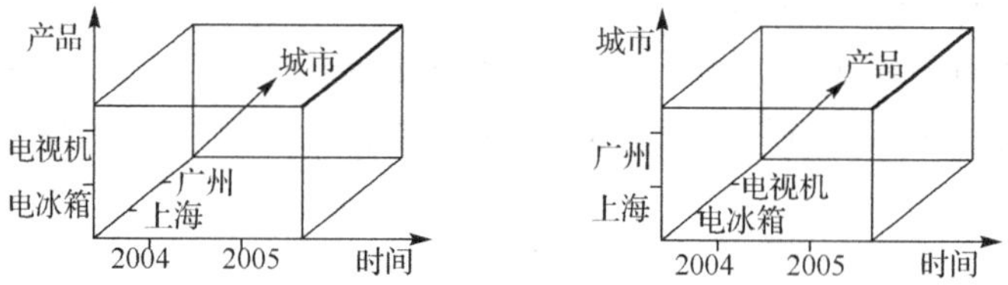

图 7-8　一个交换维属性位置的旋转操作

7.3.4　数据挖掘

随着数据仓库技术的发展，大量的数据已经被集成和预处理，由于数据仓库中数据的高质量和可用信息处理设施的存在，在数据仓库中进行复杂的数据分析研究成为可能，于是基于大型数据仓库的数据挖掘技术的研究也得到了空前的重视。把数据挖掘建立在数据仓库之上，一方面能够提高数据仓库系统的决策支持能力；另一方面，由于数据仓库完成了数据的收集、集成、存储、管理等工作，从而使得数据挖掘更能专注于知识的发现，有利于发挥数据挖掘技术的潜在能力；再者，由于数据仓库所具有的新的特点，又对数据挖掘技术提出了更高的要求。

1. 数据挖掘的概念

数据挖掘（Data Mining），是知识发现的关键步骤，又称为数据库中的知识发现。数据挖掘采用基于人工智能、机器学习、统计学等方法进行知识学习，其研究的主要内容是数据挖掘算法和数据挖掘应用。因此，数据挖掘是从大量数据或数据仓库中提取正确、新颖、潜在有用和最终可理解的知识的高级处理过程。数据挖掘的对象是数据集合，它包括数据库、数据仓库、文件系统或其他组织在一起的数据集合。所提取的这些知识是隐含的、事先未知的有用信息，其表现为概念、规则、模式、规律等形式，以帮助管理者做出正确的决策。

数据挖掘处理的数据规模十分巨大。知识的挖掘主要基于大样本的统计规律，发现的规则不必适用于所有数据，当达到某一阈值时便可认为规律成立。在一些应用中，由于数据变化迅速，因此要求数据挖掘能做出快速反应以提供决策支持。数据挖掘既要发现潜在规则，还要管理和维护规则。

2. 数据挖掘的过程

数据挖掘使用一定算法从数据集中识别、抽取模式来表示知识。整个处理过程由确定目标、数据准备、数据挖掘、评价、巩固和运用挖掘结果四个步骤组成，各步骤之间相互连接并在处理中反复调整，形成了一个螺旋式上升的人机交互过程。

1) 确定目标

了解应用的范围，预先准备相关的知识，了解最终用户的目标。一般来说，目标可以是关联规则挖掘、数据分类、回归、聚类等。如果能把用户或分析者的经验和知识结合进来，既可减少很多工作量，又能使挖掘工作更有目的性，更有成效。

2) 数据准备

数据准备工作的质量将影响数据挖掘的效率、准确度以及最终模式的有效性。知识发现的处理对象可以是数据仓库，也可以是数据库系统。对于数据库系统，其长期积累的数据往往不能直接用于知识挖掘，而需要做一定数据预处理工作。数据准备工作一般包括以下内容：

(1) 选择：选择相关的数据；

(2) 净化：消除噪音、冗余或无关数据；

(3) 推测：推算缺失数据，去除空白数据域，考虑时间顺序和数据变化等；

(4) 转换：离散值数据与连续值数据之间的相互转换，数据值的分组分类，数据项之间的计算组合等；

(5) 缩减：减少数据量，找到数据的特征表示，用维变换或转换方法减少有效变量的数目或找到数据的不变表示。

3) 数据挖掘

数据挖掘根据知识发现的目标，决定数据挖掘的目的，选用相关的准则，选择某个特定数据挖掘算法搜索数据中的模式，然后选取相应算法的参数，分析数据，产生一个特定的模式或数据集，从而得到可能形成知识的模式。采用较多的方法有决策树、分类、聚类、粗糙集、关联规则、神经网络、遗传算法等。

4) 评价、巩固和运用挖掘结果

(1) 评估、解释模式

经数据挖掘所得到的模式，可能是没有实际意义的，也可能不能准确反映数据的真实意义，甚至与事实相反，因此需要评估，以确定有效、有用的模式。对不同的模式可采用不同的评估方法，如根据用户经验评估或直接使用数据检验。此外，该步骤还包括解释模式，即将模式以易于理解的方式呈现给用户。

(2) 巩固知识

经过对模式评估、解释之后，用户可理解的、符合实际和有价值的模式形成了知识。巩固知识将知识结合到运行系统中，用预先、可信的知识来检查和解决冲突的地方，获得新知识的作用或证明这些知识，从而完成对知识的一致性验证，使所得到的知识加以巩固。

(3) 运用知识

发现知识的目的是为了运用知识。运用知识的方法主要有两种：一种是直接通过知识本身所描述的关系或结果提供决策支持；另一种是要求对新的数据运用知识，由此可能产生新的问题，而需要对知识做进一步的优化。知识发现过程可能需要多次的循环反复，每一个步骤一旦与预期目标不符，都要回到前面的步骤，重新调整，重新执行。

3. 数据挖掘的模式

数据挖掘就是从数据中发现模式。模式是一个用语言 L 来表示的一个表达式 E，它可用来描述数据集 D 中数据的特性，E 所描述的数据是集合 D 的一个子集 DE。E 作为一个模式要求它比列举数据子集 DE 中所有元素的描述方法简单。例如，“如果成绩属于范围 81～90，则成绩优良”可称为一个模式，而“如果成绩为 81，82，83，84，85，86，87，88，89 或 90，则成绩优良”就不能称之为一个模式。

模式有很多种，按功能可分为两大类：预测型 (Predictive) 模式和描述型 (Descriptive) 模式。预测型模式是可以根据数据项的值精确确定某种结果的模式。挖掘预测型模式所使用的数据也都是可以明确知道结果的。例如，根据各种动物的资料，可以建立这样的模式：凡是胎生的动物都是哺乳类动物。当有新的动物资料时，就可以根据这个模式判别此动物是否是哺乳动物。描述型模式是对数据中存在的规则做一种描述，或者根据数据的相似性把数据分组。描述型模式不能直接用于预测。例如，在地球上，70％的表面被水覆盖，30％是土地。

数据挖掘利用的技术越多，得出的结果精确性就越高。原因很简单，对于某一种技术不适用的问题，其他方法即可能奏效，这主要取决于问题的类型以及数据的类型和规模。数据挖掘方法有多种，其中比较典型的有关联分析、序列模式分析、分类分析、聚类分析等。

1) 关联分析

关联分析，即利用关联规则进行数据挖掘。在数据挖掘研究领域，对于关联分析的研究开展得比较深入，人们提出了多种关联规则的挖掘算法，如 Apriori、DHP 等算法。关联分析的目的是挖掘隐藏在数据间的相互关系，它能发现数据库中形如“90%的顾客在一次购买活动中购买商品 A 的同时购买商品 B”之类的知识。

2) 序列模式分析

序列模式分析和关联分析相似，其目的也是为了挖掘数据之间的联系，但序列模式分析的侧重点在于分析数据间的前后序列关系。它能发现数据库中形如“在某一段时间内，顾客购买商品 A，接着购买商品 B，而后购买商品 C，即序列 A→B→C 出现的频度较高”之类的知识，序列模式分析描述的问题是：在给定交易序列数据库中，每个序列是按照交易时间排列的一组交易集，挖掘序列函数作用在这个交易序列数据库上，返回该数据库中出现的高频序列。在进行序列模式分析时，同样也需要由用户输入最小置信度 C 和最小支持度 S。

3) 分类分析

设有一个数据库和一组具有不同特征的类别 (标记)，该数据库中的每一个记录都赋予一个类别的标记，这样的数据库称为示例数据库或训练集。分类分析就是通过分析示例数据库中的数据，为每个类别做出准确的描述或建立分析模型或挖掘出分类规则，然后用这个分类规则对其他数据库中的记录进行分类。举一个简单的例子，信用卡公司的数据库中保存着各持卡人的记录，公司根据信誉程度，已将持卡人记录分成三类：良好、一般、较差，并且类别标记已赋给了各个记录。分类分析就是分析该数据库的记录数据，对每个信誉等级做出准确描述或挖掘分类规则，如“信誉良好的客户是指那些年收入在 5 万元以上，年龄在 40～50 岁的人士”，然后根据分类规则对其他相同属性的数据库记录进行分类。目前已有多种分类分析模型得到应用，其中几种典型模型是线性回归模型、决策树模型、基本规则模型和神经网络模型。

4) 聚类分析

与分类分析不同，聚类分析输入的是一组未分类记录，并且这些记录应分成几类事先也不知道。聚类分析就是通过分析数据库中的记录数据，根据一定的分类规则，合理地划分记录集合，确定每个记录所在类别。它所采用的分类规则是由聚类分析工具决定的。聚类分析的方法很多，其中包括系统聚类法、分解法、加入法、动态聚类法、模糊聚类法、运筹方法等。采用不同的聚类方法，对于相同的记录集合可能有不同的划分结果。

聚类分析和分类分析是一个互逆的过程。例如在最初的分析中，分析人员根据以往的经验将要分析的数据进行标定，划分类别，然后用分类分析方法分析该数据集合，挖掘出每个类别的分类规则；接着用这些分类规则重新对这个集合(抛弃原来的划分结果)进行划分，以获得更好的分类结果。这样分析人员可以循环使用这两种分析方法直至得到满意的结果。

4. 关联规则技术

1) 基本问题

设 $I=\{i_1, i_2, \cdots, i_m\}$是由 m 个不同的项目组成的集合，其中每个“项目”(Item)相当于一种商品。记 TDB 为所有事务的集合，简称为数据库，其中每个事务 T 是项目的集合，并且 $T\subseteq I$。T 代表顾客一次购买行为中所购买的商品集合。每个事务可以用唯一的标识符 TID 来标识。设 X 是一个 I 中的项目的集合，如果 $X\subseteq T$，那么称事务 T 包含 X。

一个关联规则是形如 $X\Rightarrow Y$ 的蕴涵式，$X\subset I$，$Y\subset I$ 并且 $X\cap Y=\varnothing$。事务集 TDB 中的规则 $X\Rightarrow Y$ 是由支持度 s(support)和置信度 c(confidence)来约束的。置信度表示规则的强度，支持度表示在规则中出现的频度。规则 X⇒Y 具有支持度 s 表示数据库 TDB 中 s%的事务中包含 X 和 Y 的交易数；规则 $X\Rightarrow Y$ 具有置信度 c 表示数据库 TDB 中包含 X 的事务中 c%的事务也包含 Y。

关联规则挖掘问题可分解为以下两个问题：

(1) 找出事务数据库 TDB 中所有大于等于用户指定最小支持度的项目集(itemset)。具有最小支持度的项目集称为频繁项目集，项目集的支持度包含该项目集的数目。

(2) 利用频繁项目集生成所需要的关联规则。对每一个频繁项目集 A，找到 A 的所有非空子集 a，如果比率 support(A)/support(a)>= minsup，就生成关联规则 a=>(A-a)。support(A)/support(a)，即规则 a=>(A-a)的置信度。

由于关联规则挖掘的整体性能由第一个子问题的性能所决定，因此，现有的研究都集中在频繁项目集的挖掘处理上。本文也是着重研究第一个子问题。

目前，关联规则挖掘算法有许多，主要分为两大类：第一类是候选生成并测试方法，如 Apriori 算法以及它的种种变型。这些算法产生频繁 k-项目集时，扫描数据库的每个事务用以统计这些候选 k-项目集的支持度，并按照事务确定的最小支持度在第 k 次迭代时找出所有频繁 k-项目集。它们都是基于 Apriori 性质：频繁项集的所有非空子集都必须也是频繁的。也就是说，如果项集 I 不满足最小支持度阈值 min-sup，则 I 不是频繁的；如果项 A 添加到 I，则结果项集(即 $I\cup A$)不可能比 I 更频繁出现。另一类是模式增长方法，如 FP-Growth 等，它们同样使用 Apriori 性质。然而，它们不用生成候选项集，而是按照频繁模式递归地将大数据库分割成小数据库并通过搜索局部频繁模式以便挖掘更长的频繁模式。

2) 搜索策略

目前，用于关联规则挖掘的搜索策略主要有自底向上搜索(Bottom-Up Search)，自顶向下搜索(Top-Down Search)和混合搜索(Hybrid Search)等。在讨论搜索策略之前，给出以下两种性质：

(1) 如果一个项目集是非频繁的，它的所有超集一定是非频繁的。

(2) 如果一个项目集是频繁的，它的所有子集一定是频繁的。

自底向上搜索：此方法是从 1-项目集开始寻找 1-频繁项目集，然后再寻找 2-频繁项目集，直到寻找到 n-频繁项目集。当第 k 次扫描完数据库时，将发现所有 k-频繁项目集及更小的频繁项目集。它包含两步：第一步，利用两个 k-频繁项目集(其前 k−1 个项目相同)生成(k+1)-候选项目集；第二步，通过扫描数据库计算候选项目集的支持度来决定它们是频繁的还是非频繁的。

自顶向下搜索：当一些最长频繁项目集包含的项目很多时，自底向上搜索因要多次扫描数据库将不再有效。在这种情况下，使用自顶向下搜索最长频繁项目集可能更加有效。自顶向下搜索从 n 个项目开始，每次扫描数据库减少候选项目集的大小。当一个 k-项目集是非频繁时，下一次扫描时检查其(k−1)-子集。然而，当 k-项目集是频繁时，那么其所有子集将都是频繁的，不再继续检查。

混合搜索：当所有最长频繁项目集包含的项目很少时，使用自底向上方法比较有效；当所有最长频繁项目集包含的项目很多时，使用自顶向下方法比较有效。如果一些最长频繁项目集包含的项目很多，而另一些最长频繁项目集包含的项目很少时，那么两种方法中的任何一种都不是十分有效。为了有效发现很长的最大频繁项目集和很短的最大频繁项目集，一种最直接的方法是使用自底向上方法的同时使用自顶向下方法。但是，这种方法不是十分有效。可以将这两种方法结合起来形成混合搜索。在自顶向下搜索中，如果发现一些最大频繁项目集，则在自底向上搜索中消除一些(可能许多)候选项目集，而它们是这些最大频繁项目集的子集；在自底向上搜索中，如果发现一些非频繁项目集，则在自顶向下搜索中消除一些候选项目集，而它们是这些非频繁项目集的超集。混合搜索能加速发现最大频繁项目集。

5. 分类

分类是根据对已知样本的学习构造一个分类器模型，利用分类器对未知类别的样本赋予类别的一种技术。该模型能把数据库中的数据记录映射到某个给定的类别上。分类模式往往表现为一棵分类树，根据数据的值从树根开始搜索，走到树叶就能确定类别。

分类将整个数据记录划分为训练集和测试集两个部分。其中训练集是指数据库中为建立模型而被分析的数据记录形成数据集。训练集中的单个记录称为训练样本，每个训练样本有一个类别标记。一个具体样本的形式可为：(v_1，v_2，⋯，v_n，c)；其中 v_i 表示属性值，c 表示类别。而测试集用于评估分类模型的准确率。

分类过程如图 7-9 所示，主要分为利用分类算法对训练数据进行模型训练阶段、利用测试数据集对模型评估准确率、利用模型对类别标号未知的新数据(集)进行分类。分类模型的构造方法有机器学习方法、统计方法、神经网络方法等。机器学习方法包括决策树法和规则归纳法，对应的知识表示为决策树和产生式规则。统计方法包括贝叶斯法和非参数法(近邻学习或基于事例的学习），对应的知识表示为判别函数和原型事例。神经网络方法主要是 BP 算法，模型表示是前向反馈神经网络模型。另外，最近又出现一种新的方法，即粗糙集(Rough Set)，它将知识表示为产生式规则。

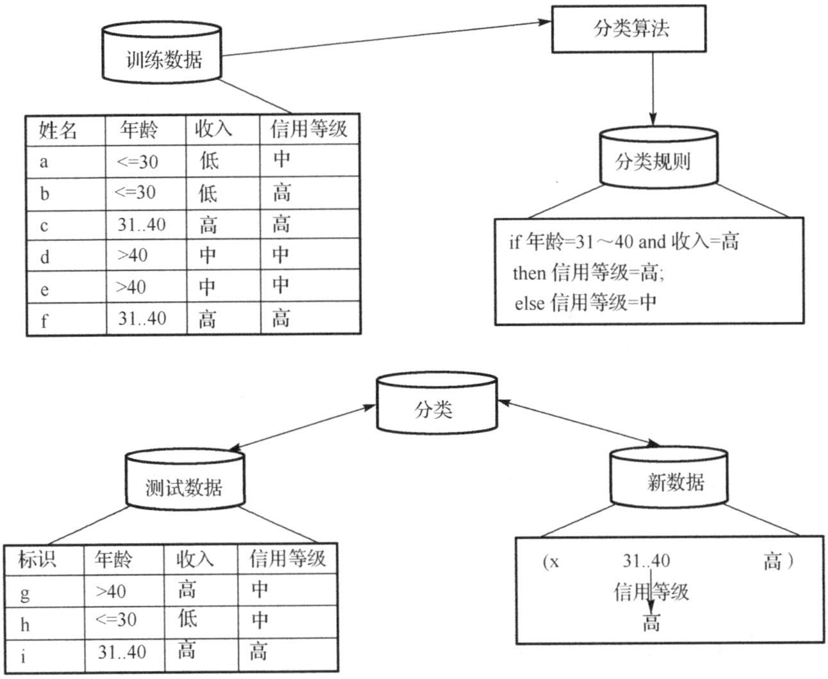

图 7-9　分类过程

7.4　XML 数据库

随着 Web 的广泛发展，越来越多的应用开始使用可扩展标记语言进行数据交换和传输。XML 提供了统一的方法来描述和交换独立于应用程序或供应商的结构化数据。XML 的根源为文档管理，并从一种用来构造大型文档的语言(称为标准通用标记语言(SGML))派生而来，是一种用于标记电子文件使其具有结构性的标记语言。与 SGML 和 HTML 不同的是，XML 用来表示数据。它可以用来标记数据、定义数据类型，是一种允许用户对自己的标记语言进行定义的源语言。XML 非常简单，任何应用程序都可以轻易读写数据，这使 XML 很快成为数据交换的唯一公共语言。当使用 XML 时，会出现许多数据库问题，包括如何组织、操纵和查询 XML 数据。本节点介绍 XML，讨论使用数据库技术的 XML 数据管理和 XML 文档格式数据的交换。

7.4.1　XML 概述

XML 代表 Extensible Markup Language(eXtensible Markup Language 的缩写，意为可扩展的标记语言)。XML 是一套定义语义标记的规则，这些标记将文档分成许多部件并对这些部件加以标识。它也是元标记语言，即定义了用于定义其他与特定领域有关的、语义的、结构化的标记语言的句法语言。XML 不只是像超文本标记语言 HTML 那样定义了一套固定的标记，用来描述一定数目的元素，而且用户可以定义自己需要的标记。XML 标记描述的是文档的结构和意义，不描述页面元素的格式化。可用样式单为文档增加格式化信息。文档本身只说明文档包括什么标记，而不是说明文档看起来是什么样的。

与关系数据库中的数据存储相比，XML 表示方式可能效率不高，是因为标签名称经常在整个文档中出现。尽管如此，但是 XML 表示方式在用于机构间的数据交换，以及在文件中存储复杂结构信息时有相当大的如下优势。

(1) 自描述性。对数据的描述和数据本身都包含在文档中，不需要参考模式就可以理解数据的含义，使数据具有很大的灵活性。

(2) 设计与特定领域有关的标记语言。XML 允许各种不同的专业开发与自己的特定领域有关的标记语言。这就使得该领域中的人们可以交换笔记、数据和信息，而不用担心接收端的人是否有特定的软件来创建数据。

(3) 应用间交换数据。使用 XML 而不是专有格式，人们就可以利用任何理解 XML 的工具来处理数据。还可以为不同的目的使用不同的工具。一个程序用来查看而另一程序用来编辑。XML 使用户不必因为数据已经用专有格式编写好了或是接收数据的人只接受专有格式而限制在一个特定的程序上。

(4) 结构化和集成的数据。XML 对于大型和复杂的文档是理想的，因为数据是结构化的。这不仅使用户可以指定一个定义了文档中的元素的词汇表，而且还可以指定元素之间的关系。

7.4.2 XML 表示

XML 文档大多数情况下都是用编辑器创建的，可以使用基本的文本编辑器如 Notepad 或是 vi，这些编辑器并不真正理解 XML。另一方面，也可以用所见即所得的编辑器，如 Adobe FrameMaker，这种编辑器可将用户完全隔离于 XML 底层格式之外。另外也可以是一个结构化的编辑器，如 JUMBO，它可将 XML 文档显示为树状结构。本节使用普通的文本编辑器来编写 XML 文档。

最简单的方法是以一个完全的可运行的有扩展能力的示例开始，而不要尝试以更基本的无任何功能的程序开始。下面，给出如何创建一个简单的 XML 文档并将其保存在文件中，然后探讨其中的代码及其意义。

1. 创建一个简单的 XML 文档

给出最简单的 XML 文档，如图 7-10 所示。

```
<?xml version="1.0" standalone="true"?>
<FOO> Hello XML! </FOO>
```

图 7-10 Hello XML 的 XML 表示

这虽然不太复杂，但却是一个“好”的 XML 的文档。更准确地说，这是一个结构完整的 XML 文档。下面来解释图 7-10 中的这个简单的 XML 文档。

第一行是 XML 声明：

```
<?xml version="1.0" standalone="yes"?>
```

这是 XML 处理指令的例子。处理指令以<?开始，而以?>结束。在<?后的第一个单词是处理指令名，在本例中是 xml。XML 声明有 version 和 standalone 两个特性。特性是由等号分开的名称-数值对。位于等号左边的是特性名，而其值位于等号的右边，并用双引号括起来。

每一个 XML 文档都以一个 XML 声明开始，用以指明所用的 XML 的版本。在上例中，version 特性表明这个文档符合 XML 1.0 规范。XML 声明还可以有 standalone 特性，这告诉我们文档是否在这一个文件里还是需要从外部导入文件。在本例中，以及在以后的几章中，所有的文档都在一个文件里完成，因而 standalone 特性的值要设置为 yes。

第二行：

```
<FOO> Hello XML! </FOO>
```

总体上说，这一行组成了 FOO 元素。分开说，<FOO>是开始标记，而</FOO>是结束标记，Hello XML!是 FOO 元素的内容。<FOO>标记的意义是什么？你要让它是什么就是什么。除了几百个预定义的标记之外，XML 还允许用户创建所需的标记。因而<FOO>标记可以具有用户赋予的任何意义。同一个 XML 文档可以用不同的标记名编写，如<GREETING> Hello XML!</GREETING>，<P> Hello XML!</P>等，尽管用的标记名各不相同，但都是等价的，因为具有相同的结构和内容。

2. 元素

XML 文档中基本的结构是元素(element)。一个元素就是互相匹配的开始和结束标签，以及它们之间出现的所有文本。

XML 文档必须包含根(root)元素，是所有其他元素的父元素。XML 文档中的元素形成了一棵文档树。这棵树从根部开始，并扩展到树的最底端。

所有元素均可拥有子元素：

```
<root>
<child>
<subchild>.....</subchild>
</child>
</root>
```

父、子以及同胞等术语用于描述元素之间的关系。父元素拥有子元素。相同层级上的子元素成为同胞(兄弟或姐妹)。

在下面的例子中，根元素是<bookstore>。文档中的所有<book>元素都被包含在<bookstore>中。<book>元素有四个子元素：<title>、< author>、<year>、<price>。

【例 7.1】 一个书店信息的 XML 表示。

```
<bookstore>
    <book category="COOKING">
        <title lang="en">Everyday Italian</title>
        <author>Giada De Laurentiis</author>
        <year>2005</year>
        <price>30.00</price>
    </book>
    <book category="CHILDREN">
        <title lang="en">Harry Potter</title>
        <author>J K. Rowling</author>
        <year>2005</year>
        <price>29.99</price>
    </book>
```

```
    <book category="WEB">
        <title lang="en">Learning XML</title>
        <author>Erik T. Ray</author>
        <year>2003</year>
        <price>39.95</price>
    </book>
</bookstore>
```

此外，XML 文档中的元素必须正确地嵌套(nest)。例如，

<book>…<author>… </author>…</book>

是正确的嵌套，而下面这个不正确：

<book>…<author>…</book>…</author>

尽管 XML 中的嵌套表示是自然的，但是这会导致数据存储的冗余。例如，一个作者写了多本书，可能需要将作者信息重复存储。

3. 属性

属性(attribute)通常用来描述元素的有关信息。XML 元素与 HTML 中的元素一样，有自己的属性。属性是用等号(=)分隔开的名称-数值对，名称和数值分别为一个字符串，格式为<元素名 属性名="属性值">，如<book category="COOKING">。一个元素不能有两个同名的属性。此外，属性在给定标签中只可以出现一次，不像子元素那样可以重复。

4. 注释

XML 的注释与 HTML 的注释很相似，它们以<!--开始，以-->结束。介于<!--和-->之间的全部数据均被 XML 处理器忽略，就像它们根本不存在一样。注释用于提醒自己或临时标注出文档中不完善的部分。

5. 实体

XML 文档中对于重复使用的文档内容可以用实体(entities)来定义。在 DTD 中使用标记<!ENTITY>标记定义内部通用实体引用，具有如下格式：<!ENITY 实体名 "实体内容">，实体名是实体内容的缩写。实体内容需放置于双引号中，因为其中可能包含空格和 XML 标记。可在文档中键入实体名，而读者所见为实体内容。例如，<!ENITY DM"Data Mining">,每次键入&DM 时，读者将会看见"Data Mining"。

6. 良构的 XML 文档

XML 文档应该是良构的（well-formed)。所谓良构的 XML 文档是指文档的构造从语法上都是正确的；只有一个顶层元素，即根元素；至少包含一个元素，即文档中必须有根元素；所有的起始标记都有与之对应的终止标记，或者使用"/>"结束空标记；所有标记都正确地嵌套，使用相同的大小写形式；每一个元素的所有属性具有不同属性名，给所有属性加引号。

7.4.3 XML 数据模型

XML 数据是自描述的、不规则的，可以用图模型来表示。其中，图的边标记为元素的标识名，结点标记为属性-值对应的集合，叶子结点代表元素的文本内容。XML 图要有一个根结点，每个结点用唯一的对象标识符表示。

XML 数据与半结构化数据非常类似，可以看成半结构化数据的特例。但它们之间还是存在着一些差别，使得半结构化数据模型不能很好地描述 XML 特征。

(1) XML 中存在参照 XML 的元素可以用类型为 ID 的特殊属性来标识，而对元素的参照则使用类型为 IDREF 的属性来定义，引用要参照的元素的标识。

(2) XML 中的元素是有序的。

(3) XML 中可以将文本与元素混合。XML 中的元素可以包含文本和子元素的混合。

(4) XML 包含许多其他的内容：处理指令、注释、实体、CDATA、文档类型定义(DTD)等。

虽然在 XML 文档给定了数据格式的自描述特性的情况下，像一个元素可以有任意的子元素或属性这样的自由有时是可以接受的，但是当 XML 文档必须作为应用程序的一部分进行自动处理时，甚至当大量的相关数据需要在 XML 中进行格式化时，这种自由通常是没有用处的。

下面，介绍 DTD(文档类型定义 DTD)和 XML_Schema(XML 模式)。另外一种 XML 模式定义语言称作 Relax NG，有兴趣的读者请查阅其他文献资料。

1. XML DTD

DTD(Document Type Definition，文档类型定义)是 XML 文档的一个可选部分。DTD 主要目的是对文档中出现的信息进行约束和类型限定。一项文档类型定义应规定元素清单、属性、标记、文档中的实体及其相互关系。DTD 为文档结构制定了一套规则。例如，一项 DTD 指定一个 BOOK 元素有一个 ISBN 子元素、一个 TITLE 子元素、一个或多个 AUTHOR 子元素，有或没有 SUBTITLE。DTD 以元素、实体、属性和记号的标记声明来做到这一点。文档类型声明出现在文档的序言部分，处在 XML 声明之后和基本元素之前。它可能包括文档类型定义或是标识文档类型定义所在文档的 URL。有些情况下文档类型定义有内外两个子集，则文档类型声明可能同时包括以上两种情况。

【例 7.2】 带有 DTD 的 Hello XML。

```
<?xml version="1.0" standalone="yes"?>
<!DOCTYPE GREETING [
<!ELEMENT GREETING (#PCDATA)>
]>
<GREETING>
Hello XML!
</GREETING>
```

文档类型声明声明了基本元素是 GREETING。文档类型声明也包含文档类型定义，它声明了 GREETING 元素包含可析的字符数据。文档类型声明位于 XML 声明与文档本身之间。XML 声明与文档类型声明统称为文档序言(Prolog)。在本例中，<?xml version="1.0" standalone="yes"?>是 XML 声明；<!DOCTYPE GREETING [<!ELEMENT GREETING (#PCDATA)>]>是文档类型声明；<!ELEMENT GREETING (#PCDATA)>是文档类型定义；<GREETING> Hello XML! </GREETING>是文档或基本元素。

文档类型声明以<!DOCTYPE 为开始，以]>结束。通常将开始和结束放在不同的行上，但断行和多余的空格并不重要。同一文档类型声明也可以写成一行：

```
<!DOCTYPE GREETING [<!ELEMENT GREETING (#PCDATA)> ]>
```

本例中基本元素名称——GREETING 跟在<!DOCTYPE 之后。这不仅是一个名称，也是

一项要求。任何带有这种文档类型声明的合法文档必须有基本元素。在[ ]之间的内容是文档类型定义。

DTD 由一系列声明了特写的元素、实体和属性的标记声明所组成，其中的一项声明基本元素。例 7.2 中整个 DTD 只是如下简单的一行：

```
<!ELEMENT GREETING (#PCDATA)>
```

通常情况下 DTD 当然会更长更复杂。单个行<!ELEMENT GREETING (#PCDATA)>(正如 XML 中的大多数对象一样是区分大小写的)是一项元素类型声明。在本例中，声明的元素名称是 GREETING，是唯一的元素。关键字#PCDATA 表示除标记文本外的任何文本数据；它的名字在历史上来源于“被解析的字符数据”(parsed character data)。另外两种专门的类型声明是 empty(是说这个元素没有内容)和 any(是说对这个元素的子元素没有限制)；也就是说，任何元素甚至没有在 DTD 中提到的元素都可以作为该元素的子元素出现)。一个元素没有声明等同于将其显式地声明为 any 类型。

通常，一个父元素会有许多子元素。为了指明各子元素必须按顺序出现，可将这些子元素用逗号隔开。在父元素声明中，可以使用竖线(|)而不是逗号来分开子元素，以便指明文档作者需要输入一个或另一个子元素。例如，下面的语句就说明 PAYMENT 元素必须有 CASH 或 CREDIT_CARD 中的一个子元素：

```
<!ELEMENT PAYMENT (CASH | CREDIT_CARD)>
```

当用括号对元素分组时竖线还会更有用。可以把元素组合在括号内分组，然后在括号后加星号、问号和加号后缀，其中星号表示元素可以出现零次或多次，问号表示元素可能出现或可能不出现，加号表示元素可以出现一次或多次。

每个元素所允许的属性也在 DTD 中声明。与子元素不同，属性没有顺序之分。属性可以指定为 CDATA，ID，IDREF 或 IDREFS 类型。CDATA 类型只是说这个属性包含字符数据。例如，下面是来自 DTD 中的一行，它指定 book 元素有个 year 属性，并且该属性必须有值：

```
<! ATTLIST book year CDATA #REQUIRED>
```

属性必须有一个类型声明和一个默认声明。默认声明可以包含该属性的一个默认值，也可以包含#REQUIRED(每个元素在该属性上必须指定一个值)或 IMPLIED(没有提供默认值，文档可以忽略这个属性)。如果一个属性有默认值，那么对每个没有为该属性指定值的元素，这个默认值在读取 XML 文档时被自动填充进去。

类型为 ID 的属性提供该元素的唯一标识符，出现在一个元素的 ID 属性中的值一定不能再同一个文档中的任何其他元素中出现，一个元素最多只有一个属性允许为 ID 类型；类型为 IDREF 的属性是对一个元素的应用，这个属性必须包含出现在文档中某个元素的 ID 属性上的值；IDREFS 类型允许以空格分开的一个引用列表。

正如一份 XML 文档的其他部分一样，DTD 也可以包含注释。这些注释不能在声明中出现，但可以在声明外出现。注释通常用来组织不同部分的 DTD，为一些元素的许可内容提供说明，并对元素作进一步的解释，这只是为了便于人们阅读源代码，XML 处理程序会忽略注释部分。例如，YEAR 元素的声明可以有这样的注释：

```
<!--A four digit year like 2012, 1999, or 2000 ?-->
```

```
<!ELEMENT YEAR (#PCDATA)>
```

通常把 DTD 存储在一个后缀为.dtd 的外部文件里。该外部 DTD 文件可以被多个 XML 文件所共享。这样只要写一个 DTD 文件，就可以让多个 XML 文件引用。

2. XML_Schema

尽管 DTD 可以定义 XML 文档结构，为了弥补 DTD 机制的缺陷，发展出一种更完善的模式语言——XML_Schema。它是 W3C 的推荐标准，于 2001 年 5 月正式发布，定义和描述 XML 文档的结构和内容模式，主要包括 XML 文档中存在哪些元素和元素间的关系，并可以定义元素和属性的数据类型。

XML_Schema 定义了很多内置数据类型，例如 integer，decimal，string，boolean 和 date 等，还允许用户自定义类型，这些用户自定义类型可能是增加了限制的简单类型，或者使用诸如 complexType 和 sequence 那样的构造符构造出的复杂类型。

【例 7.3】 一篇简单的 XML_Schema 文件。

```
<?xml version="1.0"?>
<xs:schema xmlns:xs="http://www.w3.org/2001/XMLSchema"
targetNamespace="http://www.w3school.com.cn"
xmlns="http://www.w3school.com.cn"
elementFormDefault="qualified">

<xs:element name="university" type="universityType"/>
<xs:element name="department">
<xs:complexType>
<xs:sequence>
            <xs:element name="dept_name" type="xs:string"/>
            <xs:element name="building" type="xs:string"/>
            <xs:element name="budget" type="xs:string"/>
    </xs:sequence>
</xs:complexType>
</xs:element>
<xs:element name="course">
<xs:complexType>
<xs:sequence>
            <xs:element name="course_id" type="xs:string"/>
            <xs:element name="dept_name" type="xs:string"/>
            <xs:element name="credits" type="xs: decimal"/>
    </xs:sequence>
</xs:complexType>
</xs:element>

<xs:complexType name="UniversityType">
    <xs:sequence>
            <xs:element ref="deparment " minOccurs="0"
                maxOccurs="unbounded"/>
            <xs:element ref="course " minOccurs="0"
                maxOccurs="unbounded"/>
```

```
    </xs:sequence>
</xs:complexType>
</xs:schema>
```

<schema>元素是每一个 XML Schema 的根元素，根元素也可包含属性。

xmlns:xs=http://www.w3.org/2001/XMLSchema 声明了一个命名空间 http://www.w3.org/2001/XMLSchema，并规定了来自于该命名空间的元素和数据类型应该使用前缀 xs:。

targetNamespace="http://www.w3school.com.cn"：定义了一个命名空间 http://www.w3school.com.cn，并规定本 xsd 文件中定义的元素均属于该命名空间。

xmlns="http://www.w3school.com.cn"：声明了一个默认的命名空间，表示如果下面的元素若没有前缀，表示该元素来自于该命名空间。

elementFormDefault="qualified"：elementFormDefault 属性的值必须是 qualified、unqualified。默认值为 unqualified。其中，unqualified 表示实例 xml 的根元素必须有命名空间的限定，这个命名空间必须是 schema 中定义的 targetNameSpace，但其下的子元素无须也不允许用命名空间前缀限定目标命名空间；qualified 表示实例 xml 根元素及其下所有子元素都必须通过命名空间前缀限定目标命名空间，这个命名空间必须是 schema 中定义的 targetNameSpace。

第一个元素是根元素 university，它的类型被指定为后面声明的 universityType，接着这个例子定义了元素 department、course 的类型。注意每个元素都用带 xs:element 标签的元素指定，其内容包含类型的定义。

Department 类型被定义为复杂类型，并进而被指定为一个由元素 dept_name、building 和 budget 构成的序列。<xs:sequence>表示子元素必须以其声明的次序出现。任何具有属性或嵌套子元素的类型必须被指定为复杂类型。或者，元素的类型通过属性 type 指定为一个预定义类型。

最后，在本例中定义了 UniversityType 类型，它包括每个 department、course 的零个或多个出现。注意用 ref 指明前面定义元素的出现，用 minOccurs 和 maxOccurs 来定义子元素出现的最少次数和最多次数。最少次数和最多次数的默认值都为 1，因此必须显式指定这两个值以允许出现零个或多个 department 和 course 元素。

一个元素拥有属性，它会被当作某种复合类型，但属性本身总是简易类型的。其声明方式如下：

```
<xs:attribute name="xxx" type="yyy"/>
```

其中，name 定义了属性名称，type 指定了属性的数据类型。

属性也可指定默认值与固定值，在缺省的情况下，属性是可选的，如需规定属性是必选的，可使用“use”属性：

```
<xs:attribute name="dept_name" type="xs:string" use="required"/>
```

除了定义类型，关系模式还允许指定约束。XML_Schema 允许指定键和键引用，对应于 SQL 中的主码和外码定义。在 SQL 中，主码约束或唯一性约束保证关系中的属性值不会重复出现。在 XML 的上下文环境中，我们需要指定一个范围，在这个范围内值是唯一的并形成键。Selector 是定义约束范围的路径表达式，field 声明指定形成键的元素或属性。在模式定义中增加下面的约束声明，可指定 dept_name 构成根元素 university 下的 department 元素的键：

```
<xs: key name="deptkey">
<xs:selector xpath="/university/department"/>
<xs: field xpath = "dept_name"/>
```

```
</xs: key>
相应地，从 course 到 department 的外码约束可以定义如下：
<xs: name = "courseDeptFKey" refer="deptKey">
<xs: selector xpath = "/university/course"/>
<xs: field xpath="dept_name"/>
</xs:keyref>
```

注意：refer 属性指定被引用的键声明的名字，而 field 声明引用属性。

7.4.4 XML 数据库

XML 数据库是一个能够在应用中管理 XML 数据和文档的集合的数据库系统。XML 数据库是 XML 文档及其部件的集合，并通过一个具有能力管理和控制这个文档集合本身及其所表示信息的系统来维护。XML 数据库不仅是结构化数据和半结构化数据的存储库，像管理其他数据一样，持久的 XML 数据管理包括数据的独立性、集成性、访问权限、视图、完备性、冗余性、一致性以及数据恢复等。这些文档是持久的并且是可以操作的。

当前着重于页面显示格式的 HTML 标记语言和基于它的关键词检索等技术已经不能满足用户日益增长的信息需求。近年来的研究致力于将数据库技术应用于网上数据的管理和查询，使查询可以在更细的粒度上进行，并集成多个数据源的数据。但困难在于网上数据缺乏统一的、固定的模式，数据往往是不规则且经常变动的。因此，XML 数据作为一种自描述的半结构化数据为 Web 的数据管理提供了新的数据模型，如果将 XML 标记数据放入一定的结构中，对数据的检索、分析、更新和输出就能够在更加容易管理的、系统的和较为熟悉的环境下进行，因而我们将数据库技术应用于 XML 数据处理领域，通过 XML 数据模型与数据库模型的映射来存储、提取、综合和分析 XML 文档的内容。这为数据库研究开拓了一个新的方向，将数据库技术的研究扩展到对 Web 数据的管理。

近年来，随着 XML 技术越来越热门，主流的关系数据库产品又纷纷增加对 XML 的支持，同时也出现了一批纯 XML 数据库(native XML database)管理系统。

目前 XML 数据库有如下三种类型。

(1) XMLEnabledDatabase(XEDB)，即能处理 XML 的数据库。其特点是在原有的数据库系统上扩充对 XML 数据的处理功能，使之能适应 XML 数据存储和查询的需要。一般的做法是在数据库系统之上增加 XML 映射层，这可以由数据库供应商提供，也可以由第三方厂商提供。映射层管理 XML 数据的存储和检索，但原始的 XML 元数据和结构可能会丢失，而且数据检索的结果不能保证是原始的 XML 形式。XEDB 的基本存储单位与具体的实现紧密相关。

(2) NativeXMLDatabase(NXD)，即纯 XML 数据库。其特点是以自然的方式处理 XML 数据，以 XML 文档作为基本的逻辑存储单位，针对 XML 的数据存储和查询特点专门设计适用的数据模型和处理方法。

(3) HybridXMLDatabase(HXD)，即混合 XML 数据库。根据应用的需求，可以视其为 XEDB 或 NXD 的数据库，典型的例子是 Ozone。

与传统数据库相比，XML 数据库具有以下优势：

(1) XML 数据库能够对半结构化数据进行有效的存取和管理。例如，网页内容就是一种半结构化数据，而传统的关系数据库对于类似网页内容这类半结构化数据无法进行有效的管理。

(2)提供对标签和路径的操作。传统数据库语言允许对数据元素的值进行操作，不能对元素名称操作，半结构化数据库提供了对标签名称的操作，还包括了对路径的操作。

(3)当数据本身具有层次特征时，由于XML数据格式能够清晰表达数据的层次特征，因此XML数据库便于对层次化的数据进行操作。XML数据库适合管理复杂数据结构的数据集，如果已经以XML格式存储信息，则XML数据库利于文档存储和检索;可以用方便实用的方式检索文档，并能够提供高质量的全文搜索引擎。另外XML数据库能够存储和查询异种的文档结构，提供对异种信息存取的支持。

(4)SQL Server对XML的支持。SQL Server提供了丰富的支持来将关系数据映射到XML数据或将XML数据映射到关系数据。在服务器上，XML数据可以从表生成，并通过SELECT语句中使用FOR XML子句来查询结果。这对于数据交换和Web服务应用程序是很理想的。FOR XML的逆函数是一个名为OpenXML的关系行集合生成器函数，它通过求XPath 1.0表达式的值来从XML数据提取值，并将其放到行集合的列中。

7.5　案例实践——网上选课系统数据挖掘

下面采用经典的Apriori算法并以某学院的学生成绩为例说明关联规则在教务管理中的应用。

1. 数据预处理

事务数据库一般多采用横向结构，如表7-3学生选课成绩数据库所示。

表7-3　学生选课成绩表

TID	ID列表
12143101	{面向对象编程思想，96}，{可视化编程技术，78}，{数据库设计与开发，95}
12143202	{面向对象编程思想，88}，{可视化编程技术，88}，{数据库设计与开发，96}
12211103	{面向对象编程思想，76}，{可视化编程技术，88}，{数据库设计与开发，82}
12211104	{面向对象编程思想，86}，{可视化编程技术，78}，{数据库设计与开发，86}

其中，每个学生为一条事务，该事务包含此学生的所有数据。但这种结构并不符合我们通常管理系统的结构。目前教务管理系统中的成绩数据库采用纵向结构，如图7-11所示。每个学生可以有多条记录，每条记录包含有相对较多的信息。

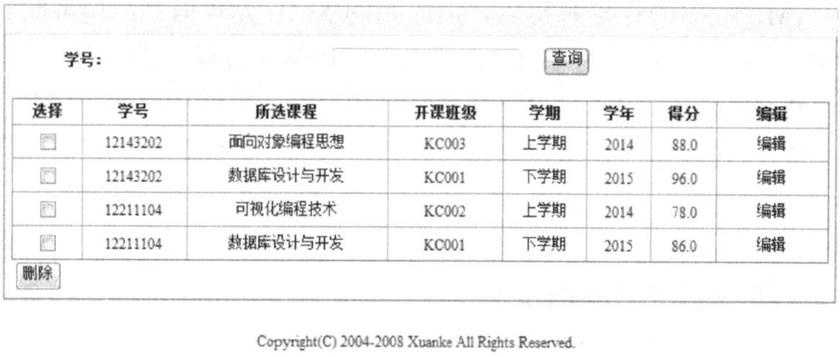

选择	学号	所选课程	开课班级	学期	学年	得分	编辑
□	12143202	面向对象编程思想	KC003	上学期	2014	88.0	编辑
□	12143202	数据库设计与开发	KC001	下学期	2015	96.0	编辑
□	12211104	可视化编程技术	KC002	上学期	2014	78.0	编辑
□	12211104	数据库设计与开发	KC001	下学期	2015	86.0	编辑

图7-11　学生选课成绩信息界面

要对上述结构的数据应用经典Apriori算法挖掘关联规则，需要对数据进行数据预处理，进行必要的数据转换，得到能够进行数据挖掘的数据。

在转换后的数据中包含了大量的<属性,值>对，例如<面向对象编程思想，88>。本节就是研究这些<属性,值>对频繁出现的关联关系。然而，完全相同的<属性,值>非常少。如果直接将其作为项进行挖掘，得不到想要的结果。为简化数据量，必须对原始数据中的量化属性进行概化，转换成离散属性。对成绩进行离散化，即将成绩数据变换为如下三个等级数据:

A：对应分数 80～100

B：对应分数 60～79

C：对应分数 0～59

2．关联规则 Apriori 算法应用

经过处理得到事务数据库，在该数据集上利用经典 Aprior i 算法对数据进行关联规则分析。设定支持度为 0.2，置信度为 0.6，应用 Apriori 算法得到其中的关联规则(这里只考虑学生成绩为优良的课程，即分数大于 80 的学生课程成绩)。表 7-4 中列出了部分关联规则。

表 7-4　部分规则

规则前件	规则后件	支持度/%	置信度/%
面向对象编程思想	可视化编程技术	25.8	60.6
离散数学	数据结构	23.2	61.4
数据结构	数据库设计与开发	24.5	67.3
…	…	…	…

由表 7-4 可知，如果面向对象编程思想成绩为 A 的学生，可视化编程技术成绩为 A 的可能性为 60.6%。这样，一方面，可以加强面向对象编程思想课程的教学，以此来提高可视化编程技术课程的教学效果。另一方面，由于课程之间的依赖关系，学生可以有针对性地进行系统学习，而不再为了获取学分而随意选课。

7.6　项目实践——图书馆管理系统数据挖掘

模仿网上选课系统数据挖掘，根据图书馆管理系统中读者借阅数据，利用 Apriori 算法分析相关图书之间借阅关系，帮助读者推荐图书。

7.7　本 章 小 结

数据库系统从第一代的层次、网状数据库系统，第二代的关系数据库系统，发展到了与其他计算机新技术相结合、面向新应用领域的新一代数据库系统。

本章对较有代表性的数据仓库和数据挖掘、XML 数据库等作了简要的介绍。通过学习，使读者对新一代数据库系统的新思想、新方法、新模型有一个初步的认识。

7.8　习　　题

1．什么是数据仓库？数据仓库需要哪些关键技术？数据仓库中数据组织方式有哪些？

2．什么是 OLAP？它有哪些基本操作？

3．什么是数据挖掘？数据挖掘主要有哪些技术？

第 8 章　数据库课程教学设计

8.1　教学案例——网上选课系统 SQL 查询教学设计

8.1.1　问题的引出

三个月过去了，逸凡学会了数据库设计与开发课程，感觉大功告成。望着自己开发的网上选课系统，想想这几个月的辛苦，他感觉也值了。刚想松一口气，发现还有一件事情等着他。逸凡发现他是师范生，不仅要学会数据库设计与开发课程，还得教会别人进行数据库设计与开发。他想着毕业后如何教会学生，苦恼不已，他得弄清楚下面的问题：

第一，教学设计到底有哪些方法？

第二，数据库课程教学适合采用哪些教学设计方法？

带着这些困惑，他继续学习数据库课程教学设计知识点。

8.1.2　网上选课系统 SQL 查询教学设计

网上选课系统 SQL 查询教学设计主要包括案例引入、知识回顾、单表查询教学设计、多表查询教学设计以及课程小结。

1. 案例引入

首先，利用网上选课系统查询学生(图 8-1、图 8-2)，让职教师资学生从感性认识到理性认识，了解 SQL 查询的过程，然后深入理解“查询”按钮背后隐藏的数据库技术。

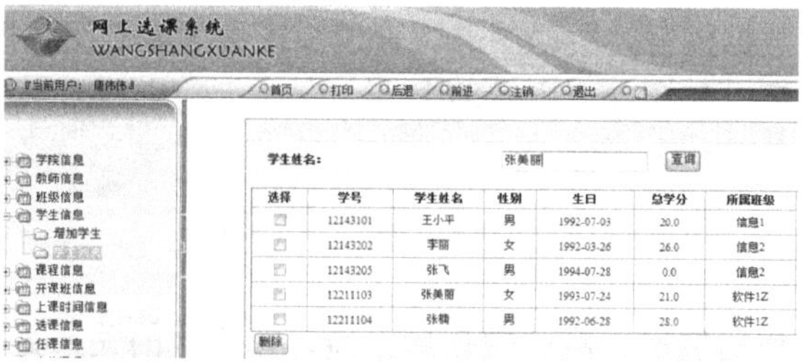

图 8-1　学生查询界面

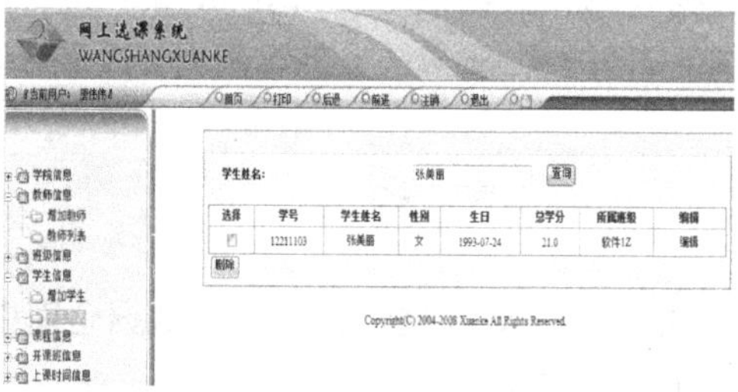

图 8-2　“张美丽”学生的查询结果

2. 知识回顾

通过这个案例，回顾以前所学习过的知识，看看能否解决目前的问题？如果不能，还缺乏哪些知识？

3. 单表查询教学设计

首先，通过现实生活中信息查询的例子来进行单表查询教学设计，如图 8-3 所示。

然后，修改日常生活中查询格式，引出 SQL 语言查询格式，如下：

SELECT <目标列组>
FROM　<表名或视图名>
WHERE <查询条件>

4. 多表查询教学设计

为进一步提升理论水平和查询应用能力，在单表查询基础上构建多表查询教学设计，如图 8-4 所示。

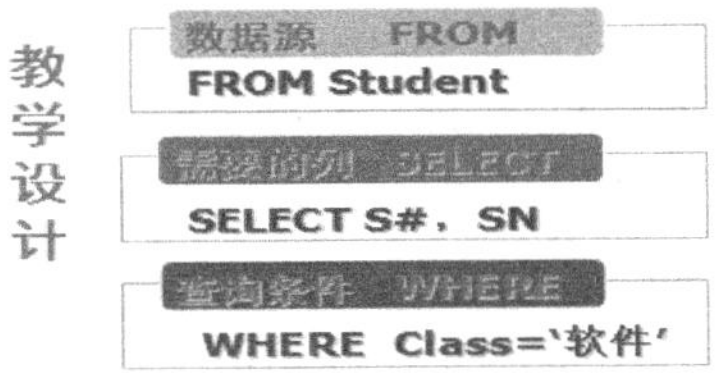

图 8-3　单表查询教学设计

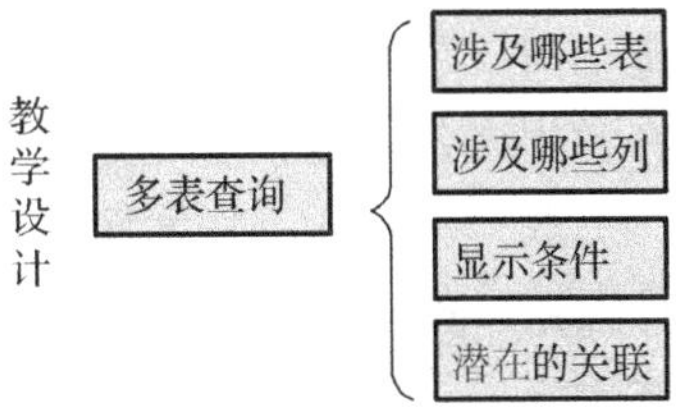

图 8-4　多表查询教学设计

在此基础上，重点讲解连接条件设置。格式如下：

[<表名 1>.]<列名 1><比较运算符> [<表名 2>.]<列名 2>

另外，讲完连接条件设置后，说明一些注意事项：

(1) 避免重复列；(2) 信息必须清晰。

5. 课程小结

对本次课进行归纳梳理，总结重点、难点以及注意事项。

8.2　数据库课程教学设计概述

教育家夸美纽斯认为“兴趣是创造一个欢乐和光明的教学环境的主要途径，向学生说明学习这些知识的益处是激发他们自觉主动学习的基础”。学习兴趣是推动学生学习的内部动力，是推动学习的重要心理因素。因此，在教学过程中必须采用灵活多样的教学设计方法，努力提高学生的学习兴趣，从而达到提高学生理论水平、锻炼动手实践能力的目的。

传统教学设计方法主要是以“教师”为主角，“学生”为配角的灌输式被动教学模式。在教学过程中，教师总是先讲抽象概念，然后讲一些基本原理和性质，再举一些简单的例子来帮助学生理解概念，最后再让学生做几道类似的习题。在这样的教学过程中，学生缺乏与教师的互动，在学习抽象知识时就昏昏欲睡，学习兴趣性不高，自然无法谈及灵活运用知识，更不知道如何动手实践实际项目。由于数据库课程的知识点比较多，且比较零散，采用传统的教学方法容易造成学生知识与实践严重脱节。“对新知识点的学习入门难、学习兴趣不大、不知如何应用到实际中”是学生在传统教学方法中学习的深刻感受。因此，传统的教学方法不能满足实践性较强的数据库课程的教学需要。在数据库课程教学过程中，根据不同的教学内容，采用灵活多样的教学设计方法，这样才能做到深入浅出地讲好、讲透理论，才能提高学生学习的积极性，才能提高学生动手实践能力。下面，介绍几种常见的教学设计方法。

1. 案例式教学法

案例教学是以教学内容为基础，从实际应用出发，在教师的指导下，有目标有计划地组织学生对案例进行一系列的分析、讨论和研究，使学生理解和掌握所学知识，并获得解决实际问题的程序和方法的教学手段。案例教学法是一种将理论与实际相结合、采用启发式教学的学习过程，侧重于解决实际问题的探讨。

案例式教学法通常需要注意以下几个问题：

(1)所选案例涉及知识点要丰富、提炼程度要高、综合性要强。在案例教学模式中主要讲解案例内容，而不是生硬地、按部就班地讲解书本上的理论知识。

(2)采用的教学方式以讨论为主，充分发挥学生的主动性，还能启发他们思考，拓展学生的思维空间，培养学生举一反三的自学能力，最终引导学生解决同题。

在数据库备份与恢复、触发器等知识章节可采用此种方法。例如，对于数据库的备份与恢复，选取一个实际工程案例，通过案例的描述，让学生理解为什么要实现数据库备份，如何备份数据，备份的数据应该如何恢复。通过案例的说明，让学生对问题的理解更加深刻。

案例式教学模式一直深受广大教师的喜爱，可以使学生更快地掌握知识。但是这种传统的案例式教学模式在实际教学过程中存在两个弊端：

第一，传统的案例教学都以解决某些问题或者不连贯的知识点为核心，学生学习不具备如下特性：

(1)系统性。采用的教学形式是学完相应的基础知识后，再以案例的方式贯穿所学的；

(2)知识性。例如，在 SQL 语句 SELECT 查询功能这一知识点选取实例时。传统的案例教学都是以学生解决习题为核心的，让学生感到纯粹是为了做题，而不会让他们知道除了完成这道题外还需要关心 SQL 查询的效率以及如何优化语句。

第二，传统的案例教学只注重案例的生成，而没有考虑到同类型知识点之间的差异，学生很容易混淆起来。例如，让学生不同时间学习 SQL Server 课程和其他大型数据库课程时，教师可能会复用这两门课程的案例，这样会使大部分学生感觉到两者没什么差异，无法突出其他大型数据库的特性和 SQL Server 数据库的特性。

2. 交互式教学法

“学习就是这样的认知过程，它把来自外部环境的刺激转化为获得某项新技能所必需的内部信息过程。”学习与教学是一种交互作用的过程，教学活动最终必须通过转化为学生个体内在的认知活动即学习活动，才能够得以实现。交互式教学将传统单纯灌输理论的教学方式改为启发学生围绕教学内容动脑思考问题，使学生从“让我学”变为“我要学”，从而提高学生的学习自觉性和学习兴趣。

交互式教学法通常采用设计问题、提出问题、讨论问题等环节进行组织教学。教师先归纳设计出若干问题，让学生自己讨论解答或提出问题，最后教师总结。学生要提出问题就必须对教学内容进行学习、消化和整理，必须动脑思考，从而将自己养成的消极、被动和懒惰学习状态变为积极参与教学活动、主动思考的学习状态。在交互式教学中，随着教学的不断深入，教师围绕教学内容知识点主线逐步启发学生，拓展学生思维，让学生运用主要知识点来解决现实问题。这种交互教学法能够提高学生的兴趣。

在并发控制、安全性等章节内容的教学过程中，可以采用交互式教学方法。例如，对于并发控制，可以提出这样一个问题："如果两个用户同时对一门课程进行操作，一个在选修这门课程，另一个在退选该门课程，在他们同时操作的过程中会不会出现问题？出现什么样的问题？如何避免这样的问题?"

3. 情景式教学法

情景式教学法是指从问题入手来构造一个现实的应用场景，教师把要讲授的知识隐含在一个个任务中，学生在完成任务的过程中就能达到理解并掌握学科知识的目的。情景式教学强调学生在真实情景中的任务驱动下身临其境地参与教学活动中，通过师生之间的交互，找出解决问题的方法。通过情景的引入，让学生深刻理解解决该问题的方法，并举一反三地考虑与案例相关的其他问题，从多个角度培养学生分析问题和解决问题的能力。情景式教学设计中的任务可以使学生产生浓厚的学习兴趣，这样课堂教学就可以产生比较好的效果。

构建情景式教学案例需要以下几步：

(1) 根据学生学习情况提出某个情景化案例的需求。

(2) 精化知识点。挑选可以组成案例的知识点，按照知识点内容、重要度、难度、相关性等对知识点内容去粗取精。

(3) 合理编排精化知识点在案例中的顺序。整理这些知识点之间的逻辑关系，以单支结构将这些知识点串联起来，组成这个案例必需的知识点。

(4) 增加情景化的描述。情景信息包括案例发生的外围描述，案例所要解决的问题，案例所需的数据，案例的前提条件，案例产生的额外相关因素等。增加情景信息的描述不但可以让学生有身临其境的感觉，增强学生记忆知识点的能力，而且还可以让学生触类旁通，可以很好地解决案例相关的其他问题。

(5) 分析和该场景化案例相关的其他重要知识点，并将它们尽可能地串联进来，这样有助于学生创造性思维的培养。

以上步骤构建的案例更注重对学生分析问题和解决问题能力的培养，更突出知识点的特性，把理论和现实的实践环境紧密结合；教师分析情景化案例的时候，可以抓住学习中涉及的要点，强化案例中的知识点，利用案例相关联的知识点启发学生的创造性思维。情景式案例教学有效地解决了传统案例教学过程中出现的两个弊病。

在性能优化知识章节的教学过程中，可以构造一个需要执行"性能优化"的应用场景，让学生更好地理解性能优化的意义及方法。

4. 拆分式教学法

拆分式教学法提倡教师指导下的、以学生为中心的学习，其本质就是把复杂问题简单化，也就是说，把一个庞大的、复杂的任务分解为若干个小的、简单的可执行的子任务，然后分别解决每个子任务的过程。拆分式可以采用串行拆分式，也可以采用并行拆分式。

串行拆分式是按每个子任务先后顺序逐个解决子任务的过程，而并行拆分式是灌输给学生并行处理的思想，使串行任务在并行处理中通过人数优势以换取时间和空间。在整个教学过程中，教师起组织者、指导者、帮助者和促进者的作用。教师需要描述任务系统的整体概念，利用拆分、协作、整合等学习环境要素来充分发挥学生的主动性、创造性和团队合作精神，最终使学生有效地快速掌握当前所学知识，同时又能理解任务系统的整体概念。通过拆分法，在老师的指导下，通过把任务拆分和简化，从而激发学生的学习积极性，又可以培养学生具有一定的自主学习、独立分析问题和解决问题的能力。

在 SQL 高级编程的相关章节的教学过程中，可以采用拆分式教学法。任何一个复杂的程序都由简单的程序指令构成。在面对一个新的复杂的功能时，学生可能一时无法下手，这时将整个任务拆分成若干个学生能够理解的子任务，让学生逐个完成每个子任务，可大大降低难度，进而提高了学生学习的兴趣。

5. 项目式教学法

项目式教学法是师生通过共同实施一个完整的项目而进行的教学活动。一般情况下，在老师的指导下，将一个相对独立的项目交由学生自己处理，信息的收集、方案的设计、项目实施及最终评价，都由学生自己负责，学生通过该项目的进行，了解并把握整个过程及每一个环节中的基本要求。教师在教学过程中扮演引导者，学生在教师的指导下自主学习，最后对共同完成的项目进行评价，从而培养学生的学习能力、解决问题能力和实践能力。

项目式教学法主张先练后讲，先学后教，强调学生的自主学习，主动参与，从尝试入手，从练习开始，调动学生学习的主动性、创造性、积极性等，学生唱“主角”，而老师转为“配角”，实现了教师角色的换位，有利于加强对学生自学能力、创新能力的培养。在开展项目教学法时，确立项目是关键。确立项目既要以教学内容为依据，以现实的对象为材料，包含基本的教学知识点，又能调动学生解决问题的积极性，同时尽量选取学生熟悉的行业或范围，熟练后再向其他方向拓展。

项目式教学法的最显著特点是“以项目为主线、教师为引导、学生为主体”，改变了以往“教师讲，学生听”的被动教学模式，创造了学生主动参与、自主协作、探索创新的新型教学模式。项目式教学法具有以下特点。

(1) 目标指向的多重性。对学生，通过转变学习方式，在主动积极的学习环境中，激发好奇心和创造力，培养分析和解决实际问题的能力；对教师，通过对学生的指导，转变教育观念和教学方式，从单纯的知识传递者变为学生学习的促进者、组织者和指导者；对学校，建立全新的课程理念，提升学校的办学思想和办学目标，通过项目教学法的实施，探索组织形式、活动内容、管理特点、考核评价、支撑条件等的革新，逐步完善和重新整合学校课程体系。

(2) 培训周期短，见效快。项目教学法通常是在一个短时期内、较有限的空间范围内进行的，并且教学效果可测评性好。

(3) 可控性好。项目教学法由学生与教师共同参与，学生的活动由教师全程指导，有利于学生集中精力练习技能。

(4) 注重理论与实践相结合。要完成一个项目，必然涉及如何做的问题。这就要求学生从原理开始入手，结合原理分析项目，一边学习理论，一边动手实践。

在数据库开发相关章节教学过程中，把“网上选课系统”的开发作为总项目，再将其分解为若干个子项目，层层细化，制定了网上选课系统的模块结构图。在系统模块结构图的基础上。学生通过对每个子项目的学习和实践，能够有步骤地、系统地掌握教学内容，从而提高自身对各个项目的综合理解能力和对知识的应用能力。

8.3　数据库课程教学标准

8.3.1　数据库课程概述

1. 课程研究对象和研究内容

数据库技术是计算机领域中应用最广泛、发展最迅速的一门技术。数据库系统是研究如何利用计算机进行数据管理的学科，其主要内容是如何更合理地组织数据和存储数据、更方便地查询数据，保证数据正确性和合理性，以便更有效地分析数据。

2. 课程地位

数据库系统是计算机、软件工程、信息管理与信息系统等相关专业的必修课。数据库系统的先修课程为数据结构、可视化编程技术。

3. 课程培养目标

知识要求：掌握数据库基础知识、数据库设计与编程能力、数据库管理维护能力、良好的文档编写能力和系统分析能力。

能力要求：能够应用所学知识完成数据库应用系统的开发，有良好的文档编写能力和系统分析能力等。

素质要求：培养学生具备自我发展、终生学习的概念和创新能力；具有良好的职业道德，健康的心理素质和良好的身体素质；具备团队协作能力和人际沟通能力等。

8.3.2　数据库课程内容和要求

数据库课程的知识与技能要求分为了解、理解、掌握、运用四个层次。这四个层次的一般涵义如下：

了解——对这门学科和教学现象有所认识。

理解——对这门学科涉及的概念、原理、策略与技术的说明解释，能提示所涉及的教学现象演变过程的特征、形成原因以及教学要素之间的相互关系。

掌握——能够模仿或在教师指导下独立地完成某些教学知识和技能的操作任务，或能识别操作中的一般差错。

运用——能够利用已理解的教学概念和原理说明、解释、类推同类教学事件和现象。

教学内容和要求见表 8-1，表 8-1 中的“ √ ”表示教学知识和技能的教学要求层次。

表 8-1　数据库课程教学内容及教学要求

序号	教学内容	了解	理解	掌握	运用	教学方法
1	数据库基本概念		√			讲授法
	关系数据库理论		√			
2	数据库设计方法和步骤	√				案例教学
	数据库概念结构设计			√		
	数据库逻辑结构设计			√		
	规范化理论			√		
	网上选课系统进行数据库设计				√	

续表

序号	教学内容	了解	理解	掌握	运用	教学方法
3	使用 SQL 语句创建和管理数据库		√			案例教学 拆分式教学法
	使用 SQL 语句创建数据表和表约束		√			
	SELECT 语句			√		
	视图		√			
	索引		√			
4	ADO.NET			√		项目式教学法
	网上选课系统简单开发				√	
5	SQL 和高级语言混合编程的方法		√			项目式教学法
	游标	√				
	存储过程		√			
	触发器		√			
	网上选课系统高级开发			√		
6	数据库安全		√			交互式教学法
	数据库完整性			√		
	数据库恢复				√	
	并行控制			√		
7	数据仓库与数据挖掘		√			讲授法
	XML 数据库	√				

8.4　案例实践——网上选课系统数据库教学设计

8.4.1　项目式数据库教学设计

1. 引言

在开展项目式教学时，确立合适的项目是关键。确立项目既要以教学内容为依据，以实际项目为材料，包含基本的教学知识点，又能调动学生解决问题的积极性，同时尽量选取学生最熟悉的项目，熟练后再向其他方向拓展。“项目-案例”式教学模式的理论依据是学习动机理论和建构主义理论，该模式以激发学生的学习兴趣，提高学生学习的主动性为根本出发点。整个教学体系中以案例教学、项目实施为主线，将教学内容进行实质性的改进，结合理论知识，融入了“教学案例”的实践内容，将理论和实践很好地结合到了一起。

项目式教学法最首要的是项目，没有项目，项目式教学就无从谈起，没有好的项目，就没有有效的教学。因此，确立合适的项目在项目式教学法中至关重要。确立项目要注意以下几个方面：

(1) 目的性。一个好的项目应该使学生在讨论和实践中加深对教材知识的理解和把握，并能分析和解决项目中所设计的问题，所以项目要围绕教学目标来选取。

(2) 实践性。项目要和实际相吻合，适合学生的口味，能被学生所理解，这样的项目才能激起学生的学习兴趣，提高教学效果。

(3) 系统性。项目之间应该相互联系，前后连贯，由易到难编排，这样学生才不会觉得费力。

(4) 对象性。项目要根据本校学生的素质和整体知识水平及他们的接受能力来选取，否则达不到预期的效果。

(5) 启发性。项目不仅要让学生学到知识，还能启发他们思考，拓展学生的思维空间，能将在本项目中所学到的知识点和所培养的实践能力应用到其他项目中。

2. 项目式数据库教学设计

由于数据库课程教学课时紧张，教学内容相互交叉，因此，必须对教学内容进行重新设置和整合。现在大多数高校培养的是技能型、应用型人才，在设计教学内容时必须考虑未来工作岗位所需的知识和能力，打破学科知识体系，从培养岗位能力着眼重新安排知识体系，对教材内容做纵向和横向的整合，强调以培养应用能力为核心。围绕上述培养目标，打破教材原有的组织体系，以工作过程为导向，设计多个主题任务开展项目式教学。

基于项目确立原则和数据库教学内容，在数据库教学中把“网上选课系统”的开发作为数据库教学设计的总项目，将其分解为若干个子项目，层层细化。网上选课系统的模块结构图如图 8-5 所示。

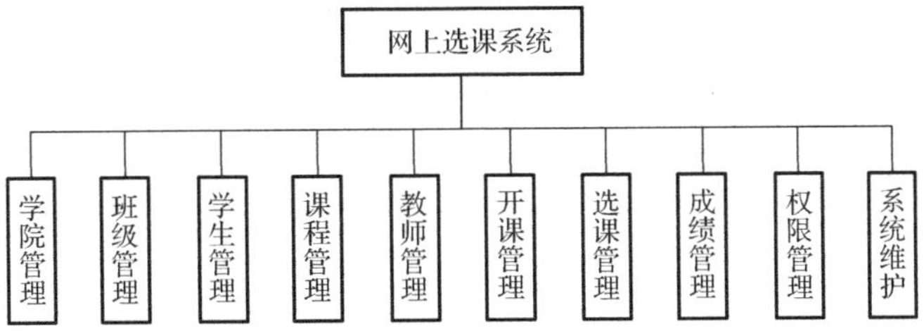

图 8-5　网上选课系统功能模块

在系统模块结构图的基础上，根据教学对象和教学内容，制定项目式教学内容，并细化各个子项目，制定科学合理的教学目标、教学过程、教学方法，使学生通过每个子项目的学习和实践，有步骤、系统地掌握教学内容，提高学生对各个项目的综合理解能力和对知识的应用能力。

在项目的选择上可根据学生已有的知识结构并遵循相应的项目设计原则，以学生较容易理解的“网上选课系统”为教学实例。对于“网上选课系统”的设计，教师要善于引导学生不断提出问题，并组织学生进行分组讨论，将项目分解为以下几个子项目，使每个学生对所要完成的任务做到心中有数。

1) 网上选课系统介绍

通过系统启动和不同用户登录，让学生对项目有一定的认识。应用界面的设计应实现对登录用户的有效管理，体现系统的保密性与安全性，增强学生对系统的安全管理意识。

2) 基础信息管理

基础信息的管理包括学院管理、班级管理、学生管理、课程管理和教师管理等。通过分析数据模型、创建数据库、找出不同数据库管理的差异等方式，促进学生提高分析数据和存储数据的能力。

3) 开课管理

主要让学生掌握视图与索引、数据完整性、存储过程与触发器的简单应用等，培养他们对数据库的综合应用能力。

4) 选课管理

通过创建数据库和数据表、进行较复杂的查询统计管理以及存储过程的使用等，提高学生对数据库的操作能力。

5) 成绩管理

通过创建数据库和数据表、进行复杂的查询统计管理以及进行高级的触发器应用等，培养学生的数据库操作能力。

6) 系统维护

包括系统初始化、数据备份和数据恢复等。要让学生掌握有关数据库系统恢复管理的内容，强化数据的重要性意识。

7) 权限管理

包括操作员设置、密码设置、操作员级别设置和操作员权限设置等，让学生了解数据库的认证模式与访问权限，提高学生对数据库管理系统的安全控制能力。

对每个项目进行讨论分析，使学生对 SQL Server 数据库形成一个整体的概念。了解任务的主要功能，知道程序中要做些什么，要用到哪些知识，增强学习的目的性，为学生今后的学习打下良好的基础。

学生以小组为单位，分阶段合作完成事先选择的实验项目，最后以“笔试+答辩”方式对学生进行整体考核，从多角度考查他们的学习效果。项目阶段进度及具体任务分配表如表 8-2 所示。

表 8-2　项目阶段进度及具体任务分配表

各阶段完成时间	各阶段提交成果
第 1—2 周	熟悉数据库基本概念、系统需求说明书、系统流程图
第 3—5 周	熟悉网上选课系统功能和各个模块功能结构图，使用 ER 图进行数据库设计，优化各种关系模式
第 6—9 周	设计数据库、表、视图、完整性约束、存储过程等
第 10—12 周	设计和完善系统功能模块
第 13—16 周	编码，调试，实现系统整体功能

8.4.2　案例情景式数据库教学设计

1. 引言

著名教育家乌申斯基曾说过：“没有丝毫兴趣的强制性学习，将会扼杀学生探求真理的欲望。”为了激发学生的学习兴趣，增强他们学习的主动性，创造性地设计问题情境是课堂教学行之有效的方法。案例情景式教学法是将知识点与实际案例相结合，根据现实生活中的案例设计数据库课堂教学情景，激发学生的学习兴趣，调动学生的学习积极性。

案例情景式教学法是教师针对案例情景进行提问，让学生围绕问题回顾已经学过的知识点，理解新接触的课程知识，探讨问题，举一反三，最后在教师的引导下完成该情景问题的一种新型教学方法，主要培养学生对以往课程知识的回顾、理解、提升、综合运用及目前所学知识的把握、运用、举一反三的能力。

案例情景式教学法是对现有案例驱动式教学方法的改进，采取不是案例却是案例的教育方式，在教学过程中弱化了“案例”、“项目”的概念，反把它们的精髓融入到一个个场景中进行。“不识庐山真面目，只缘身在此山中”，当课程结束，教师在引领学生们回首整个学习过程，完全是一个完整项目的实施，那份欣喜和成就感可想而知。学生即使以后接触到不同领域的数据库问题，也将不再有“所学知识一大堆，但无从下手”的感觉，而是能够举一反三地有效完成。

对案例情景式教学而言，精心选编案例与设计情景是至关重要的，影响着教学效果和教育质量。因此，案例情景选编有以下原则。

首先，案例应该在教学当中占据主导地位，课程的整体是一个大的案例，而每一章节是分解后的案例情景，即所有的案例情景共同构成案例。

其次，案例的选择及情景的设置应该具有吸引力。常言道："学起于思，思源于疑。"因此案例的选择及情景的设置，应能引起学生的好奇心，进而激发学习兴趣。

再次，分解后的案例情景应该同教材的理论相吻合，且大小应该适中，一个案例情景不应该超出一次授课时间。

最后，案例情景的选编应该具有代表性并与理论知识紧密结合，使学生通过特定案例情景的学习，在对今后其他领域中的问题求解时，应该能举一反三。

2. 案例情景式数据库教学设计

网上选课系统与学生日常生活紧密联系同时又有点神秘色彩，可以激发学生的好奇心理和学习兴趣。因此，在数据库课程的教学过程中，选择网上选课系统作为整体教学案例，再把其分解为一个个同课程知识点相关的案例情景，具体案例情景设计实例如表 8-3 所示。

表 8-3　数据库案例情景选编设计

序号	案例情景设计实例	案例情景知识点
1	网上选课系统包含哪些模块？每个模块中数据怎么保存？	数据库和表
2	课程与学生是什么关系？网上选课系统与学生的关系？	E-R 方法
3	如何进行学生选课？	Insert 语句
4	如何修改选课信息？	Update 语句
5	如何查看一个学生选修了什么课程？	Select 语句
6	如何退选某门课程？	Delete 语句
7	如果想查询选课信息，并按照学分多少顺序显示，如何处理？	Order by 排序语句
8	如果想查询某学年的选课信息怎么办？	Where 条件语句
9	如何查询最近几门选课信息？	Top n 子句
10	如果查询某班选课信息，同时按学生进行汇总，如何处理？	group by 分组语句
11	如何保证学生登录账号的唯一性？	primary key 约束
12	如何限制学生学号的唯一性？	unique 约束
13	如何保证分数的正确性？	check 约束
14	学生表中学号与选课表中学号之间的关系？数据一致性如何保证？	foreign key 约束
15	由于登记成绩涉及多个 Update 命令，如果执行完一条命令，突然停电了或电脑发生故障，学生选修学分会不会出现问题？	事务
16	多名学生同时选修某门课程，限选人数会不会出错？	并发控制问题
17	管理员在删除某门选修课程同时，学生选修了该门课程，那么这两个并发事务是否会发生问题？如何解决？	封锁
18	在网上选课时，经常需要输入密码，那么网站管理员会不会看到我们的密码，从而对账户安全构成一定的威胁？	权限管理与分配
19	如果一门课程通过了，该生自动获得相应的学分，相同的命令不想每次都输入执行，同时又想提高效率，怎么办？	存储过程
20	教师登记某个学生成绩时，该学生所修总学分能否自动发生变化？	触发器
21	开通了网上选课，为了简化权限的管理，可以怎么做？	视图
22	网上选课数据非常重要，为了防止数据丢失，怎么办？	备份与恢复

3. 案例情景式数据库操作教学

针对职教师资学生的特点，根据场景式案例教学的特点和实施要求，首先提出场景化案例的要求和学习目标。由于数据库操作比较枯燥，因此构建一个场景化案例来讲解数据库操作，分五个步骤构建这个场景化案例。

第一个阶段以建立案例学习目标为主，建立 SQL SERVER 数据库和表、SQL 基本数据类型、主数据库文件和日志文件、数据库和表约束等几个知识点。学习目的是掌握如何创建数据库和表的操作原理，学习的方式是理论结合实践。

第二个阶段是精化这个案例的知识点，并挑选可以组成案例的知识点。按照知识点内容、知识点重要度、知识点难度、相关联知识点(包括要学习这个知识点必须掌握的其他知识点)的条目对知识点列表整理。例如，表 8-3 是数据库案例设计的重要知识点列表，为以后的案例形成做准备。

第三个阶段是将前两个阶段形成的知识点按照一定的逻辑关系排列组合起来，以单支结构将这些知识点串联起来，组成案例中的知识点顺序链，让学生更方便地掌握知识点的内容及相互关系。如图 8-6 所示的是该案例逻辑结构图，图中的虚线框内是该案例涉及的知识点，它们之间用箭头连接起来表示它们的拓扑关系。

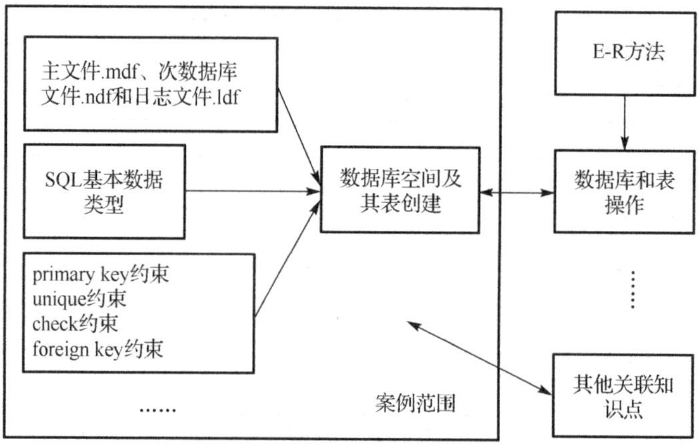

图 8-6　案例知识点逻辑结构

第四个阶段是增加场景化的描述。它是场景式案例设计最重要的步骤，也是最困难的步骤。场景化描述的目的是让学生有身临其境的感觉。增强学生记忆知识点的能力，场景化的描述包括：案例要求解决的问题、案例所需的数据、案例的前提条件、案例产生的额外相关因素。

最后一个阶段是利用案例中的内容和其他知识点关联起来，目的是培养学生的创造性思维。分析与该场景化案例相关的其他重要知识点，并将它们尽可能地关联进来。这样有助于学生创造性思维的培养。在完成案例的基础上，有意地设置一些障碍，让学生来解决。例如，在手动创建数据库过程中，要求数据库名和实例名不一致，这样就可以让学生理解实例名和数据库名之间的区别。通过这样的模式。可以充分发挥学生学习和思考问题的潜能，培养他们的学习兴趣和学习积极性。

案例情景式教学方法是一种通过激发学生好奇心理，进而产生学习兴趣的变被动学习为主动学习的有效方法。由于能够理论联系实际，同时又弱化了“项目”、“案例”在学生心目中的概念，既有效降低了项目驱动教学方式带给学生的压力，又很好地解决了知识驱动式教学方式所遇到的问题，有效地调动了学生学习的积极性，在不知不觉中提高了学生的实际动手能力。

8.5 项 目 实 践

模仿网上选课系统数据库教学设计，设计一到两个图书馆管理系统数据库教学设计方法，并进行评价。

8.6 本 章 小 结

本章主要介绍了案例式教学法、交互式教学法、情景式教学法、拆分式教学法、项目式教学法等内容，并以网上选课系统为例设计了项目式和案例情景式两种数据库教学设计。针对职教师资培养方案，掌握并运用这些教学设计方法进行数据库课程教学设计。

8.7 习　　题

1．案例式教学法与情景式教学法有什么区别？

2．利用交互式教学法设计一个网上选课系统交互式教学设计案例。

参 考 文 献

常玉慧, 钱进, 张俐. 2006. 数据库原理与应用. 北京: 科学出版社.

葛瀛龙, 龚晓君, 涂利明. 2010. 场景式案例教学在 Oracle 数据库教学中的实施. 中国教育信息化·高教职教, 2010(2): 57-59.

李建中, 王珊. 2004. 数据库系统原理. 2 版. 北京: 电子工业出版社.

李俊山, 李艳玲, 叶霞. 2013. 数据库原理与设计教程. 北京: 北京邮电大学出版社.

苗雪兰, 刘瑞新, 邓宇桥, 等. 2014. 数据库系统原理及应用教程. 4 版. 北京: 机械工业出版社.

唐友, 文雪巍, 张鑫, 等. 2013. 数据库原理及应用. 西安: 西安电子科技大学出版社.

万常选, 廖国琼, 吴京慧, 等. 2012. 数据库系统原理与设计. 2 版. 北京: 清华大学出版社.

王珊, 萨师煊. 2006. 数据库系统概论. 4 版. 北京: 高等教育出版社.

王员根, 李爱凤. 2007. 关联规则挖掘在学分制教学管理中的应用. 中山大学学报论丛, 27(2): 165-167.

魏祖宽, 胡旺, 郑莉华. 2012. 数据库系统及应用. 2 版. 北京: 电子工业出版社.

杨海霞, 相洁, 南志红. 2013. 数据库原理与设计. 2 版. 北京: 人民邮电出版社.

张世龙. 2009. 案例情景法在非计算机专业数据库课程中的应用. 中国电力教育, 129: 46-47.

Abraham Silberschatz, Henry F. Korth, S. Sudarshan. 2013. Database System Concepts (Sixth Edition) 数据库系统概念. 6 版. 杨冬青, 李红燕, 唐世渭, 等译. 北京: 机械工业出版社.

David M. Kroenke, David J. Auer. 2011. Database Processing——Fundamentals, Design, and Implementation (Edition 11) 数据库处理——基础、设计与实现. 11 版. 孙未未, 陈彤兵, 等译. 北京: 电子工业出版社.